한 권으로 끝내는
배당주 투자

DIVIDEND STOCK

한 권으로 끝내는
배당주 투자

| 훈민아빠 지음 |

BM 황금부엉이

배당은 투자자가
유일하게 믿을 수 있는 것

"주식 투자로 큰돈을 벌려면 어떻게 해야 할까?"

답이 수십, 수백 가지가 나올 수 있는 우문(愚問)이지만 필자가 원하는 답은 하나다. 답은 결국 투자금이다. 너무나 당연한 얘기지만 많은 돈을 투자해야 많이 벌 수 있다.

적은 돈으로 크게 수익을 내는 방법은 사업과 로또밖에 없다. 투자에 있어 수익률은 사실 큰 상관이 없다. 1만 원 투자해서 100% 수익 나는 것보다 1,000만 원 투자해서 5% 수익 나는 것이 훨씬 낫다. 1만 원 투자해서 10만 원을 벌어봐야(수익률로 따지면 1,000%다) 그 돈으로 내 삶을 바꿀 수는 없다.

총수익은 궁극적으로는 투자의 규모에 비례한다. 우리나라 사람들이 부동산으로만 돈 버는 것은 부동산이 투자 규모가 크기 때문이다. 강남 집 한 채를 사려면 어쩔 수 없이 20억 원을 투자해야 한다. 주식에 20억 원을 투자하는 것은 어지간한 자산가가 아닌 이상 어렵다.

그런데 아무 기업에나 목돈을 투자할 수는 없다. 결국 투자 규모를 늘리려면 그 기업을 잘 알아야 한다. 하지만 잘 안다고 해서도 끝이 아니다. 잘 안다고 해서 믿을 수 있는 것은 아니기 때문이다. 비슷한 듯하지만 다르다. 궁극적으로 투자를 위해서는 그 기업을 온전히 믿어야 한다. 믿어야 한다는 것이 아니라 믿을 수 있는 기업에 투자해야 한다는 것이다. 믿을 수 있는 사람에게 돈을 빌려주는 것과 같은 이치다. 믿을 수 있는 좋은 기업에 많은 돈을 투자해야 많은 수익을 낼 수 있다는, 아주 당연한 얘기를 지금 반복하고 있다.

어떻게 하면 기업을 믿을 수 있을까? 천성적으로 의심이 많은 필자는 어지간해서는 기업을 믿을 수 없었다. 주식 투자는 20년 가까이 하고 있지만, 오랜 기간 동안 소액을 넣었다가 쨀쨀이 하듯이 조금씩 이익을 내고 끝내곤 했다. 기업이 좋으면 산업이 불확실해 보이고, 경영자가 좋아도 직원들 역량이 부족해 보였다. 항상 뭔가가 걸렸다. 사실 이는 당연하다. 외부인인 필자가 사장도 모르는 그 기업의 속사정을 정확히 파악하기란 불가능한 법이기 때문이다. 이 때문에 목돈을 투자할 수 없었다. 배당주를 만나기 전까지는 말이다. 필자의 투자 인생은 배당주 투자를 시작하기 전과 후로 나뉜다. 그것도 아주 극명하게!

배당, 돈을 실제로 지급한다는 것은 유일하게 믿을 수 있는 지표다. 얼굴이 험악하게 생기고, 설령 돈을 잘 떼먹을 것 같이 생겼다고 해도 이자를 꾸준히 지급하면 신뢰도는 상승한다. 주식 시장에서도 마찬가지다.

한 중국 기업이 있다. 중국 기업은 보통 신뢰도가 낮은 편인데 해당 기업은 상장 당시부터 배당을 실시했다. 실제로 돈을 버는 기업이라는 믿음이 생겼다. 하지만 2017년 말 이후 배당을 끊었다. 배당을 중지한 이유는 자동차 부품업체인 해당 기업이 사드 보복 국면이 전개되면서 영업이 위태로워졌기 때문이었다. 당시 이 기업 임원은 필자에게 "경기가 좋지 않으면 배당을 안 할 수도 있는 것 아니냐?"라면서 대수롭지 않다는 듯이 답했다. 하지만 투자자들의 반응은 예민했다. 투자자들이 불안해하기 시작하면서 3,000원이 넘었던 주가는 1,000원 밑으로 떨어졌다. 투자자들은 기업 공장에서 무슨 일이 일어나고 있는지 속속들이 알지 못한다. 경영자는 투명하게 경영한다고 자신해도 밖에 있는 우리(투자자)는 알 도리가 없다.

'배당'은 투자자들에게 믿음을 제공하는 행위다. 반대로 말하면, 배당을 갑자기 끊으면 시장이 충격을 받기 때문에 신중히 결정해야 한다. 잊지 마시라. 사람은 거짓말을 하지만, 돈은 거짓말을 하지 않는다. 은행은 돈을 빌려줄 때 관상이나 인상, 손금이나 사주팔자를 보지 않고 숫자를 본다. 당신이 다니는 직장과 수입, 그 모든 것이 숫자다. 배당주 중심으로 주식 투자를 하라. 그러면 뒤통수를 맞지는 않는다.

배당주 투자는 안전할 수 있지만 재미가 없다는 사람들도 있다. 천만에! 배당주만큼 재미있는 것은 없다. 배당금이 입금됐다는 문자가 오면, 내가 이곳저곳 침투시킨 나의 용병들이 또 한 번의 승전보를 울렸다는 쾌감을 느끼게 해준다.

이 글을 쓰고 있는 2020년 3월 현재 코로나19로 인해 전 세계 증시가 쑥대밭이 됐다. 미국 연방공개시장위원회는 비정기 회의를 열고 2월 말에 50bp(0.5%p), 3월 중순에 100bp(1%p)의 금리를 내렸다. 원래 올해 미국 기준금리는 2%대로 다시 올라갈 것이라는 관측이 많았는데 오히려 제로금리까지 떨어져 버렸다.

필자를 비롯해 많은 사람이 코로나19를 가볍게 생각하다가 피해를 봤는데 개인적으로는 지금 주식 시장에 진입하려는 사람들에게는 큰 기회가 될 것임을 믿어 의심치 않는다. 지금은 코로나19 때문에 세계 경제가 금융위기급으로 추락할 것이라는 전망이 많지만, 또 모른다. 각국 정부의 정책 공조 속에 분위기는 단기간 내에 다시 바뀔 수도 있다.

생각해보면 항상 급락장은 기회다. 2018년 10월 미국 경기 긴축 우려감 때가 그랬고, 2019년 8월 한·일 갈등 때가 그랬다. 배당주가 반토막 난다면, 원래는 5% 배당받던 것을 10% 받게 된다는 것을 의미한다. 정말 좋은 기업이라면 주가 급락은 즐거운 기회다. 열심히 공부해서 확신이 드는 기업을 발굴한다는 것은 폭락장도 무섭지 않게 하는 힘이 있다.

이 책은 배당주 투자에 있어 바이블이 될 것이다. 배당금은 언제 입금되는지에 대한 소소한 정보부터 배당주 투자에 필요한 경제 지식과 디테일한 투자 노하우, 그리고 지금 주목해야 하는 고배당주와 고배당 ETF까지 다 담고 있기 때문이다.

책은 전체 6개 장으로 구성했다. 1장에는 필자의 실제 배당주 투자 사례를, 2장에는 배당주를 넘어 주식 투자 원칙에 대해 담았다. 3장에서는 배당주 투자에 대해 좀 더 자세히 짚었고, 4장에는 디테일한 투자 노하우를 담았다. 5장에는 주식 투자에 필요한 경제 지식에 대해, 6장에는 실제 추천할 만한 배당주와 미국 배당주, 고배당 상장지수펀드(ETF)를 담았다.

이 책을 쓸 수 있게 기회를 준 출판사 황금부엉이에 감사드린다. 그리고 아내, 아내의 내조를 빼놓을 수 없다. 그와 더불어 아이들에게도 감사한다. 가족은 내가 항상 더 한발 내디딜 수 있도록 돕는 원동력이다.

| 차례 |

Chapter 6 추천! 고배당주와 고배당 ETF

Chapter 1

나는 배당주 투자 이렇게 했다

주식 투자법이나 배당주 고르는 법 등을 논하기 전에 일단 필자와 배당주의 인연을 소개할까 한다. 맥쿼리인프라와 메리츠종금증권, 이리츠코크렙 등 많은 종목이 필자와 인연이 있다. 필자 또한 오랜 기간 주식 투자를 해왔고 수많은 시행착오를 겪었다. 아무래도 체험담부터 듣는 것이 필자의 투자 철학을 이해하는 데 도움이 될 것이다.

많이 올랐다고 파는 것은 바보짓

필자의 첫 배당주는 맥쿼리인프라였다. 맥쿼리인프라말고도 배당주를 산 적은 있었는데, 최소한 배당을 받아먹으려고 작정하고 산주식은 맥쿼리인프라가 처음이었다. 2012년 초, 4,000원대 초중반에 매수했다. 당연히 배당받는 것을 목표로 했기 때문에 다른 종목에 투자할 때보다는 금액 규모도 조금 컸다.

사실 맥쿼리라고 하면 일반인 대부분은 잘 모른다. 전(前) 대통령의 조카가 다녀서 조금 유명했던 적이 있었고 기껏해야 외국계 금융회사라는 정도만 알려졌다.

결론부터 이야기하면 맥쿼리인프라는 호주 맥쿼리금융이 우리나라에 설립한 인프라 펀드다. 자본시장법과 민간투자법에 따라 2002년 12월에 설립됐다. 지방자치단체가 인프라를 구축해야 하는데 돈이 없을 때 손 내미는 곳이 바로 인프라 펀드다. 일단 인프라

펀드는 자본을 모아 터널을 뚫거나 다리를 만든 다음, 일정 기간 수수료 수입으로 투자원금을 만회하고 궁극적으로는 그 소유권을 지자체나 국가에 넘기는 방식을 취한다.

우면산터널을 예로 들어보자. 맥쿼리인프라는 우면산터널 운영권을 30년 동안 갖고, 그 기간 동안 통행료를 받아 처음에 들어간 공사비를 충당한다. 그리고 30년 소유권 기간이 끝나면 그 이후에는 국가나 지자체로 귀속된다. 다른 얘기지만 2020년 현재 문재인 정부는 북한에 대한 인프라 지원을 인프라 펀드 방식으로 진행하려고 한다. 당연히 북한이 돈이 없기 때문이다(물론 이는 정부의 계획이 그렇다는 것뿐이고 전혀 진척이 없다).

그렇다면 30년 동안 맥쿼리인프라가 마음대로 통행료를 비싸게 척척 걷지 않을까? 이는 맞는 지적일 수도 있고, 아닐 수도 있다. 왜냐하면 맥쿼리인프라가 투자할 땐 최소 운용 수입 보장, 즉 MRG(Minimum Revenue Guarantee)라는 계약을 맺었기 때문이다. 맥쿼리인프라는 이용자가 터무니없게 적을 경우 천문학적 손실을 입을 수 있기 때문에 지자체에 적정 수입을 보장해달라고 요구한다. 그래서 사실 맥쿼리인프라는 과도하게 많은 수익을 추구할 수도 없다. 최소 운용 수입 보장을 맺으면 최대 수입은 얻지 못하도록 반대급부를 요구하는 것이 대부분이기 때문이다. 아무튼 이 때문에 통행료는 그 나름의 적정가다. 맥쿼리인프라는 돈을 벌고, 지자체는 혈세가 의미 없이 빠져나가지 않도록 하는 적정선에서 통행료가 결정된다. 그런데도 우리는 맥쿼리인프라의 인프라들은 대부분 비싸다고 인식한다. 이는 그만큼 맥쿼리인프라의 인프라들이 최근에 만들어져 인건비나 원재료비가 많이 들어갔기 때문으로 보인다.

맥쿼리인프라가 운용하고 있는 12개 인프라 자산 중 11개에 MRG 계약이 맺어져 있다. 이 때문에 망할 리 없는 아주 안전한 자산이 주식 시장에 상장해 있는 셈이다.

성공 투자인 줄 알았다… 그러나…

필자는 지하철 9호선 요금 인상 논란 때문에 맥쿼리인프라의 존재를 처음 알게 됐다. 2012년 4월 당시 맥쿼리인프라, 메트로9호선(지하철 9호선 운영 회사명)은 지하철 요금을 1,050원(일반 기준)에서 1,550원으로 500원이나 인상하는 안을 추진했다. 9호선 적자가 극심하다는 이유에서다. 하지만 이는 과도한 인상 폭이라는 역풍이 불었고 궁극적으로 맥쿼리인프라는 9호선을 매각해야 했다. 매각한 것 또한 맥쿼리인프라에 아주 나쁜 거래는 아니었으나 어쨌든 인연이 끊긴 것은 끊긴 거다. 맥쿼리는 폭리를 취하는 외국계 금융회사라는 비난을 또 한차례 뒤집어써야 했다. 사실 맥쿼리인프라에 투자한 국내 기관 투자자가 많았고, 그 기관 투자자들이 고스란히 법인을 만들어 메트로9호선 지분을 샀는데도 말이다. 지금 맥쿼리인프라 임원들을 만나면 "한국에서의 추가 사업은 사실상 불가능하다. 계약 만료 때까지 사고나 안 치고 조용히 철수할 수 있기를 희망할 뿐이다"라고 말한다.

여하튼 필자는 이 논란을 취재하면서 맥쿼리인프라를 처음 알게 됐고 2012년에 4,000원대일 때 주식을 샀다. 그리고 그해 말 배당을 받았으며, 2014년 말 6,900원대 가격에 전량 매도했다. 필자의 짧은 투자 인생 동안 2년 넘게 주식을 보유한 것은 그때가 처음이었고, 연 5~9%의 배당 수익과 함께 50% 넘는 수익을 올린 것도 그때가 처음이었다. 물론 50% 수익을 낸 적은 그 전에도 있었지만, 맥쿼리인프라 때는 투자금이 꽤 컸다. 이 때문에 수익은 쏠쏠했고, 성공 투자인 줄로만 알았다. 그러나….

정말 말 그대로 '그러나'였다. 맥쿼리인프라는 그 이후로도 꾸준히 올랐고, 2019년에는 한때 1만 2,300원까지 급등했다. 참고로 그동안 매해 6~8%의 배당을 꾸준히 실시했다. 배당을 다 받고도 주식이 2배로 뛴 것이다. 변동성이 큰 다른 일반 종목에서는 흔히 있을 수 있는 일일지 모르나 맥쿼리인프라처럼 안정적인 주식에서는 절대 일어날 수 없을 것만 같았던 일이 일어난 셈이다.

필자는 주식을 매도했던 시점으로 다시 눈을 돌렸다.

'나는 그때 왜 주식을 팔았는가? 왜 팔아야만 했는가? 꼭 팔아야 하는 이유가 있었던 것일까?'

여러 번에 걸쳐 생각해봤는데, 일단 필자가 처음 맥쿼리인프라에 투자할 때 한 애널리스트가 제시해놓은 목표 주가가 7,000원 근방이었다. 처음에는 목표가에 다 다다랐기 때문에 팔았을 거라고 생각했다. 하지만 이는 뒤늦게 짜놓은 핑계에 불과했다. 필자는 그냥 많이 올랐기 때문에 팔았을 뿐이었다. 맥쿼리인프라보다 더 좋은 주식이 있는 것도 아닌데, 그냥 조금 올랐다고 좋아하면서 팔아버린 셈이다.

워런 버핏이 했던 명언 중에 "평생 팔지 않을 주식을 사라"는 명언이 있다. 수십 번 들었고, 필자 스스로도 수십 번은 말했을 이 명언이 그토록 실감 나게 다가오는 순간은 없었다. 맥쿼리인프라처럼 영원히(계약상으로는 2042년 모든 운용 계약이 종료되기는 하지만) 꾸준히 안정적으로 배당을 지급하는 종목을 너무 허무하게 팔아버렸다. 돈이 급한 것도 아니었고, 다른 종목을 급히 살 것도 아니었는데 어느 날 문득 홈트레이딩시스템(HTS)을 바라보다가 많이 올랐다 싶어 무심결에 매도 버튼을 눌렀다. 다시는 하지 않아야 하는 실수 중의 실수였다.

과거로 눈을 돌리면 맥쿼리인프라는 2008년 10월 1일 기록했던 최저가가 2,406원이다. '대한민국이 완전히 부도나지 않는 이상 맥쿼리인프라는 안전하다. 어차피 계약된 대로 최저 수익은 지급될 수밖에 없다. 사야 한다'라는 확신을 갖고 글로벌 금융위기가 한창이던 이때 맥쿼리인프라를 산 사람이 분명 한 명이라도 있을 것이다. 이 사람은 공부하고 확신을 가진 덕분에 누구보다도 평안한 노후가 기다리고 있을 것이다.

첨언하자면 어느 종목이든 좋은 종목이라면 함부로 팔지 말아야 한다. 출처는 잊었는데, 최근 20년간 코스피지수를 보면 가장 많이 올랐던 날 50거래일을 빼고 나면 코스피지수 상승률이 보합에 그친다고 한다. 같은 기간 코스피지수는 4배가량 올랐는데 딱 50일만 빼면 하나도 오르지 않은 것처럼 된다는 말이다. 미국 또한 마찬가지다. 리톨츠자산운용의 마이클 바트닉 리서치 디렉터가 운영하는 금융 블로그 '엉뚱한 투자자(The Irrelevant Investor)'에 따르면, 1916년 이후 다우지수가 전고점(직전 최고 높은 가격)을 넘은 거래일이 전체 거래일의 5%도 되지 않았다고 한다. 95%의 거래일은 전고점보다 낮은 수준에 머무른다는 것이다. 하지만 그럼에도 전체 지수 상승률은 2만 5,568%를 기록했다. 오를 때 확 오르는 것이 주식이다.

우리는 주식이라는 것이 언제 오를지 정확히는 알 수 없다. 좋은 주식이라면 믿고 내버려 둘 줄도 알아야 한다. 그래야만 언제 갑자기 반짝 급등할 때, 그 상승의 수혜를 고스란히 누릴 수 있다. 그리고 그 주식이 좋은 배당주라면 영원히 팔지 않겠다는 자세로 임해도 될 것이다. 물론 좋은 배당주가 계속 좋은 배당주인지 끊임없이 체크해야겠지만 말이다.

싸면 싼 이유가 있다고?

이번에도 다소 아쉬웠던 투자 사례를 얘기하고자 한다. 오랜만에 과거 기억을 들춰보려고 차트를 열었더니 당시에도 눈여겨봤던 주가가 눈에 띈다. 주가 7,100원. 이 종목의 사상 최저가 기록이다.

필자는 글로벌 금융위기가 한창이던 2008년 10월, 이 종목에 관심을 가졌다. 상당히 좋은 기업인데 키코(KIKO)란 상품에 잘못 가입해 순손실이 어마어마하게 날 것으로 예상되던 상황이었다. 이 종목 또한 배당주인데 사실 키코 때문에 회사 문을 닫는다는 소문이 나오는 터라 배당을 기대할 수는 없어 보였다. 하지만 상품 가입으로 인한 일회성 손실이라면 언젠가는 다시 극복할 수 있지 않을까…. 필자가 관심을 가진 배경은 그것 하나였다.

참고로 키코는 녹인, 녹아웃(Knock-In, Knock-Out)의 영문 첫 글자를 따온 말로, 환율 변동에 따른 위험을 피하기 위한 환 헤지 상품이다. 환율이 일정 범위 안에서 움직일 경우 미리 약정한 환율에 약정금액을 팔 수 있도록 한 파생 금융 상품이다. 수출 기업들은 환변동성이 높으면 그때그때 실적이 급변동하기 때문에 이를 막고자 가입하곤 했는데, 2008년 글로벌 금융위기로 환율 변동 폭이 너무 커지면서 문제가 됐다. 어느 정도 범위 안에 있으면 지정되어 있는 환율로 거래할 수 있는데, 그 폭을 확 뛰어넘으니 손실이 무한대로 증폭된 것이다. 특히 상단을 뛰어넘으면 약정액의 2배를 의무로 매입해 은행에 물어주는 구조였던 것이 나중에 드러났다. 필자가 관심을 가진 기업 또한 은행원의 권유로 키코에 가입했다가 회사가 휘청댔던 상황이었다.

필자는 2008년 10월의 어느 날, 용감하게도 이 기업에 투자하기로 결정했다. 자금 이체를 하고 마음의 준비를 하다가 점심식사를 하러 갔다. 그런데 점심식사에서 만난 사람이 하필이면 증권사 애널리스트였다. 그는 필자의 설명을 잠자코 듣다가 이렇게 말했다.

"그렇긴 하지만 지금은 금융위기인 걸요. 주가란 떨어지면 떨어질 만한 이유가 있는 겁니다. 그렇게 좋은 주식이라면 이렇게 과하게 떨어졌을까요?"

당시 이 기업은 6만 원대에서 7,100원까지 추락한 상황이었다. 떨어졌다면 떨어진 이유가 있는 것이다…. 이 당연한 이야기에 마음이 흔들렸다.

'혹시 내가 놓치고 있는 것이 있을까? 진짜로 미국이 망한다고 하는 판국이니 주식을 사면 안 되는 것일까?'

필자는 그렇게 마음이 흔들렸고, 결국 주식을 사지 않았다.

시장은 완벽하지 않다

하지만 명백한 오판이었다. 이 종목은 몇 년 새 다시 6만 원대 후반의 주가를 되찾았다. 역시나 키코 가입으로 인한 유동성 위기는 금세 끝났다. 물론 부도 위기가 없었던 것은 아니나 당시 수출 기업들이 억울하게 문 닫을 위기에 몰렸다는 보도가 잇따르면서 정부 대책이 마련됐다. 정부 대책 또한 완벽했던 것은 아니나 최소한 기술력 있는 기업이 한번에 쓰러질 정도로 허술하진 않았다. 물론 많은 기업이 키코 위기로 문 닫은 것은 사실이니 이 기업들 입장에서는 정부가 신속히 대처하지 않았다고 하소연하겠지만 말이다.

아무튼 필자는 그 이후로 "싸면 싼 이유가 있다", "다 그 가격인 이유가 있다"라는 말을 가장 싫어하게 됐다. 우리는 흔히 시장이 똑똑하다는 의미로 '미스터 마켓', '스마트 머니' 등의 표현을 쓰지만, 시장 또한 완벽하지 않다. 불확실성과 불안감, 정보 불평등, 과민반응 등을 타고 주가는 과하게 오르고 과하게 내리는 것의 연속이다. 어제는 미국과 중국 간의 무역 분쟁 우려감에 2% 하락했다가 오늘은 미국과 중국이 화해할 것이라는 기대감으로 3% 오르는 것이 주식 시장이다. 그러다가 내일은 또 미·중 무역 분쟁이 격화돼 코스닥 지수가 4% 급락했다는 헤드라인이 뉴스를 장식할 수 있다. 마구 날뛰고 여기저기서 과매도와 과매수가 반복적으로 일어난다.

이론적으로 투자자들의 총합이 항상 완벽하다면, 세상에 새로운 기회는 나오지 않는다. 이성이 부족하고 판단 능력이 결여될 때가 많기 때문에 새로운 기회가 나오는 것이다. 눈먼 돈이 넘치고 온갖 오류가 판치는 것이 자본 시장이다. 당신만이 발견한 멋진 투자 원칙이 있다면, 믿어도 좋다. 설령 끝내는 배반당할지 모르지만 일단 시도해볼 만한 가치가 있다. 시장은 결국 이성적인 자가 승리한다.

사족 하나 덧붙인다면, 당시에 조언했던 애널리스트는 아직도 만나고 있다. 지금은 어엿한 사업가이고 필자에게 그런 조언을 했다는 것 따위는 기억하지 못한다. 투자의 세계란 그런 것이다. 조언이라는 것은 말 그대로 조언일 뿐, 투자의 책임이 오로지 나한테 있는 것과 마찬가지로 나 스스로가 결정권자가 되어야 한다. 나 빼고 다 바보라는 정신으로, 꽂히는 종목이 있다면 가열하게 공부한 뒤 매집하는 당당한 자세를 취하기를 독자 여러분께 권한다.

급락하면 기쁘다, 더 살 수 있어서

글로벌 금융위기가 발발한 지 꼭 10년째 되는 시기였던 2018년 10월, 미국에서 경기 침체(Recession) 가능성이 고개를 들었다. 2019년에도 한창 'R의 공포'라는 이름으로 신문이 도배됐는데, 여기서 말하는 'R'이 Recession의 'R'이다. 경기 침체 가능성이 처음 거론된 시점은 2018년 10월이다.

당시만 해도 글로벌 경기는 꽤 나쁘지 않았는데 왜 경기 침체 이야기가 나온 것일까? 당시 근거는 미국 국채 2년물과 10년물의 수익률 역전이었다. 2년물 금리가 10년물 금리를 따라잡으면서 돈이 제대로 돌지 않을 것이란 우려가 높아진 것이다. 참고삼아 이야기하면 2018년 당시에는 2년물 금리가 10년물보다 높았던 것이 아니고, 격차가 많이 좁혀졌을 뿐이다. 10월 기준으로 20bp(0.2%p) 정도 차이가 났다. 1977년 이후 2년물과 10년물 간 격차는 평균

100bp(1%p)라고 한다. 그러다가 2019년에 급기야 역전되고 말았고 증시는 다시 한 번 추락했다. 금리 역전이 왜 위험할까? 간단히 설명하면, 만기가 길다는 것은 상대방이 돈 떼어먹을 가능성이 더 높아진다는 것을 의미한다고 이해하면 된다. 또 만기가 길수록 물가나 다른 외부 요인이 어떻게 될지 모른다는 리스크(Risk)가 있다. 내일 받을 돈과 10년 뒤 받을 돈은 분명히 다른 법이다. 은행 등 금융회사 입장에서는 단기로 돈을 빌려 장기로 굴리기 때문에 금리가 역전되면 역마진이 난다는 문제도 발생할 수 있다.

다시 2018년 10월로 돌아가 보자. 코스피지수는 2018년 9월 27일 2,355포인트였으나 10월 내내 떨어져 10월 말에는 1,985.95까지 밀렸다. 10월에는 12~17일 동안 그나마 2,100포인트 내에서 옆걸음을 했을 뿐 나머지 날들은 그냥 속수무책 밀리기만 했었다.

모두가 피눈물을 흘리던 시점이다. 하지만 웃는 사람이 아무도 없었던 것은 아니다. 필자 또한 마찬가지다. 웃고 있었다고 하면 다소 많이 과장된 표현이지만, 이 또한 기회라고 믿고 있었다.

필자가 주목한 종목은 메리츠종금증권이다. 메리츠종금증권은 'R의 공포'를 가장 민감하게 받을 수밖에 없는 금융주다. 경기 침체 가능성이 고개를 들면 증시 하락은 불 보듯 뻔하기 때문이다. 그렇다면 메리츠종금증권 또한 10월 한 달 내내 주가가 하락했을까? 결론부터 말하자면 전혀 아니다.

메리츠종금증권도 2018년 9월 27일 최고 4,210원이었던 주가가 10월 11일 한때 3,750원까지 10.92% 하락했다. 하지만 다른 주식들이 다시 떨어지기 시작한 그날 이후부터 메리츠종금증권은 거꾸로 오르기 시작했다. 지수 2,000포인트가 허물어졌던 그달 말, 메리츠종금증권은 다시 4,000원대를 되찾았다. 그러고도 계속 오르기 시작해 12월 초에는 4,635원까지 상승했다. 만약 3,700원대에 주식을 잡았다면 27%가량의 수익을 얻을 수 있었다. 메리츠종금증권은 연말 기준으로 배당을 실시한 후에도 계속 올라 2019년 6월에는 5,650원까지 상승했다.

그렇다면 다른 주식 대부분이 폭락한 10월 중순에서 10월 말 사이에 메리츠종금증권은 어떻게 오를 수 있었을까? 그 대답이 바로 배당이다. 메리츠종금증권은 그해 말 주당 200원씩 배당했다. 만약 4,000원에만 주식을 샀어도 연 5%의 수익을 덤으로 챙길 수 있었던 것이다. 10월 중순, 주가가 3,000원대까지 떨어지자 투자자들이 "어라? 이 정도면 너무 떨어진 것 아냐? 기업이 갑자기 망하는 것도 아니고, 이 정도라면 주식을 사서 배당을 받아도 되겠는걸?"이라고 생각한 셈이다. 이 때문에 주가는 드라마틱하게 반등했고, 상당수 투자자들은 20% 이상의 수익을 보고 12월에 매도했다.

뒤에서 다시 소개할 이랜드리테일의 부동산 리츠(REITs, 부동산 투자를 전문으로 하는 뮤추얼펀드)인 '이리츠코크렙'도 마찬가지였다. 이리츠코크렙은 10월 초 4,975원이었던 주가가 11월 초 한때는 4,550원까지 허물어졌다. 하지만 이리츠코크렙은 매 반기(6개월)마다 주당 175원을 배당하는 상품이다. 연말 배당 기대감이 번지면서 이내 곧바로 4,900원대를 되찾았다. 2019년 말에는 6,000원대를 넘어 한때 7,900원대까지 올랐다. 좋은 주식은 쌀 때 사야 한다.

좋은 주식은 기본적으로 남들 빠질 때 덜 빠진다. 항상 호시탐탐 노리는 예비 투자자들이 있기 때문에 많이 급락할 수가 없다. 이를 보면, 좋은 주식이 빠진다는 것은 항상 큰 기회다. 존 리 메리츠자산운용 대표이사도 "주가가 하락하면 기뻐하라. 더 싸게 살 수 있다는 얘기이니까"라는 말을 입에 달고 산다.

기뻐할 수 없다면 차라리 가만있어라

하지만 낙폭이 너무 커지면 투자 심리가 붕괴될 수 있다. 2018년 10월처럼 조금 하락했다가 다시 반등하면 몰라도, 10년 전인 2008년 10월처럼 폭포수처럼 떨어지면 그때는 웃을 수 있는 사람이 없을 것이다. 코스피지수가 2,200포인트에서 900포인트까지 떨어졌는데 웃고 있다면 100% 실성한 사람이다.

전문가들은 어떨까? 사실 워런 버핏과 같은 전문가들도 쉽지 않다고 이실직고한다. 물타기도 한두 번이지, 지속해서 급락하면 정확한 바닥을 모르는 상태에서 멘탈을 부여잡고 있기란 불가능하다.

전문가들은 차라리 비이성적 국면이 지속하면 계좌를 가만히 놔두라고 조언한다. 10%, 20% 하락할 때는 추가 매수하는 전략을 취하되 낙폭이 하염없이 커질 때는 비이성적 급락인 상황이 많으니아예 방관하라는 뜻이다. 미국 자산관리업체 베터머니디시전의 디미트리 울릭 선임 재무분석사는 2008년 당시를 회고한 한 인터뷰에서 "타이밍을 잡는데 집착하지 말고 시장에서 시간(타임)을 보내라"고 조언했다. 섣불리 시장의 방향을 예측해 정확한 시점에 치고 빠지기를 하려 하기보다 장기적인 관점에서 보유 전략을 쓰는 것이 낫다는 조언이다. 실제로 2008년 당시 바닥을 잡으려고 애쓰거나 반등 타이밍을 재다가 너무 일찍 투자한 사람들은 큰 손실을 봐야 했다. PNC인베스트먼트의 게리니 CEO도 "시장에 의심이 들면 전문가를 찾아야겠지만 궁극적으로는 자신의 투자 목표와 시간표에 충실해야 한다. (금융위기가 처음 불거진) 2007년에 아무것도 안 했다면 지금 상황이 오히려 좋을 것"이라고 말했다. 같은 의미로 비이성적 폭락장 때에는 '10% 하락하면 무조건 손절매한다'와 같은 투자 원칙도 옆으로 치워놔도 된다. 비이성적일 때 혼자 이성적인 척할 필요까지는 없다. 그냥 내버려 둘 뿐이다.

마음이 어지럽다면 주가보다 배당 수익률을 보라

그럼에도 마음이 흔들린다면 필자가 사용하는 방법을 알려줄 테니 활용해보기 바란다. 필자는 주가가 급락하면 주가 낙폭을 생각하기보다 배당 수익률을 계산해본다. 이번에도 이리츠코크렙을 예로 들겠다.

이리츠코크렙은 2019년 11월에만 해도 7,900원을 넘었던 주가가(시간 외 시장에서는 한때 7,970원까지 올랐다) 고점을 찍자마자 하락세로 돌아서 그해 12월 중순 한때는 다시 6,300원 안팎으로 밀렸다. 낙폭이 무려 20%를 넘어섰다. 필자는 워낙 저가에 매집해 놓은 상황이라 비교적 괜찮았지만 필자의 추천을 받고 매입한 사람들의 투자 심리가 망가지기 시작했다. 7,900원을 찍고 7,000원까지 떨어지니 "이제 바닥이다" 하고 주식을 샀는데 6,750원, 6,600원, 6,500원, 6,300원이 연속적으로 무너졌다.

하지만 생각해보라. 우리는 배당 때문에 이리츠코크렙을 샀다. 이제 배당 수익률을 계산해보자. 주당 350원을 배당한다고 쳤을 때, 7,000원에 매입한 주식은 배당 수익률이 5%이고, 이보다 10%나 싼 6,300원에 매입한다고 해도 배당 수익률은 5.56%로, 아주 큰 차이는 없다. 주가가 10%나 하락하면 주식 투자자 대부분은 손절매를 생각할 정도로 치명적인 타격이라 할 수 있다. 하지만 배당만 놓고 보면 아주 심각한 차이는 아니다. 물론 0.56%p 자체를 무시할수는 없지만 우리가 생각하는 것처럼 치명적인 차이는 아니다. 필자만 해도 주가연계증권(ELS)에 투자할 때는 0.5%p의 수익률 차이보다는 안정성 그 자체를 본다. 이리츠코크렙은 안전하다. 최소한 2020년 초 현재로는 아무런 리스크 요인이 없다. 주가가 하락하는 것이 무섭다면 배당 수익률을 계산해보라. 생각했던 것보다 크게 떨어지지 않았을 것이다.

비슷한 이유로 배당주에 투자할 때는 10원, 100원에 너무 크게 연연하지 않아도 된다. 배당 수익률로 계산하면 큰 차이가 없다. 조금이라도 싸게 사려고 밑에 매수 주문을 대놨다가 안 사지기라도 하면 오히려 그게 더 큰 손실일 때가 많다.

끊임없이 스터디하라

'주가가 하락하면 기뻐하면서 사라'는 이야기는 말이 쉽지, 실천하기 무척 어려운 조언이다. 대부분 주가가 하락하면 기분이 나빠진다. 필자 또한 말로는 "하락하면 더 사야지" 하면서도 주가가 올라 있으면 좋아하는 본인의 모습을 보곤 한다. 이래놓고 주변 사람들에게는 "주가가 하락하면 기뻐하라"고 말한다는 것과 관련해 자괴감에 빠질 때가 있다.

자산 가격 상승을 기뻐하는 것은 본능 중의 본능인 듯하다. 사실 부동산만 해도 1주택자는 집값 상승을 좋아할 이유가 없다. 내 집만 오르는 것이 아니고 다른 집도 같이 오르는 것이 일반적인데, 집값이 올라봐야 대형 평수로 갈아타기만 힘들어질 때가 많기 때문이다. 그런데도 집값 상승 뉴스가 나오면 괜히 반갑다. 본능은 상승을 기대하는 것이다. 사고의 흐름이 순진하기 짝이 없다.

하지만 기업에 대한 믿음이 확고하다면 주가가 하락해도 기뻐할 수 있다. 아니, 기뻐해야만 한다. 못할 것 없다. 확실하다면 주가가 하락했을 때 더 사면 그만이다. 믿지 못하는 주식의 경우 주가가 떨어지면 불안하다. 하지만 기업을 완전히 속속들이 알고 있다는 확신이 들면, 주가가 하락해도 안심할 수 있다. 최소한 직장인을 포함해 매달 현금을 창출해낼 수 있는 사람이라면 주가가 떨어질 때 더 사면 될 뿐이다.

하지만 믿음, 그 믿음이 어렵다. 주가가 하락해도 기뻐할 수 있을 정도로 잘 알아야 한다. 그리고 그만큼 공부해야 한다. 필자는 계속해서 공부하라고 반복해서 강조하고 싶다.

앞에서 잠깐 말한 이리츠코크렙을 예로 들어보자. 필자는 2020년 2월 현재, 전체 자산 중 이리츠코크렙이 차지하는 비중이 꽤 된다. 고로 이 내용은 이리츠코크렙을 추천한다는 이야기도 될 수 있을 것이다. 필자는 정말 열심히 공부해 이리츠코크렙이란 회사의 상당 부분을 파악했다고 자평한다.

필자는 2018년 6월 29일쯤 이리츠코크렙을 처음 샀다. 이리츠코크렙은 앞에서 말한 것처럼 이랜드그룹의 리츠다. 리츠는 부동산 펀드를 말하는 것으로, 이랜드가 갖고 있는 부동산을 주식처럼 만들었고 주주들이 그 부동산의 주인이 됐다고 이해하면 된다.

이리츠코크렙은 이랜드가 운영하는 점포 중 NC백화점 야탑점과 뉴코아아울렛 일산점 · 평촌점, 그리고 2001아울렛 중계점과 분당점을 갖고 있다. 임차 기간은 2019년을 기준으로 16~20년 남아 있다. 임대료는 2001아울렛 분당점이 연 61억 원으로 가장 적고, NC백화점 야탑점이 109억 원으로 가장 많다. 임대료는 매년 계약에 따라 0~2.5% 상향 조정할 수 있다.

주주 입장에서 생각하면 이리츠코크렙은 6월과 12월, 2번에 걸쳐 주당 175원씩 배당을 받으며 배당률도 매해 조금씩 올라간다. 필자가 2018년 6월 29일에 매입할 당시 가격이 4,400원이었다. 4,400원에 투자해 매해 350원 배당을 받으면 배당 수익률이 무려 7.95%에 이른다. 안 살 이유가 없는 주식이었다. 그래서 꽤 많은 수량을 한꺼번에 매집했다.

그런데 왜 떨어질까?

하지만 예상과 달리 주가는 비실비실했다. 오히려 조금씩 더 흘러내리다가 7월 5일에는 4,180원까지 하락했다. 필자는 사자마자 5%의 평가 손실을 입었다. 배당 몇 프로 받으려고 산 주식이기 때문에 주가 하락이 불만스러웠다. 왜 하락할까? 그때부터 지난한 의심이 시작됐다.

'내가 뭘 놓치고 있었던 것이 아닐까?'

다시 처음부터 샅샅이 수사하듯이 살펴보기 시작했다. 그때 공부했던 내용을 여기에 풀어보겠다(이 내용은 이리츠코크렙을 추천하는 이유이기도 하다).

① 임대료를 잘 받을 수 있을까? 리츠 투자자들이 투자를 앞두고 가장 먼저 생각해야 할 것은 이 리츠가 임대료를 제대로 받을 수 있을지

다. 사실 필자는 이랜드리테일이 임대료를 제때 지불하지 못할 리는 없다고 생각했다. 상당수 투자자가 우려하는 것과 달리 이랜드리테일은 불황에 최적화된 저가형 몰(Mall)이기 때문이다. 이커머스인 쿠팡, G마켓, 네이버페이 등에 잠식당하는 대형 마트나 백화점과 달리 이랜드리테일이나 다이소 같은 점포는 온라인몰의 영향을 비교적 덜 받는다. 상대적으로 온라인업체가 취급하기 쉽지 않은 저가 상품 위주로 진열돼 있기 때문이다.

더구나 이랜드리테일은 2018년 기준 매출액이 2조 1,510억 원이다. 이리츠코크렙에 지불해야 하는 임대료는 연 409억 원 수준이다. 매출이 2조 원 넘게 나는 회사가 임대료 수백억 원을 떼어먹을 리 없다. 설령 일부 점포에서 적자가 나서 임대료를 내주기 싫어 꼼수를 쓰더라도 분명 여론의 공격으로 초토화될 가능성이 높으므로 어떻게든 지불할 수밖에 없으리라고 생각했다. 또 각 점포의 매출은 제일 적은 곳이 2001아울렛 중계점인데 그렇다고 해도 2017년 기준 1,315억 원에 이른다. 임대료 지급에는 아무 문제가 없다고 할 수 있다. 참고로 이랜드리테일은 상장 기업이 아니기 때문에 점포별 정확한 매출은 2019년 기준으로는 찾을 수 없었다. 다만 2018년 1~6월 NC백화점 야탑점, 뉴코아아울렛 평촌점과 일산점 순이익은 138억 원, 2019년 1~6월 순이익은 142억 원이라는 자료를 찾을 수 있었다(삼성증권 추정 자료). 이를 보면 이커머스 열풍에도 불구하고 이리츠코크렙 점포들의 수익성이 2019년 기준으로는 망가지지 않았음을 알 수 있다.

더구나 임대료 미지급 리스크는 대부분의 대기업 계열 리츠에서는 일어나지 않을 이슈라고 본다. 그만큼 기업 이미지에 타격이 막대하기 때문이다. 임대료를 떼어먹는 것은 중소형사나 개인 단위에서나 발생하는 일이다.

②임대 계약이 끝나면? 하지만 임대 계약이 끝나는 것은 문제가 될 수 있다. 16년 뒤 임대 계약이 끝나면 어떻게 될 것인가? 대부분 리츠는 임대료를 받는 것까진 문제가 없다. 문제는 계약 만료 이후다. 계약이 끝나면 부동산을 팔거나 다른 목적으로 활용해야 하는데 이것이 잘 안 될 때가 많다. 건물 매각이 잘되지 않아 주가가 급락한 리츠를 수도 없이 많이 봤다.

이 때문에 중요한 것이 건물의 가치다. 활용도가 떨어지는 건물에 입주해 있는 임차인이 아무리 임대료를 많이 준다고 해도 그 임차인이 떠나면 끝이다.

같은 의미로 필자는 2019년 상반기 상장을 추진했던 홈플러스리츠(가칭)에 대해서는 다소 삐딱한 시선을 갖고 있었다. 대형 마트는 부동산이 대부분 시 외곽에 있다. 그 위치는 대형 마트나 아웃렛이 아니면 활용하기가 쉽지 않다. 홈플러스리츠 또한 연평균 배당수익률이 7%대라고 홍보했지만 임대차 계약 종료 이후가 걱정이었다. 이 때문에 홈플러스리츠가 대출은 적게 받고 그만큼 더 많이 배당해야 한다고 생각했다. 필자와 같은 생각을 가진 투자자가 많았던 것인지 결국 홈플러스리츠는 2019년 4월 기관투자자 대상의 수요 예측 때 좋지 않은 평가를 받자 상장을 철회했다. 혹시나 싶어 첨언하자면 홈플러스리츠는 무조건 안 산다고 하는 얘기가 아니다. 실제 부동산 가치가 회사 측에서 측정한 감정가보다 낮을 테니 더 많은 수익률을 제공했어야 한다는 주장일 뿐이다. 그리고 비록 흥행에는 대성공했지만 2019년 10월 30일에 상장한 롯데리츠에 대해서도 비슷한 생각을 갖고 있다. 비록 롯데리츠는 상장과 동시에 한때 30% 넘게 올랐지만 상대적으로 저렴하지 않은 가격이었다고 본다.

이리츠코크렙은 이러한 측면에서도 합격점을 받았다. NC백화점 야탑점과 뉴코아아울렛 일산점·평촌점, 2001아울렛 중계점·분당점 모두 지하철 역세권에 있기 때문이다. 설령 이랜드와 임대차 계약이 종료된다고 해도 입지의 가치는 남아 있기 때문에 문제 될 것이 없다고 봤다. 참고로 말하자면 NC백화점 야탑점의 감정가는 2,284억 원, 뉴코아아울렛 일산점은 1,497억 원, 평촌점은 1,886억 원, 2001아울렛 분당점과 중계점은 각각 1,209억 원, 1,452억 원이다. 이는 2017년 7월에 감정받은 가격이며 2019년 기준으로 자산 재평가를 실시하지 않아 최근 자료는 없다. 이랜드 측은 굳이 비용을 집행해가며 감정 평가를 실시할 필요는 없다는 입장을 밝히고 있다.

필자가 매입했던 당시에도 감정가와 비교했을 때 당시 주가는 너무 싸다고 판단했다. 당시 이리츠코크렙의 시가 총액은 2,000억 원대 후반에 불과했다. 차입금을 고려해도 주가 가치가 너무 낮다고 생각했다. 실제 한 부동산 전문가는 이렇게 말했다.

"만약 이랜드리테일과 임대차 계약이 끊어지면 이리츠코크렙은 한 3일 상한가를 칠걸요? 그냥 그 땅에 오피스텔 지어서 분양하고 손 떼도 됩니다."

실제 유사 사례도 있다. 2017년 이랜드리테일은 뉴코아아울렛 평촌점 인근의 NC백화점 평촌점을 부동산 개발회사 피데스개발에 매각했다. 피데스개발은 이를 오피스텔 및 상가로 다시 지어 '힐스테이트범계역모비우스'라는 이름으로 2018년 4월에 분양했는데 청약 경쟁률이 평균 105대 1로 나오면서 대박을 터뜨렸다. 심지어 펜트하우스 청약 경쟁률은 1,000대 1을 넘었다.

이 같은 얘기까지 들었는데 더 불안할 필요는 없었다고 생각했다. 하지만 아직 몇 가지 우려 요인이 있다고 생각해 취재를 계속했다.

③ 금리 상승 국면인데 괜찮을까? 또 하나 요인은 금리 상승이었다. 2019년에는 금리 하락이 너무나 문제였기 때문에 다소 이질감이 드는 표현인데, 분명히 2018년만 해도 금리를 얼마나 더 올리느냐가 이슈였다. 실제로 미국이 마지막으로 금리를 올린 것이 2018년 12월 19일이었다. 이때만 해도 미국이 2019년 중에 한 차례는 금리를 올릴 것이란 전망이 다수였다. 심지어는 2019년에도 2~3차례, 2020년에도 한 차례 올릴 것이란 전망마저 있었던 시절이다.

금리가 오르면 리츠는 두 가지 측면에서 부정적이다. 첫째, 금리가 오르면 리츠 말고도 다른 대체재들이 부각될 수 있다. 금리가 오르면 리츠의 임대료도 오를 가능성이 높기는 하나 그래도 금리란 동물은 오르면 오를수록 더 많은 투자처가 생기게 마련이다. 막말로 금리 10% 시대가 다시 열린다면 그냥 은행 정기예금만 해도 될 것이다. 이런 측면 때문에 금리가 오르는 것은 리츠에 부정적이다. 둘째는 대출금리다. 리츠는 부동산을 투자원금만으로 사지 않고 대출을 내서 인수한다. 대출금리가 높으면 리츠 운용 비용이 더 많이 들 수밖에 없다.

하지만 결론적으로 말해 금리 인상 기조는 반년 만에 끝났다. 오히려 2019년에는 금리를 어디까지 내려야 할지가 화두가 됐다. 이 때문에 2019년 초 발행된 일부 독일 국채금리 연동의 파생결합증권(DLS)은 전혀 예상하지 못했던 금리 인하 기조로 인해 100% 손실로 상환되기까지 했다.

이리츠코크렙의 경우 장기차입금 금리가 연 4%다. 이랜드리테일의 자체 신용등급이 상향 조정될 가능성이 있고 차입금리도 떨어지고 있기 때문에 이로 인한 배당 증액이 예상된다. 삼성증권은 "이리츠코크렙은 조달금리가 0.5%p 하락할 시 주당 배당금이 9.8% 상승하는 구조다"라고 밝힌 바 있다. 2020년 2월 현재, 2020년 기준금리는 한 차례 더 인하돼 1% 시대가 열릴 것이라는 관측 또한 나오고 있으니 리츠의 대출을 둘러싼 환경은 긍정적이다. 특히 이리츠코크렙은 차입금리 하락으로 인한 배당 증익이 기대되고 있다. 참고로 이리츠코크렙은 2021년에는 중도상환수수료 없이 대출 조정이 가능해진다.

④ **이랜드의 구조조정에 억지로 활용되는 것은 아닐까?** 2018년 7월 초, 이리츠코크렙의 주가가 계속 하락하자 필자는 "혹시 이리츠코크렙

이 이랜드리테일의 구조조정에 악용되는 것이 아닐까?"라고 걱정했다. 이랜드리테일은 멀쩡히 영업은 잘하는 회사지만 잦은 인수·합병(M&A) 때문에 고초를 치렀다. 2006년 한국까르푸(홈에버)를 인수했다가 2년 만에 되팔았고, 2010년 이후로는 PIC사이판리조트, 명품업체 코치넬리, 심지어는 실패했지만 LA다저스나 미국 신발 유통업체 CBI 인수까지 추진했다. 본체에 비해 잦은 M&A로 인해 내실은 악화됐고, 이 때문에 2015~2016년에는 심각한 유동성 위기에 직면했다. 티니위니, 케이스위스, 홈앤리빙사업부인 모던하우스 등을 매각하고 이랜드리테일을 상장하겠다는 약속까지 했다.

다시 이리츠코크렙 이야기로 돌아가면, 혹시나 이랜드가 부실 부동산이나 부실 점포를 이리츠코크렙에 붙이려는 것 아닐까 걱정했다. 실제로 이리츠코크렙은 공모 청약 투자설명서에서도 추가 자산 확보를 추진할 것이라고 했다. 부실한 자산을 넘겨받으면 당연히 주가는 빠질 것이고 많은 투자자가 이를 염려해 공모 청약에 참여하지 않았던 것으로 추측했다.

하지만 리츠를 주관하는 국토부 또한 이 같은 염려를 잘 알고 있었다. 국토부는 이리츠코크렙이 추가 자산을 편입할 경우 매출액 상위 30% 내의 자산만 편입하도록 할 것이고 가격도 적정 가격인지 심사할 것이라고 했다. 또 이리츠코크렙의 주요 주주인 KB증권 등이 동의해야만 자산 편입이 가능하다고 설명했다. 이리츠코크렙의 지분 75%를 가진 이랜드리테일 홀로 결정할 수 없게 구조가 짜여 있던 셈이다. 이리츠코크렙의 한 경영진은 "이랜드리테일은 결정하는 데 있어 투표권이 한 장밖에 없고 다른 투자자나 국토부 등의 동의를 받아야 한다"라고 공식 답변했다.

확신이 왔으니 떨어질 때마다 사자

필자는 이 같은 의혹(?)을 모두 해소한 뒤 4,300~4,400원대 가격에 이리츠코크렙을 추가 매수했다. 그리고 그때부터는 설령 주가가 부진해도 아무런 불안감 없이 지낼 수 있었다.

특히 2019년 2~3월에 4,700~4,800원대에 머물 때 추가 매수했고, 2019년 6월 19일에 6,370원을 찍었다가 두 달 뒤인 8월 일본과의 부품 소재 수출 갈등으로 이리츠코크렙이 5,700원대까지 하락하자 5,800원대에 다시 한 번 대량 매집했다. 앞에서 얘기했듯이 '확신이 있을 땐 주가가 떨어지면 더 담으면 되기 때문'이다. 그리고 이리츠코크렙은 이내 곧바로 6,200원 선을 되찾았다.

필자는 이제 이리츠코크렙 때문에 불안할 일이 없다. 전적으로 믿고 있다. 가끔 이랜드리테일 사람이나 이리츠코크렙 운용사인 코람코자산운용, 또는 유통업계 사람을 만나 이랜드리테일의 영업 환경 정도를 체크하고 있다.

Chapter 2

주식 투자의 원칙

본격적으로 배당주 투자에 대해 소개하기에 앞서 주식 투자부터 이야기하려고 한다. 배당주 또한 주식의 하나에 불과하고 투자자라면 좋은 주식에 대한 자신만의 원칙을 세워둬야 한다.

사실 배당주만이 꼭 좋은 주식이라고 할 수는 없다. 배당주는 배당을 한다는 이유만으로 좋은 종목의 조건 하나를 더 충족했을 뿐이다. 어떤 주식을 어떻게 골라야 할까를 함께 고민해보자.

테마주로 돈 못 버는 이유

필자가 기회 될 때마다 강조하는 얘기가 바로 '테마주로는 큰돈을 벌 수 없다'이다. 간혹 용돈 벌이 수준으로 돈을 벌 수는 있다. 차트를 잘 보는 사람 중에는 투자 성공률이 높은 사람도 물론 있다. 하지만 대부분의 보통 사람은 실패하며 한때 벌었던 사람이라도 결국 실패하는 경우가 많다. 테마주는 투자 흐름을 정확히 꿰뚫어야 하는데 이것이 만만치 않기 때문이다. 기업도 알아야 하고, 최신 투자 트렌드도 알아야 하며 하루 종일 HTS를 들여다보고 있어야 한다. 이것을 모두 할 수 있는 사람이 얼마나 되겠는가?

또 테마주에 투자하면 투자자가 스스로 불안해져서 자주 주가를 들여다보게 된다. 필자 또한 과거에 경험이 있다. 사회초년병 시절, 한 종목을 사놨는데 너무 불안해 점심시간 내내 엉덩이가 들썩들썩했다. 조만간 폭등을 시작할 것이라는 얘기를 듣고 덜컥 샀는데 뒤

늦게 재무제표를 보니 정상적인 회사가 아니었고 심지어 대규모 유상 증자에 따른 매물 압박도 상당해 보였다. 그때는 스마트폰도 없던 시절이라 얼른 자리로 돌아가 주가를 보고 싶었다. 그러지 않으려고 했는데도 불안한 마음에 계속 머릿속에선 주가 생각이 떠올랐다. 중요한 취재원이었던 상대방으로부터 "무슨 급한 일 있으세요?"라는 핀잔을 들었다.

비슷한 경험이 있는 독자가 많이 계실 것이다. 테마주는 잘못 투자해놓으면 거의 일상생활이 불가능한 수준까지 안절부절못하게 되어버린다. 큰돈을 벌고 싶어서 샀지만 스스로도 못 미덥기 때문에 계속 확인하고자 하는 것이다. 주식을 방치해 놓고 있을 수 있는 경우는° 백이면 백, 주가가 너무 떨어져 들여다볼 기운조차 나지 않는 경우일 때이다.

필자가 자주 하는 얘기 중 또 하나가 "돈을 벌려면 목돈을 태워야 한다"다. 이 말도 사실 테마주에는 접목하는 것이 불가능하다. 큰돈을 테마주나 작전주에 넣을 수 있는 배짱 있는 사람이 얼마나 있을까? 간혹 있기야 할 테지만 대부분 불안에 떤다. 혹시 누군가에게 추천받은 종목이라면, 그 사람에게 전화해서 "오늘도 주가가 떨어졌어. 어떡하지? 네 말 듣고 샀는데 괜찮은 거 맞지?"라고 하며 정보를 건넨 사람을 들들 볶는 경우도 많다.

목돈을 태우려면 잘 알아야 하며, 잘 알 수 있는 기업은 대부분 배당주다. 외부인인 이상 기업 정보를 속속들이 파악할 수 없다. 간혹 바이오 기업 투자자 중에 그 회사의 기술력을 완벽히 이해한 것처럼 뽐내는 사람이 있는데, 대부분 글로 이해한 수준일 것이다. 진짜 정보는 그 회사 내에서도 핵심 연구원 정도만 알고 있다. 때로는 그 핵심 연구원도 잘못 판단할 때가 많다. 인간은 기본적으로 이해관계 내에서 해석하고 판단하기 마련이기 때문이다.

결국 '돈'이다. 개인의 신용정보는 결국 그 사람의 돈 관리 능력과 같다. 사람은 믿을 수 없어도 돈은 믿을 수 있다. 은행도 결국 그 개인의 돈을 보고 돈을 빌려주는 셈이다. 회계 부정을 일으킨 기업 중에 고배당주를 들어본 일이 있는가? 꾸준히 돈을 지급해왔다는 것은 결국 신뢰도가 그만큼 높다는 이야기다. 거듭 이야기하지만 테마주보다 배당주다. 돈(배당)을 꾸준히 입금해주는 기업만이 믿을 수 있는 좋은 기업이다.

배당주만 좋아했던 건 버핏의 실수?

주식 투자자라면 누구나 알다시피 워런 버핏은 배당주를 좋아한다. 스티브 잡스가 애플을 이끌던 시절, 스티브 잡스의 "우리 주식도 좀 사라"는 요구에 워런 버핏이 "너희는 배당을 하지 않기 때문에 매수하지 않는다"라고 응수해 다시 한 번 워런 버핏의 배당주 사랑이 널리 알려진 바 있다.

워런 버핏은 2011년 스티브 잡스 사후에 애플 주식을 매입하기 시작했는데, 이는 스티브 잡스의 후계자인 팀 쿡 최고경영자(CEO)가 2012년부터 배당을 실시한 영향이 크다. 참고로 워런 버핏은 2018년 9월까지는 꾸준히 애플 주식을 매입하다가 그해 4분기부터 조금씩 매도하기 시작했다.

현인으로 유명한 워런 버핏이지만, 2020년 현재 미국에서는 워런 버핏이 뒷방 노인네 취급을 받는 분위기다. 그가 FANG으로 유명한 인터넷 기업들을 소유하지 않고 있어서다. FANG은 페이스북(Facebook), 아마존(Amazon), 넷플릭스(Netflix), 구글(Google)을 일컫는다. 이 기업의 주식들은 2015년부터 폭발적으로 상승했다. 대표적으로 아마존은 2015년만 해도 300달러였던 주가가 계속 오르기 시작해 2019년 7월 한때는 2,035.8달러까지 상승했다. 넷플릭스만 해도 콘텐츠 기업이라는 점 때문에 기술주가 맞긴 맞느냐는 핀잔을 받고 있지만 그래도 4,000%가 넘는 주가 상승률의 신화를 쓴 종목이다.

그 때문인지 워런 버핏의 최근 투자 성적은 좋지 않다. 워런 버핏의 회사 버크셔해서웨이의 상장 주식 포트폴리오 상승률을 보면, 2000년대 이후 2019년까지 계속 S&P500지수를 하회하고 있다. 버크셔해서웨이는 1970년대 중반부터 1990년대까지는 S&P500지수를 압도적으로 이겼는데, 2000년대 이후로는 번번이 승리하지 못한 것이다. 이는 인터넷 시대의 영향이 크다는 것이 전문가들의 분석이다. 이은원 펀드매니저는 자신의 페이스북에 'FANG이 주도하는 세계로 변화했지만 워런 버핏은 계속 구경제(舊經濟)에 투자하고 있다. 다행히 철도회사 BNSF나 에너지회사 미드아메리칸(MidAmerican)과 같은 걸출한 기업들을 인수한 덕에 사업 수익이 꾸준히 증가했다'라는 글을 올렸다.

워런 버핏은 아마존, 구글에 투자하지 못한 것이 큰 실수였다고 고백한 바 있다. 그냥 하는 말이 아니라 통탄하는 수준이었다고 외신은 전하고 있다. 워런 버핏은 "보험회사 가이코의 구글 광고 집행비가 계속 늘어나는 것을 눈으로 보고도 구글을 사지 않았다"라고 후회했다.

그렇다면 워런 버핏이 틀린 것일까? 배당주에 투자하는 것은 세상 흐름을 볼 줄 모르는 나이든 영감 같은 투자 방식일까? 아니다. 워런 버핏이 완전히 틀린 것은 아니다. 워런 버핏은 단지 세계 경제(사실은 미국)가 계속 성장할 줄 모른 것이다. 쑥쑥 크는 아이는 일단 더 키워봐야지 나가서 돈을 벌어오라고 쪼아 댈 필요는 없다. 미국은 인터넷 시대를 맞이해 한 번 더 성장할 수 있었고 모바일 시대를 맞아 2차 성장을 맞이했을 뿐이다. 그리고 워런 버핏은 이를 놓쳤을 뿐이다.

하지만 한국은 어떨까? 한국은 미국처럼 4차 산업혁명 파도를 타고 새로운 기회를 잡아내지 못하고 있다. 대부분 산업이 구경제다. 가장 큰 IT 기업인 삼성전자와 SK하이닉스마저 사실은 글로벌 경제의 가장 밑단에 있는 기업이다. 한국은 미국과 달리 구경제 구조이기 때문에 미국과 달리 성장주보다는 배당주에 투자하는 것이 맞다. 작정하고 찾아봐도 미국 내 유명 기업처럼 신선한 스타트업 느낌 나는 기술 기업이 없다. 배달의민족 같은 기업은 참 좋은 기업이지만 이런 좋은 기업은 대부분 장외에 있다. 어째 글을 끝내고 보니 서글프지만 이것이 현실이다.

그런 면에서 바이오주도 추천하기 어렵다

우리나라는 산업 특성상 바이오를 잘 해야 한다. 바이오가 '넥스트 반도체'가 돼야 한다는 전문가 분석이 많다. 말 그대로다. 조선과 철강, 화학, 반도체 등 그동안 우리나라의 튼실한 먹거리 역할을 했던 업종이 사양 산업으로 취급되는 분위기다. 더 이상 고성장을 노리기가 어렵다. 이제는 바이오뿐이다. 필자는 바이오 문외한이긴 하지만 바이오시밀러업체인 삼성바이오로직스가 삼성그룹 특유의 세밀한 공정이 장점인 영역이라 설립됐다고 믿어 의심치 않는다(물론 그 과정에서 불법적인 이슈들이 있었음은 필자도 알고 독자들도 아시겠으나 굳이 거론하지는 않겠다).

하지만 바이오에 투자하는 것은 추천하지 않는다. 거대한 포트폴리오의 일환으로 바이오를 담는다면 혹 모를까, 바이오가 주요 투자처가 되면 곤란하다. 왜냐하면 바이오는 당장의 성적이 없고 일개 투자자가 그 본질을 꿰뚫어 보기 쉽지 않기 때문이다. 바이오는 믿음의 영역이며, 투자보다는 종교에 더 가깝다고 볼 수 있다.

정 바이오에 투자하고 싶다면 아예 초창기 바이오 기업에 투자하는 것이 답이 될 수 있다. 임상 2상, 3상 단계라면 곧 성과가 나와야 하기 때문에 투자자들 또한 불안감이 높아지는 시기다. 전형적인 '홀짝' 방식의 투자다. 이런 투자는 피해야 하기 때문에 아예 사업 초기의 바이오 기업들에 투자하라는 것이다.

이와 관련한 전문가의 분석도 있다. 2018년 9월 3일 김대준 한국투자증권 애널리스트가 작성한 보고서인 〈미국, 바이오. 현실과 꿈〉

에 따르면, 중형주인 S&P400 제약·바이오나 소형주인 S&P600 제약·바이오, 더 소형주인 러셀2000 바이오에 투자하는 것이 대형 바이오(S&P500 제약·바이오)에 투자하는 것보다 성과가 좋았다. 대형 바이오(S&P500 제약·바이오)는 2009~2017년의 연평균 상승률이 12.8%에 그친 반면, 중형주인 S&P400 제약·바이오나 소형주인 S&P600 제약·바이오, 나스닥 바이오, 러셀2000 바이오는 각각 22.4%, 23.8%, 18.5%, 17.8% 상승했다. 2018년 1~8월 수치만 봐도 대형 바이오주는 상승률이 8.5%에 그친 반면, 중형 바이오, 소형 바이오, 나스닥 바이오, 러셀2000 바이오는 14.5~52.3%의 상승률을 기록했다.

임상 통과 가능성이 생각보다 높지 않고, 설령 임상에 통과한다고 해도 실제 판매가 대박이 날지는 더 지켜봐야 하기 때문에 아주 초창기에 기대감만 갖고 투자하는 것이 낫다는 얘기다. 도저히 바이오를 끊을 수 없는 투자자라면, 아예 초창기 기업에 투자하기를 권한다. 실제로 우리나라 코스닥지수를 봐도 임상 3상을 앞둔 대형 바이오 기업보다는 갓 전임상(동물에 대한 안정성 테스트)에 들어가거나 바이오 기업 인수를 검토하는 기업의 주가가 좋은 점을 자주 목격할 수 있다. 반대로 임상 3상 실패 사례는 차고 넘친다. 2019년에만 해도 신라젠, 헬릭스미스, 에이치엘비, 비보존 등이 임상에 실패했거나 최소한 원하는 결과를 도출해내지 못했다.

단, 바이오 투자자들에게 하고 싶은 얘기가 있다. 바이오는 흐름을 자주 탄다. 오를 때는 금세 불치병이 정복될 것 같은 기대감이 넘쳐흐른다. 하지만 한두 개 기업이 사고를 치면 곤두박질치기 일쑤다. 바이오에 투자할 것이라면 반드시 흐름을 잘 잡아야 한다. 바이오는 2~3배 먹기는 쉽지만 그만큼 잃기도 쉽다. 필자는 잃는 것이 싫어 바이오를 기피하고 배당주를 좋아할 뿐이다. 남에게 강요할 수는 없으니 이렇게 글을 남기지만 바이오에 투자한다는 것은 상당히 위험한 행위이므로 기관 및 외국인 흐름을 꾸준히 확인하고 회사와 수시로 소통하는 등 주의하기를 바란다.

구조대를 남겨둬야 한다

대부분 투자자는 투자원금이 1,000만 원이라고 하면 1,000만 원을 항상 어떤 주식에 넣어놓고 있다. 돈을 전액 투자해놓고 있지 않으면 투자하지 않는 것이라고 생각한다. 하지만 이래선 안 된다. '쉬는 것도 투자'다. 투자를 쉬지 않고 하는 것은 열심히 투자하는 게 아니라 투자 중독이다. 끊어야 하는 질병에 가깝다.

전쟁을 치를 때에는 선발대가 있고 본대가 있고, 구조대가 있어야 한다. 우리도 똑같이 해야 한다. 일단 관심주에는 선발대를 보내놓고, 이후 확실할 때 본대를 투입하고, 나중에 물 탈 때는 구조대를 보내는 방식을 추천한다. 선발대는 일단 1주를 추천한다. 1주만 사놓더라도 꽤 꾸준히 현 상황을 들여다보게 된다. 어느 증권사 HTS나 어느 종목이든 관심 종목으로 설정할 수 있지만 돈을 조금이라도 넣느냐, 안 넣느냐에 따라 관심의 질이 달라진다. 아무래도 실제로 돈이 들어 있어야 진짜 관심 두고 지켜보게 된다. 좋은 종목이고 매수 타이밍을 재고 있다면 1~2주 선발대를 보내놓기를 권한다.

구조대의 존재 이유는 언제 갑자기 외부 변수로 인해 주가가 떨어질지 모르기 때문이다. 언제든 좋은 주식을 더 살 준비를 해야 한다. 2011년 이후 코스피지수가 1,800~2,100포인트에 머물 때도 주가가 급락한 날만 골라서 주식을 추가 매수했다면 충분히 많은 수익을 낼 수 있었을 것이라는 게 전문가들의 얘기다. 요즘은 증시가 일시적으로 하락하면 그때마다 펀드 자금이 들어오는 '스마트 머니'가 꽤 된다.

30%만으로 주식 투자하라

본인이 생각한 투자 규모 대비 30%만 적극적으로 굴리는 것을 추천한다. 그러다가 예상외로 주가가 빠지면 30%, 더 빠지면 나머지를 모두 태우는 식으로 굴리면 된다. 30%만 투자해서 언제 부자가 되느냐고 생각할 수 있지만 아주 확실하지 않은 이상은 이런 식으로 분할 매수하는 것이 좋다. 분할 매수를 하면 매집하는 특정 기간 동안에는 평균가로 매수하는 셈이라 가격 변동 리스크를 줄일 수 있다는 장점이 있다.

매도할 때도 좋다. 예를 들어, 투자원금이 1,500만 원인 사람이 500만 원을 투자해 20% 수익을 낸 경우를 생각해보자. 500만 원으로 20% 수익을 냈으면 전체 100만 원이 수익이다. 투자원금(1,500만 원) 대비로 생각해보면 6.7% 수익을 낸 것이다(나머지

1,000만 원은 이자 없는 통장에 대기했을 것으로 가정). 100%, 200% 남기겠다는 투자자가 아닌 이상, 즉 평범한 배당주 투자자 기준으로는 나쁘지 않은 수익률이다.

반대로 주가가 하락하는 경우를 생각해보자. 10% 하락할 때마다 500만 원씩 추가 투자한다고 해보자. 주가가 10% 하락했다면 맨 처음 투자한 원금 500만 원은 450만 원이 되어 있다. 그리고 500만 원을 더 투자하면 투자금은 950만 원이 되며, 여기서는 그래도 10%대가 아닌 5.26%만 올라도 원금(1,000만 원)을 회복한다. 만약 10% 하락한 데 이어 10% 추가 하락한다면, 950만 원은 855만 원이 됐을 것이다. 하지만 여기서 500만 원을 추가 투자한다면 10%만 올라도 다시 원금을 회복한다. 분할 매수를 하는 전략은 하락할 때 대응 수단이 많은 셈이다.

사실 낙폭이 커질수록 2배로 투자하는 방법이 좋긴 하다. 다시 맨 처음 가정으로 돌아가서, 500만 원을 투자했다가 10% 하락하면 원금은 450만 원이 된다. 그리고 여기서 1,000만 원을 추가 투자한다면 고작 3.45%만 올라도 원금이 된다. 이 정도면 대형주라도 하루, 이틀이면 회복할 수 있는 주가 수준이다.

사실 외국인투자자가 주식 투자를 잘하는 것이 이 때문이다. 그들은 투자금이 얼마든지 있다. 일단 샀다가 물리면 또 사면 된다. 공매도에도 똑같은 원칙이 적용되며, 공매도한 뒤 주가가 오르면 더 많은 규모의 주식을 공매도 치면 된다. 떨어질 때마다 곱하기 2로 주식을 산다면, 나중에 다시 오르거나 내릴 때 조금만 움직여도 평가

이익으로 전환되기 마련이다.

이해가 잘 안 된다면, 홀짝 게임을 한다고 생각해보라. 홀이 나올 때 내가 먹고, 짝이 나오면 상대방이 먹는다. 처음 1,000원을 걸었을 때 짝이 나왔다 치자. 그렇다면 1,000원은 상대방이 갖는다. 그러면 그다음에는 2,000원을 건다. 2,000원을 걸었는데 또 짝이 나왔다 치자. 그렇다면 그다음에는 4,000원을 건다. 여기서 또 짝이 나오면? 또 4,000원을 날린다. 그리고 마지막으로 8,000원을 건다. 여기서 홀이 나와 승리하면 단숨에 8,000원을 갖는다. 여태까지 입은 1,000원, 2,000원, 4,000원의 손실을 만회하고 한 차례 승리(3차례 패배)만으로 1,000원을 번다. 곱하기 2의 전략은 이래서 우수하다.

이 때문에 경우에 따라서는 마이너스 통장을 활성화해야 한다. 대출을 받아 주식 투자하는 경우를 너무 공포스럽게 생각할 필요는 없다. 정말 '과매도'라는 판단이 섰을 경우에는 수익을 극대화하는 전략이 될 수 있다. 경우에 따라 마이너스 통장 사용은 추천하지만, 신용이나 스탁론은 절대 금물이다. 증권사 신용으로 연 7~10%의 고금리로 주식을 살 수 있는 신용융자나 저축은행 스탁론은 너무 간편하다. 순간적인 마음에 주식을 대량으로 사게 한다. 그리고 금리가 너무 비싸다. 이 때문에 절대로, 절대로 신용은 추천하지 않는다. 신용은 증권사만 살찌우는 나쁜 버릇이다.

마이너스 통장을 잘 활용하려면 어지간히 종목에 대한 확신이 있어야 할 것이다. 대충 공부하거나 대충 추천받고 주식 투자하는 사람이라면 절대로 피해야 할 방법이다.

나머지 자금 운용 방법

평상시에 투자원금의 30%만 투자한다고 하면, 나머지 자금은 어디에 보관하는 것이 좋을까? 일단 증권사 CMA(Cash Management Account) 통장이 있다. CMA 통장은 수시 입출금이 가능하며, 연 0.95~1.30%(2020년 1월 기준)의 수익률을 제공한다. 특히 발행 어음 라이선스가 있는 한국투자증권, NH투자증권, KB증권의 수익률이 1.30%로 가장 높다. 필자는 이 중 NH투자증권을 주로 쓰고 있는데 수수료가 무조건 무료인데다 송금이 편리하기 때문이다.

그런데 필자가 가장 많이 사용하는 계좌는 증권사 계좌가 아니라 저축은행 계좌다. SBI저축은행의 사이다뱅크에서 통장을 개설해 그곳에 주로 넣어두고 있다. 사이다뱅크는 연 2%의 수익률을 제공한다(2020년 1월 기준). 저축은행이라서 불안하다는 사람도 많은데 사실 SBI저축은행 정도면 상당히 안전한 금융기관이다. SBI저축은행은 2018년 10월 한국신용평가로부터 신용등급도 부여받았는데 당시 A-의 등급을 받았다. 2018년 6월 말 기준 총자산이 6조 6,772억 원, 대출채권이 5조 4,017억 원, 예수금이 5조 8,645억 원가량이다.

사이다뱅크의 통장은 SBI저축은행 앱을 통해 만들 수 있다. 단점은 이체 한도가 적다는 것인데, 그나마 SBI저축은행 전용 모바일 OTP를 다운로드받으면 1회 1,000만 원, 하루 최대 5,000만 원 이체가 가능하다. 그리고 타사 OTP가 있다면 일 이체 한도를 5억 원까지 늘릴 수 있다. 타사 OTP가 없다면 이참에 하나 만들어도 괜찮을 것이다. 필자는 5,000만 원 이상을 넣어놓고 있는데 OTP는 따로 없다. 하루에 1억 원을 빼야 할 때는 자동 이체 기능을 사용한다. 내일 1억 원을 이체해야 한다면, 오늘 날짜로 먼저 내일 5,000만 원이 다른 계좌로 이체되도록 자동 이체를 걸어두는 식이다.

금리는 당분간 변동이 없을 전망이다. 책을 쓰는 김에 SBI저축은행 측에 확인했는데 당분간은 기준금리가 내린다고 해도 연 2%의 금리는 하향 조정하지 않을 계획이라고 한다. 다른 저축은행들도 SBI저축은행처럼 고금리 보통예금 통장을 다수 만들 가능성이 있다. 금융당국이 2021년부터 저축은행 예대율(예금 대비 대출 잔액의 비율)을 100% 이하로 관리할 계획이기 때문이다. 쉽게 얘기해 대출을 많이 내주려면 그만큼 예금도 많이 확보해야 한다는 의미인데 입출금이 자유로운 보통예금 통장의 금리가 통상적으로 제일 낮기 때문에 대부분 저축은행이 보통예금 통장 금리를 높여 예대율을 낮추려는 계획을 갖고 있다. 특히 연 20% 이상 고금리 대출은 130%의 가중치를 부여할 계획이라 대부업과 유사한 사업 구조를 갖고 있는 중소형 저축은행은 예대율 높이기가 시급한 상황이다.

그리고 또 하나, 대기하는 자금은 그냥 CMA나 저축은행 통장에 남겨두면 되는 걸까? 물론 아니다. 예치금으로 남겨두는 것은 너무나 소극적인 투자법이다. 뒤에서 다시 소개하겠지만 공모주 청약을 통해 추가 수익을 내는 전략을 추천한다.

나쁜 버릇을 고쳐보자

필자는 "주식이 좀처럼 잘되지 않아요. 저는 주식이 맞지 않는가 봐요"라고 말하는 사람에게 '오답 노트'를 써보라고 조언한다. 왜 주식이 되지 않는지, 실패했는지를 한번 덤덤하게 되짚어보라는 얘기다. 필자는 2016년 3월에 열린 이세돌 9단과 구글이 개발한 인공지능 바둑 프로그램 알파고의 대결 당시, 이세돌 9단이 내리 3게임을 처참히 패했음에도 그 자리에서 바로 대국을 복기(復棋)한 장면을 자주 떠올린다. 이세돌 9단은 떨리는 손으로 복기를 시작했고 친한 동료 기사들을 불러 다음 날 새벽까지 경기를 되짚어봤다고 한다. 그 영향인지 3월 13일 열린 4국에서는 이세돌 9단이 승리, 인간의 자존심(?)을 지켰다.

주식도 손절매했다면 손절매한 그 순간부터 왜 손절매해야 했는지, 왜 실패했는지를 되짚어봐야 한다. 왜 샀는지부터 수익 실현의 순간이 있었다면 왜 팔지 않았는지, 결국 팔아야 했던 이유가 무엇인지를 꼼꼼히 기록해야 한다. 손절매를 한 번만 경험하는 투자자는 없을 것이기 때문에 손절매한 자료를 가지고 데이터화해서 자신의 나쁜 버릇이 무엇인지 발굴해야 한다. 투자자 대부분은 손절매한 순간은 시원하게 느끼거나 때로는 울분만 표하고 끝내곤 한다. 하지만 그 과정에서 한차례 얻는 것이 있어야 한다. '실패는 성공의 어머니'라는 오래된 조언은, 실패를 정말 성공의 자양분으로 삼을 수 있는 사람에게만 조언인 셈이다. 이 오래된 격언은 실패한 사람을 위로하고자 만들어진 표현이 아니다. 노력하지 않는 실패자에게는 위로를 받을 자격이 없다.

이제 필자가 겪었거나 주변에서 흔히 접하는 실패 사례 6가지를 소개하고자 한다. 되도록 이 같은 실수를 피해보자는 의미에서 신기는 하지만, 모든 투자자가 이 같은 실수만 하는 것은 아니다. 본인의 잘못은 본인이 가장 잘 안다. 야구 선수가 자신의 스윙 모습을 녹화한 뒤 설령 민망할지라도 세세히 뜯어보는 것처럼, 정말 골프를 잘 치는 사람은 항상 본인의 자세를 되짚어보는 것처럼, 우리도 주식 승자가 되기 위해 본인의 매매 방식을 확실히 복기해보기를 권한다.

첫째, 싼 주식만 좋아하는 것

저렴한 주식을 좋아하는 마음은 우리나라 사람들의 특징인 것 같다. 종목을 하나 추천받더라도 제일 싼 지점을 잡아내고 싶어 한다.

미국이나 일본의 프라이빗 뱅커(PB)를 만나보면, 다른 나라는 이런 경향이 상대적으로 덜하다는 사실을 알 수 있다. 미국은 수십 년 넘게 주식이 꾸준히 올라왔기 때문에 주식을 살 때 남들보다 비싸게 사는 것을 다소 당연하게 인식한다. 하지만 우리나라는 증시가 오랜 부진의 골에 빠져 있기 때문에 남들보다 더 싸게 사야만 직성이 풀리는 경향이 있는 듯하다. 하지만 분명히 말하건대 남들보다 많이 부진한 주식은 그럴 만한 이유가 있을 때가 많다. 싼 주식이 능사는 아닌 셈이다.

한국인이 가장 좋아하는 부동산에 대입해보라. 아파트를 살 때 가장 많이 안 오른 아파트를 매입하는가? 물론 이 또한 경우에 따라서는 좋은 투자법이 될 수도 있지만 가격만 고집하는 것은 분명 잘못된 방법이다. 하지만 한국 개인투자자들의 매매 패턴에서는 분명히 드러나는 특징이다.

2018년 개인투자자의 매매 기록을 보면, 당시 개인투자자가 가장 많이 매수한 주식은 삼성전자다. 그해 삼성전자 주식을 7조 5,329억 원어치나 매수했다. 하지만 이때 삼성전자는 부진했다. 50대 1의 액면 분할 전 250만 원대였던 삼성전자 주가는 액면 분할 후에는 3만 원대까지 허물어졌다. 액면 분할이란 주식의 액면가를 쪼갠다는 뜻으로, 50대 1 액면 분할이라고 하면 주식을 50배로 늘린다고 이해하면 된다. 이를 감안하면 4만 9,500원이었던 삼성전자 주가는 이듬해(2019년) 1월 4일에는 3만 6,850원까지 추락했다. 7조 원이나 산 개인투자자들의 손실이 얼마나 깊을지 한눈에 다가오는가? 아마 개인투자자 대부분은 '명색이 삼성전자인데 너무 많이 하락한 것 아니야? 지금쯤은 사도 되지 않겠어?'라고 생각하면서 주식을 매수했을 것이다.

2018년에 삼성전자 다음으로 많이 매수한 주식은 코덱스 레버리지(8,714억 원), 코덱스 코스닥150 레버리지(7,565억 원)였다. 레버리지란, 지렛대란 뜻으로 지수가 상승하면 2배로 오르는 상품을 말한다. 즉, 코스피 레버리지든 코스닥 레버리지든 주가가 오르면 오른 폭만큼 2배로 먹는 상품에 개인투자자들이 몰렸다는 뜻이다. 하지만 2018년 주가는 부진했기 때문에 마찬가지로 개인투자자들의 손실이 컸을 것이다.

그렇다면 2019년에는 어땠을까? 2019년 1월 1일부터 2019년 12월 27일까지의 수치를 보면, 코덱스 200선물인버스2X가 5,321억 원으로 1등이다. 이 상품은 코스피지수가 떨어지면 그 폭의 2배로 많이 먹는 상품이다. 이 상품 또한 귀신 같이 부진했다. 연초 8,120원으로 시작했으나 27일 종가는 6,090원에 그쳤다.

그다음 개인투자자가 좋아한 주식이 셀트리온헬스케어(3,548억 원), 대북 관련주인 아난티(3,544억 원), KT&G(3,520억 원), 이마트(2,928억 원), 롯데쇼핑(2,679억 원), 기업은행(2,391억 원), 한국전력(2,028억 원) 등이었다. 각각 바이오 동반 급락, 북한의 더딘 비핵화, 이커머스 공세에 따른 실적 악화, 대출 규제, 탈원전 등 원재료 비용 증가에 따른 실적 악화 등으로 많이 하락했던 종목들이다. 우리나라 개인투자자들이 유독 많이 떨어진 종목을 좋아한다는 점이 명확히 드러나지 않는가?

차라리 2019년에는 앞서 2018년에 많이 샀던 삼성전자나 코덱스 레버리지를 많이 샀어야 했다. 2018년 초에 사지 말고 2019년 초에 샀어야 했다. 그런데 대부분 개인투자자는 삼성전자가 가파르게 내릴 때 매수하고, 저점을 찍을 때 전후로 매도했다.

굳이 사족을 덧붙이자면, 우리나라는 기본적으로 싼 주식이 넘친다. 전체 순자산비율(PBR)이 0.7배에 머무는 나라에 싼 주식이 없겠는가? 대부분은 과매도 국면이고 지나치게 저렴한 시장이라고 단정해도 되는 상황이다. 하지만 너도 싸고 나도 싸고, 아는 종목 대부분이 싸다면 그것은 시장 자체에 문제가 있다고 봐야 한다. 여기서 더싼 종목을 찾는 것은 의미가 없다. 오히려 싼 주식은 피하고 보는 것이 나은 투자법일 수도 있는 셈이다. 한국전력은 2017년만 해도 4만 9,000원대였던 주가가 2018년 들어 2만 원대 중후반까지 떨어지면서 대국민 관심주가 됐다. '한국전력이 보유한 부동산만 팔아도 지금 주가는 2배 이상으로 충당한다'라는 분석이 잇따랐다. 하지만 주가는 점점 떨어져 2018년 10월 한때 2만 3,000원대를 보기도했다. 단언컨대 '부동산 가치가 높으니 주가가 더 올라야 한다'라는 말을 믿지 마시라. 한국전력이 갖고 있는 부동산 중 유동화할 수 있는 부동산은 생각보다 많지 않다. 자산이야 많으면 많을수록 주가에 긍정적 영향을 미칠 테지만 그보다 중요한 것은 본업이다. 트렌드를 벗어난 종목의 경우 한동안은 계속 고전할 가능성이 높다. 인터넷 최저가를 고르는 것도 아닌데 '내가 제일 저렴하게 살 거야' 하는 정신으로 임하는 것은 곤란하다. 상황에 변화가 생기기 전에는 싸다고 접근하는 것은 금물이다.

둘째, 뒤늦게 매수하고 '나 어떡해'

다음으로 소개할 내용은 필자가 가장 많이 체험한 투자자들의 나쁜 버릇 중 하나다. 바로 종목 추천을 받으면 그때 사지 않고 한참 지난 뒤에, 즉 유행이 완전히 끝난 뒤에 매수하고는 언제 오르느냐고 되묻는 경우다.

그렇다고 '추천을 받으면 묻고 따지지 말고 바로 사라'는 의미가 아니다. 이 사례에는 개인투자자들의 잘못된 투자 버릇이 2개나 들어 있기 때문에 소개하는 것이다. 모쪼록 오해하지 않으시길 바란다.

개인적으로 자주 경험하는 일이 추천 종목을 달라고 해서 주면, 한참 뒤에야 "나 그 주식 샀는데 너무 떨어지더라. 나 어떻게 해야 하는 거야?"라는 회신을 받는 경우다. 보통 1년에 한두 번씩은 겪는다. 종목명을 말해줬는데 3~4년 뒤에나 매수한 사례도 있었다. 다시 한 번 거듭 강조하지만, 추천받으면 바로 사라는 뜻이 아니다. 당연히 종목을 뜯어본 뒤 판단해야 한다.

때는 2015년, 롯데케미칼이라는 주식이 20만 원대 초중반에 머물 때 일이다. 이 당시 업계 전문가로부터 화학 산업이 다시 한 번 부흥기를 맞이할 것이라는 설명을 들었다. 자세한 내용은 기억이 나지 않지만 그 설명이 그럴듯했고 롯데케미칼 주가를 보고는 사도 괜찮겠다는 판단이 들었다. 마침 지인 A가 추천주를 묻길래 롯데케미칼을 추천했다.

하지만 A는 주식을 사지 않았다. 사지 않고 계속 바라봤다. 롯데케미칼은 가파르게 오르기 시작해 2018년 2월에는 47만 4,500원까지 상승했다. 하지만 이때까지 계속 "아깝다, 그때 살걸"이라는 말만 되뇌던 A는 롯데케미칼이 속한 화학 산업 업황이 완전히 꺾인 이후인 그해 11월에 샀다. 기다리고 기다리다가 롯데케미칼의 주가 앞자리가 '2'로 바뀌자마자 29만 원대 가격에 산 것이다. 그러고는 이듬해(2019년) 주가가 23만 원까지 추가 하락하자 "네 얘기 듣고 주식을 샀는데 어떡하느냐?"라고 하소연을 하기 시작했다.

솔직히 필자는 롯데케미칼이란 주식을 추천한 사실 자체를 잊어버렸다. 필자는 누군가가 주식 추천을 물어오면 가장 최근에 들은 그럴듯한 추천주를 소개한다. "나도 잘은 모르지만, 누군가가 이런 종목을 이런 이유로 추천하더라"라고 건네는 식이다. 주변의 전문가가 추천한 종목을 전달하는 정도라야 설령 손실이 나도 상대방이 납득할 수 있을 것이라고 믿고 있다.

지인 A의 실패 이유는 두 가지다. 일단 달리는 말에 올라타는 정신이 부족했다. 주가를 보고는 '음, 이때 샀더라면 몇 프로는 더 먹었겠는데? 아깝다. 조금 더 내릴 때까지 기다리자'라고 생각한 것이다. 실제로 롯데케미칼은 필자가 추천하기 전인 2014년 말에는 주가가 12만 원일 때도 있었다. A는 이 가격만 보고 현재 주가는 너무 비싸다고 단정 지은 셈이다. 물론 돌다리 두드리듯 투자 시점을 잡는 투자법 또한 경우에 따라서는 맞는 투자법이지만, 틀릴 때 또한 많을 수밖에 없는 소극적인 방법이다.

두 번째 잘못은 매 순간 시시각각 변하는 시류를 전혀 읽으려 들지 않았다는 점이다. 우리나라는 글로벌 공급 체인의 가장 하단에 있다. 철강을 공급하는 포스코나 D램을 공급하는 삼성전자나 앞서 언급한 롯데케미칼이나 모두 하단 또는 중하단에 있다. 홍춘욱 전 키움증권 투자전략팀장은 이를 채찍에 빗대 설명했다. 채찍을 쥐고 있는 손목을 조금만 흔들어도 채찍 끝쪽으로 갈수록 파동이 더욱 커지듯이 선진국의 소비 지출이 조금만 꿈틀거려도 수출에 의존하는 우리나라 경기는 크게 요동치는 경향이 있다는 것이다. 우리나라 경기 상황이 이런 만큼 수시로 정보를 업데이트해야 한다. 어제까지는 괜찮았지만 오늘은 나쁜 경우가 수두룩하다. 우리나라는 미국 등 선진국 국민과 달리 비안전 자산인 원화로 재테크를 해야 하는 데다 훨씬 더 열심히 공부해야 하는 숙명 앞에 놓여 있다. 그리고 기본적으로 매일매일 국제 경제를 업데이트하기 어려운 투자자라면 금융 등 배당주 투자 중심으로 접근하는 것이 맞다고 본다. IT 종목 매매는 정말 잘하는 사람만 잘한다는 것을 현장에서 자주 느낀다.

끝으로 다시 한 번 강조하자면, A 같은 투자자는 정말 많다. 1만 원일 때 추천했는데 2만 원까지 치솟을 땐 바라만 보다가 다시 1만 원에 근접해오면 그때야 투자하는 투자자들 말이다. 투자할 때 가장 중요한 것은 가격이 아니라 시점이다. 오르는 국면일 때는 조금 비싸게 사도 괜찮고, 내리는 국면일 때는 아무리 싸게 사도 매수한 이후 더 떨어진다. 투자에는 흐름이 있고, 유행이 있다. 이 사실을 잊으면 안 된다.

셋째, 너무 많이 달려서 헉헉대는 말에 올라타는 경우

첫째와 둘째가 너무 소극적이어서 투자에 실패한 사례라면, 이번에는 너무 적극적이어서 탈이 된 경우를 소개할까 한다. 주변의 많은 투자자 유형 중 하나가 '달리는 말'만 찾는 경우다. 달리는 종목은 아무래도 변동 폭이 크고 오를 때의 상승 폭도 크기 때문에 이런 종목에 관심을 두는 투자자 또한 많다. 개인적으로는 주식 투자로 성공하려면 돈이 아주 많지 않은 이상 달리는 말에 올라타는 전략이 제일 낫다고 본다. 하지만 달리는 말을 잡는 투자법은 너무 많이 달려서 헉헉대는 말에 올라타는 경우가 있을 수 있다는 점을 조심해야 한다.

2019년 상반기에 화제가 된 종목 중에 B사가 있다. B사는 한 투자 세력이 불특정 다수의 개인투자자에게 'B사 주식을 사세요', '곧 대형 호재 발표', '무상 증자 실시', '막차 곧 출발합니다'와 같은 문자 메시지를 살포하면서 유명해졌다. 연이은 부채질이 실제로 효과를 낸 것인지 5월만 해도 5,000원대였던 주가가 6월 13일에는 3만 6,650원까지 치솟았다. 그런데 개인투자자들의 매매 패턴을 보면, 주가가 치솟는 과정에서 개인투자가가 가장 많이 유입된 구간이 1만 7,000~3만 원대 가격이다. 물론 이 가격에 들어갔어도 고점에 잘 팔면 수익을 실현했겠지만 정황상 그렇게 고점을 드라마틱하게 잡은 개인투자자는 드물었던 것으로 보인다. B사는 거래가 받쳐주지 못한 채 고작 2주일 만에 1만 3,000원대까지 폭락했고, 9월부터는 다시 6,000원 안팎에서 거래되고 있다. 그리고 2019년 말에는 아예 5,000원대까지 밀려났다.

앞에서 잠깐 언급했듯이 개인적으로는 달리는 말에 올라타는 전략이 한국 증시에서 가장 맞는 방법이라고 생각한다. 달리지 않는 종목은 분명한 소외주이고, 소외주라면 그럴만한 이유가 있는 것이다. 게다가 최저점에서 가만히 있다가 갑자기 달리기 시작하는 주식은 많지 않다. 물론 후행적으로 찾으려면 얼마든지 찾을 수 있겠지만 그런 종목을 시작하는 타이밍에 정확히 발굴하는 것은 천운에 가깝다. 현실적으로는 외국인이든 기관이든 주도적으로 이끌어주는 세력이 필요한데, 그런 종목을 찾으려면 그 시점의 기록이 필요하며 그 기준선을 충족하는 종목은 어느 정도는 올라있을 때가 많다. 예를 들어 일부 전문가는 국내 기관투자자 중 사모펀드가 이틀 연속 매집한 종목 중에서만 좋은 종목을 찾는다. 사모펀드가 이틀 연속 매집하면 주가는 조금이라도 올라있을 때가 대부분이다.

결론을 말하자면, 달리는 말에 올라타는 전략 또한 기준선이 필요하다. 우리는 흔히 손절매 선을 3%나 5%, 또는 10%로 잡으라는 조언을 듣는다. 종목 선정에 실패해 10% 이상 하락하면 곧바로 팔아버리고 다른 좋은 종목을 찾는 것이 낫다는 전략이다. 이처럼 달리는 말에 탈 때도 원칙이 있어야 한다. 저점 대비 10~20% 오른 종목 중 외국인이 대량 매집하는 종목이라던가 하는 식으로 종목을 발굴해야 한다. 저점 대비 몇 프로까지 용인하느냐는 본인의 투자 패턴에 따라 다를 것이다. 하지만 당연히 100~200% 오른 종목은 피하는 것이 좋다. 그때는 이미 선취매 했던 투자자들이 물량을 던지는 것을 검토할 시점이기 때문이다.

앞에서 사례로 언급한 B사는 특히 실적이나 배당 등이 뒷받침되지 않는 종목이다. 그런데도 8배 가까이 올랐으니 과열 중의 과열 종목이다. 하지만 그런 상황인데도 상승 폭만 보고 눈이 멀어 뒤늦게 뛰어든 불나방 같은 투자자가 많았다. 이런 종목은 반드시 피해야 한다. 한두 번은 요행히 돈을 벌 수 있을지 몰라도, 지속 가능하지가 않다. 달리는 말을 고를 때는 미쳐 발광하는 말이 아니라 다리가 튼튼하고 총명한 말을 골라야 하는 법이다.

넷째, 필패의 지름길인 뇌동매매

HTS를 보다가 한순간에 투자 판단을 내리는 사람들이 있다. 전혀 알지 못하는 종목인데 누군가가 한마디 했다는 이유만으로 주식을 사거나 불현듯 갑자기 감이 왔다는 이유만으로 섣불리 주식을 사는 경우 등이다. 이런 투자를 뇌동매매라고 한다. 투자자가 독자적이고 확고한 판단 없이 남을 따라 하는 즉흥적인 매매다. 그리고 이런 사례는 은근히 꽤 있다. 스스로의 투자 판단을 믿지 못하고 남에게 의존하는 경향이 있는 투자자들이 해당된다고 할 수 있다.

이런 사례는 백이면 백, 결국 실패한다. 배당주든 아니든, 관심주를 미리 머리에 담아둔 뒤 그 안에서만 매매하는 것이 좋다. 즉흥적인 매매의 경우 한순간은 요행히 돈을 벌 수 있을지라도 지속 가능성이 없다.

보통 투자 판단은 장이 끝난 뒤에 내리는 것이 좋다. 이 종목이 왜 좋은지, 시간을 두고 천천히 되짚어볼 수 있고 무엇보다 샤워하는 시간에도 혼자 고민할 수 있기 때문이다. 이때 내리는 판단이 경험상 제일 훌륭하다. 장중에는 시시각각 변화하는 가격 때문에라도 올바른 판단을 내리기 쉽지 않다. 어젯밤까지 몰랐던 종목이 오늘 장중에 갑자기 유망주가 되는 경우는 없다.

2016년 초, 필자의 한 지인은 몇 날 며칠을 공부해 C 종목을 사야겠다는 판단을 내렸다. 주문을 넣기로 한 그날 오전, 갑자기 배가 아파 화장실에 갔는데 직원들이 "D 종목에 작전 들어갔대. 유명한 사람이라고 했는데… 최 회장이라고 했던가? 아무튼 사려면 빨리 사야 한대"라고 중얼거리는 소리를 들었다. 지인은 그 즉시 판단을 바꿔 D 종목을 사고 말았다. "지금 안 사면 큰일이 날 것 같은 기분이었다"는 것이 그의 설명이었다. 지인은 D 종목의 이름을 그날 처음 들었다고 했다.

결과는 당연히 실패였다. 당시 그 지인이 매입을 검토했던 주식이 바로 우리은행이다. 참고로 우리은행은 현재 상장사 목록에서 사라졌고 그 대신 우리금융지주가 상장해 있다. 2016년 당시 8,000원대였던 우리은행은 민영화 및 실적 개선 기대감에 그해 중반부터 오르기 시작해 이듬해인 2017년에는 2만 원 언저리까지 올랐다. 지인이 우리은행 대신 산 D 종목은 어떻게 됐을까? 그 종목은 코스닥 잡주였는데 약 70% 손해를 보고 손절매했다고 한다.

참고로 작전 종목을 미리 알기란 불가능하다. 작전하는 사람들은 마누라 들을까 봐 잠꼬대도 안 한다는 소리가 있다. 소문이 흘러나오는 시점은 이미 털기를 작정한 때이고, 설령 이때 들어가서 버는 경우가 있을지라도 확률상 패할 가능성이 훨씬 높다. 아주 핵심 정보를 아는 지인이 있다면 혹 모르겠지만 이 바닥에 그렇게까지 입이 싼 선수는 없다. 지속해서 작전주를 공급해줄 수 있는 지인이 가족이 아닌 이상 얼마나 있겠는가?

필자는 증권업 출입 경력이 긴 편이라 코스닥에서 활동하는 선수들도 조금 아는데 그들로부터 따끈따끈한 정보를 실제로 전달받은 적은 단 한 번도 없다. 부회장님으로 불리는 한 인사는 1년에 한두 개 종목을 M&A 하는데 그럴 때마다 최소 2배 이상씩은 올랐다. 그가 M&A를 발표하면 그의 스마트폰은 '왜 종목을 미리 알려주지 않았느냐? 서운하다'라는 문자로 도배된다. 필자는 술을 마시다가 그의 문자를 은근슬쩍 본 적이 있다. 모두 그를 성토하는 글들로 가득했다. 그는 필자에게 말했다.

"다들 자기한테만 살짝 말하라고 하는데, 말하면 소문 안 나는 경우를 본 적이 없다. 그리고 요즘엔 잘못 얘기했다가는 미공개 정보 누설로 감옥 갈 수도 있다. 시대가 어느 땐데…."

독자 여러분들도 소문을 듣고 섣불리 주식 사지 마시기 바란다. 요즘은 정말 그런 시대가 아니다.

다섯째, 한번에 만회하자는 한탕 정신

"주식하다가 실패하면 선물·옵션하고, 선물하다가 실패하면 강원랜드 가고, 강원랜드에서도 실패하면 로또를 산다"라는 얘기가 있다. 대부분 투자자가 한번에 손실을 만회하고자 하는 성향을 갖고 있기 때문에 이런 증시 격언(?)이 나왔을 것이다.

실제로 보면 우량주 매매를 잘하다가 한두 번 손실을 입고 코스닥으로 옮겨타는 경우를 보곤 한다. 한번에 20~30%를 만회하려면 상한가 한 번은 쳐야 하는데 대형주는 이럴 일이 없기 때문에 코스닥을 기웃거리는 것이다. 사실 20~30%는 우습게 오르는 코스닥 종목을 보고 있노라면 나도 언젠가 저런 종목을 발굴할 수 있을 것만 같다.

하지만 한번에 만회하고자 하는 조급함은 올바른 판단을 방해한다. 좋은 종목을 안전하게만 투자하면 시장 수익률 대비 3~5%의 초과 수익을 거두는 것은 아주 어렵지 않다. 하지만 20~30%는 반드시 벌겠다고 각오하면 실패로 돌아갈 가능성이 그만큼 높아진다. 세상 모든 투자는 '하이 리스크, 하이 리턴'이다.

앞에서 이야기한 30% 투자 원칙을 지킨다고 해보자. 전체 투자금의 30%로만 투자하는 것이다. 이 경우에는 설령 물리고 손해를 보더라도 나머지 70%의 자금을 순차적으로 투입하면서 재기를 노릴 수 있다. 2~3번의 매매 판단 중에 한 번만 맞아도 약간의 수익을 남기는 것은 가능하다. 하지만 한 번에 목돈을, 그것도 변동성이 큰 종목에 넣으면 단 한 차례만 실패해도 다시 한 번 큰 손실을 입는다. 하이 리스크, 하이 리턴 투자법이라고 했지만 사실 리스크라는 공격적 성향을 가지면 가질수록 기하급수적으로 커지게 마련이다.

필자 또한 적지 않은 투자 실패 사례가 있다. 특히 본가 가족의 재산을 굴리다가 2016~2017년 한진해운, 대우조선해양 회사채 투자 실패로 단숨에 30% 넘는 손실을 입은 계좌가 있었다. 안타깝게도 계좌를 운용하겠다고 하자마자 처음 투자한 기업이 한진해운, 두 번째로 투자한 기업이 대우조선해양이다 보니 가족 앞에서 면이 서지 않았다. 당시 필자의 가족은 "좀 더 적극적으로 운영해서 빨리 본전을 찾아달라"고 닦달했지만 필자는 막대한 손해를 끼친 죄인임에도 불구하고 "시간을 달라. 큰 투자가 실패해서 그렇지 얼마든지 만회할 수 있다"라고 대들었다. 결국 이 계좌는 살아났다.

계좌는 2018년 말에 겨우 본전을 찾았고, 2019년 들어 이리츠코크렙이 강세를 보여 종국에는 연평균으로 7~8% 수준의 이익을 냈다. 이 계좌로 이리츠코크렙을 4,400원에 대부분 매수했는데 이듬해에도 주가가 급등해 40% 넘게 오른 영향이었다. 이 계좌는 매수단가가 4,400원이라 연 350원 배당을 받으면 배당 수익률만 8%에 이른다.

30%나 깨진 계좌를 변동성이 적다고 하는 리츠로 만회할 줄을 누가 알았을까? 당연히 필자도 몰랐다. 그러므로 다시 한 번 강하게 말할 수 있다. 원칙을 지킨다면, 설령 한두 번은 실패할지라도 결국에는 이긴다.

여섯째, 남이 골라주는 주식만 사는 것

남이 떠먹여 주기만을 바라는 투자자들을 꽤 자주 접하는데, 그럴 때마다 놀란다. 흔히 우리나라 사람에 대해 외국인들은 이해타산적이고 지나치게 꼼꼼하다는 인상을 갖곤 하는데 정작 가장 중요한 재산과 관련한 문제는 남에게 맡기는 경우가 허다하다. 우리나라 사람은 기본적으로 팬심이 많은 특성이 있는 것인지…. 정치인과 연예인, 심지어는 재테크 전문가에게마저 '충성'을 맹세하듯 종속되는 경우를 심심찮게 발견한다.

이런 경향이 있기 때문에 청담동 주식 부자라는 이모 씨로 인한 피해 사례가 그만큼 많았던 것이 아닐까 싶다. 이모 씨는 장외 주식 선취매, 사기 등으로 인해 2018년 1심에서 징역 5년, 벌금 200억 원, 추징금 130억 원을 선고받았다. 2019년 현재 항소심이 진행 중이다. 검찰은 항소심에서 징역 7년을 구형했는데 구형 사유와 관련해 "피해자가 200여 명, 피해금액이 380억여 원에 이르는데도 지금도 모든 범행을 전면 부인하고 피해자들과 진지한 합의 노력이 없다"라고 설명했다.

실제로 아는 사람이든 인터넷상으로 아는 사람이든, 일부 사람에게 자신의 모든 재테크 판단을 떠맡겨버리는 사람이 꽤 있다. 신기한 일이 아닐 수 없다.

주변 지인 중에 주식을 아주 잘하는 사람이 있더라도 그 사람에게 의존하면 안 된다. '물고기를 잡아주지 말고 물고기 잡는 방법을 알려줘야 한다'라고 했듯, 투자 비법을 배울 수 있는 것이 아니라면 과감히 끊고 홀로서기를 해야 한다. 그 지인이 평생 알려주는 것도 아니고 종국에는 한두 번 실패하면 그 사람 탓을 하면서 사이까지 벌어지는 경우를 자주 봤다. 설령 그 사람이 말해주면 100% 맞는다고 해보자. 그렇다면 평생 그렇게 받아먹기만 할 건가? 그냥 받아먹으려고 들면 그 사람은 언젠가는 당신을 멀리할 것이다. 통장까지 서로 섞어버릴 수 있는 사이가 아니라면 우리는 결국 남남이다. 투자 판단은 모두 본인이 내려야 한다.

2018년 초, 지인 중 한 명이 회사를 떠났다. 재취업도 쉽지 않을 것 같은 상황인데 왜 사표를 냈느냐고 하자 수줍은 듯이 "주식을 할 거다"라고 말했다. 주식 투자로 어떻게 평생 남은 인생을 살 것이냐고 했더니, 최근에 아주 주식을 잘하는 사람을 만났다고 했다. 상당히 어이없었지만, 지인은 그 방법만이 최선이라고 생각했는지 뒤도 돌아보지 않고 사표를 던졌다. 그리고 결국, 반년 만에 다른 회사로 재취업했다. 자세히 듣지는 못했으나 분명히 좋지 않은 조건으로 입사 계약을 맺었을 것이 틀림없다.

주식이나 재테크를 잘하는 사람이 있다면 일일이 묻지 말고 배워라. 가르치는 것에 대해 상대방이 더 귀찮아하겠지만, 그래도 배우는 길밖에 없다. 당신이 계속 옆에서 "좋은 주식 가르쳐달라"고 졸라대면, 그 상대방은 겉으로는 표현하지 않을지언정 속으로는 당신을 몹시 귀찮아한다. 물론 종목을 가르쳐달라는 것보다 주식 투자방법을 가르치는 것이 더 힘들기 때문에 당신이 주식을 가르쳐달라고 덤비면 그는 귀찮음을 넘어 당황할 것이다. 하지만 기왕 그런 취급을 받을 거라면 그냥 얼굴에 철판 깔고 배워보는 것이 낫다. 주변에 배움을 청할 수 있는 사람이 있다는 건 행복한 일이다. 혹시 아는가? 간혹 가르쳐주는 것을 즐기는 사람이 있다. 그의 실력이 확실하다면 적절히 오버 섞인 리액션을 하면서 배워보기를 권한다.

직장과 연관된 영역부터 파악하라

지금 주식을 하고 있든, 아니면 처음 시작하려고 하는 찰나이든 주식에 가장 쉽게 접근할 수 있는 방법은 내가 가장 잘 아는 영역부터 시작하는 것이다. 월급쟁이 대부분은 직장 내에서 하는 일과 관련된 업권부터 체크하는 것이 좋다. 아니면 아버지 등 가족의 직장? 아버지가 자동차업계에서 일하고 있어서 자동차 투자 전문가가 된 사람을 만난 적이 있다. 그 사람은 집에서 아버지와 소주 한잔 기울이면서 투자 판단을 내린다. "솔직히 아버지랑 할 얘기도 별로 없잖아요? 자동차나 주식 얘기하면서 시간 보내는 거죠, 뭐…"라고 말한다. 돈 버는 것과 효도를 동시에 하고 있는 아주 모범적인 젊은이의 표상이다.

직장 내에서 찾으라고 했다고 회사 주식을 매매하라는 얘기는 아니다. 이건 잘못했다가는 쇠고랑 찰 수 있는 일이다. 직장 내에서 정보를 찾는다는 건 미공개 정보를 이용하라는 의미가 아니다. 사실 칼로 뚝 자르듯 정보와 미공개 정보가 나뉘는 것은 아니지만, 본인이 판단했을 때 뭔가 켕기는 구석이 있다면 조심해서 나쁠 것은 없다. 신용은 돈보다 훨씬 귀중하니까.

직장 업무에서도 투자 판단을 찾을 수 있는 기회는 한둘이 아니다. 한 경리직원은 2011~2012년쯤 사무실에서 사람들이 인스턴트 원두커피인 '카누'만 마시길래 카누를 생산하는 동서식품 주식을 샀다고 필자에게 말한 적이 있다. 꼭 카누가 많이 팔려서인지는 잘 모르겠지만 실제로 동서는 2012년만 해도 9,000원이었던 주가가 오르기 시작해 2015년 한때는 4만 7,900원까지 뛰었다. 2020년 1월 현재도 테슬라(테라+참이슬) 열풍 속에 하이트진로가 많이 올랐다. "테슬라를 먹기만 하지 말고 주식도 살걸"이라는 얘기가 주변에서 많이 들리는데 사실 하이트진로를 산 직장인도 많다. 한 대기업 영업사원은 "접대하러 가면 다들 '테슬라 주세요' 하는 것을 보고 다음 날 하이트진로를 샀다"라고 필자에게 얘기했다. 하이트진로는 2019년 1월만 해도 1만 5,000원대였던 주가가 9월부터는 3만 원 전후에서 거래되고 있다. 2020년 1월 한때는 3만 3,000원까지 뛰었다.

삼성전자에 다니는 필자의 지인은 베트남 주식을 직접 매매한다. 다행히 2017년쯤부터 해외주식 직구 바람이 불어 요즘에는 해외주식 직접 투자도 어렵지 않게 할 수 있다. 그는 베트남 주식을 매매하지만 다른 나라 사람이니(즉, 베트남 입장에서는 외국인투자자) 최소한 불공정 거래 이슈에 휘말릴 일도 없다. 물론 그런다고 잘했다고 청찬받을 일까지야 아니지만 그래도 한국 주식을 불공정 매매하는 것보다 낫다. 게다가 그는 삼성전자 정보를 취급하는 것이 아니다. 삼성전자가 뭔가를 결정하면 베트남 시장은 요동친다. 그 틈새를 찾으려고 노력하는 것이 그의 투자법이다. 몇 해 전 삼성전자에서 베트남으로 여직원들이 대규모로 파견되는 일이 있었다고 한다. 그런데 이때 베트남 공장 여직원들이 이들에게 큰 관심을 보였다. 남자인 필자의 지인은 "베트남 여직원들이 왜 그러지? 혹시 그것 때문에?"라고 생각했다고 한다. 혹시나 했는데 역시나였다. 베트남 여직원들은 한국의 화장 기술에 큰 관심을 보였다고 한다. 베트남은 공산주의국가인 데다 오토바이를 주로 타고 다니는 탓에(즉, 헬멧을 써야 하기 때문에) 여자들도 화장에 큰 관심이 없는 편이었다고 한다. 하지만 삼성을 통해 신기술(?)이 유입되면서 화장에도 관심이 집중됐다. 때마침 베트남 기업 경기도 좋아지기 시작했다. 먹고 살 만해지면 그다음부터는 꾸미는 걸 생각하는 법이다. 그는 베트남 현지 화장품 주식을 샀고 큰돈을 벌었다.

그러다가 모르는 것 손대면서 망한다

사실 주식 투자자들 대부분이 처음에는 주변으로부터 접한 확실한 정보를 갖고 주식 투자를 시작한다. 여기에다 '초심자의 행운'이 겹쳐 처음에는 돈 버는 경우가 많다. 하지만 그러다가 망한다. 왜냐? 더 많은 돈을 벌고 싶어 이곳저곳 기웃대다가 망하는 전철을 밟

아나가는 것이다.

잘 모르는 것은 아예 손을 대지 않아야 한다. 예전에 '(배를 모는) 선장들이 주식을 잘한다'라는 주식 격언이 있었다. 선장은 물동량 변동 폭을 가장 최전선에서 파악하는 사람들이다. 그렇기 때문에 해운주 매매를 잘할 수밖에 없다. 그리고 결정적으로 그들은 잦은 매매를 할 수 없다. 요즘은 스마트폰 시대이기 때문에 혹시 모르겠지만 예전에는 상대적으로 매매가 수월하지 못했으며 이 때문에 오히려 선장들은 주식 투자를 잘했다고 할 수 있다. 해운업황이 좋아지는 감이 오면 주식을 사고, 나중에 업황이 꺾이면 그때쯤 귀신같이 팔아버리면 되기 때문이다.

필자가 보기에 대한민국 개인투자자의 99%는 매매 중독이다. 가만히 내버려 두면 마치 투자를 하지 않는 것으로 생각하는 듯하다. 놀고 있다고 생각하는 것인지 매매를 며칠만 못해도 안절부절못한다. 하지만 필자는 1~2년에 한 번 매매하는 것도 충분하다고 생각한다.

통신 장비주 같은 것을 보라. 2019년에는 통신사들이 5G 중계기를 설치하면서 관련업체 주가들이 초고속 성장했다. 케이엠더블유나 오이솔루션 같은 회사들은 정말 3~4배씩은 올랐다. 하지만 이렇게 오르는 와중에 샀다 팔았다, 샀다 팔았다를 반복하는 사람이 많았다. 그냥 2018년 말쯤에 매수해서 '자, 내년부터는 중계기 설치가 한창 진행되니 끝날 때쯤까지 기다렸다가 그때 팔자'라고 할 수는 없는 것인지…. 이랬다면 투자자 대부분은 돈을 벌었을 것이다.

무조건 고점을 잡아내고 싶어서 계속 매수, 매도를 반복하다가 수시로 헛발질을 하는 것이다. 어제까지 훌륭했던 기업이 주가가 조금 올랐다는 이유만으로 오늘 갑자기 훌륭해지지 않는 경우란 없다. 수시로 샀다 팔았다를 해봐야 수수료 수입을 얻고 세금을 걷는 증권사나 정부만 좋다. 좋은 기업을 발견했다면 그냥 진득하게 기다려야 한다.

공매도를 대하는 자세

　우리나라 개미 투자자들에게 가장 뜨거운 이슈가 바로 공매도다. 증시가 조금이라도 떨어지면 청와대 국민청원 게시판이나 온갖 기사 댓글이 '공매도를 제발 좀 폐지하라'로 도배된다. 심지어 전혀 다른 기사에 금융당국 수장이나 기획재정부 장관(경제부총리)이 출동하면 그 기사에도 '공매도나 폐지하지 어디를 돌아다니고 있느냐'는 식의 댓글이 달린다. 주가가 떨어지는 데 베팅한다는 것 자체가 사실상 오르는 데 걸 수밖에 없는 개인에게 있어 눈엣가시일 수밖에 없다.

　2018년 10월, 미국 경기 긴축 우려로 국내 증시가 하락했을 때는 공매도 폐지 국민청원 동의자가 20만 명을 넘어 결국 금융위원회가 브리핑까지 해야 했다. 당시 금융위는 '공매도도 긍정적인 역할을 한다'라고 했다가 한소리 들었고, 결국 당시 최종구 금융위원장이 직접 "개인투자자들도 공매도를 할 수 있게 문턱을 낮추겠다"라고 했으나 개미들은 이에 또다시 "누가 공매도를 하고 싶다고 했냐? 아예 외국인도 못 하게 막아달라"고 했다. 그러다가 2019년 8월 증시가 또다시 급락하자 이번에는 정부도 "주가가 너무 많이 떨어지면 한시적으로 공매도를 금지하는 방안도 '고민'은 하겠다"라고 조금은 다시 전향적으로 돌아섰다. 그리고 다행히 코스피지수가 8월 말 한때 1,900포인트까지 깨졌다가 다시 2,100포인트 언저리까지 반등해 개인투자자들도 그나마 조용해졌다.

공매도에 대해 무슨 이야기를 하든 "그래서? 너도 지금 공매도 세력을 비호하는 거냐?"라고 한소리를 듣기 때문에 조심스러울 수밖에 없다. 하지만 공매도는 필요한 제도인 것이 분명히 맞다.

공매도 있어야 과열 막는다

한 바이오 기업이 있다고 해보자. 이 바이오 기업 대표이사는 언론 플레이를 아주 잘한다. 시의적절하게 호재성 자료를 발표하고 임직원을 동원해 자사주를 매입하게 하고 뭔가 대단한 내용을 조만간 발표할 것처럼 분위기를 풍기고 다닌다고 해보자.

이런 바이오 기업은 주가가 오를 수밖에 없다. 어차피 바이오는 임상 결과가 나오는데 빨라야 수년 이상이 걸린다. 기대감만 가지고 주가가 오르는 것이기 때문에 설령 나중에는 양치기 소년으로 비난을 받을지언정 주가가 오르는 그 순간만큼은 훌륭한 바이오 CEO로 주목받는다.

실제 사례도 있다. 임상 실패를 공식 발표한 S사가 대표적이다. S 사는 2017년 2월 20일만 해도 8,900원이었던 주가가 그해 11월 20일에 최고 15만 2,300원을 기록했다.

전문가들은 이런 얘기를 한다. 당시 공매도제도가 없었다면 S사 는 15만 원이 아니라 100만 원은 갔을 것이라고. S사가 과열이라고 생각하는 사람이라고 해도 공매도제도가 없다면 그냥 남들의 투기 현장이라고 생각하고 넘어갈 수밖에 없다. '강남 아파트는 터무니 없이 비싸다'라고 생각하면서 아무런 투자를 할 수 없는 대부분 개 인투자자들처럼 말이다. 남은 것은 S사 종교를 믿는 사람들뿐이다. 그들끼리 치고받으면서 주가가 오르는 장면이 계속 반복될 것이다. 결국 그냥 S사를 종교처럼 믿는 그들만의 폭탄 돌리기 게임이 펼 쳐지게 된다. 물론 개인투자자들은 "과열? 버블? 그거야 당연히 실 패하면 그렇게 될 수도 있겠지. 하지만 주가가 오르는 게 뭐가 나쁘 냐?"라고 쉽게 얘기한다. 하지만 버블의 후유증은 상당히 길고 깊게 남는다. 개인들은 때때로 마치 버블을 기다리는 듯이 얘기하곤 하 는데 이것은 2008년 글로벌 금융위기를 직접 체험하지 못했기 때 문이다. 우리나라에 있었던 사실상 마지막 버블은 2002년 카드 사 태인데 아쉽게도(혹은 다행스럽게도) 이것 또한 벌써 20년 가까이 지 났다 보니 이 당시의 기억을 갖고 있는 개인투자자는 드물다.

만약 S사가 당시 100만 원을 넘었다면 코스닥 시장에서 S사의 시 가총액 비중도 최고점 기준 30%를 넘게 된다. 코스닥150을 추종하 는 상장지수펀드(ETF) 자금이 약 4조 원이니 이 가운데 1조 원 넘는 돈이 S사에 유입된다고 볼 수 있다. 만약 S사가 그렇게 많이 올랐다면 원래는 바이오를 사지 않아야 하는 펀드를 운영하는 펀드매니저들도 윗사람들로부터 "야! S사가 100배 올랐다는데 너는 뭐하냐? 수익률 봐라. 누가 우리 펀드에 가입하겠냐?"라는 쪼임을 받고 결국 바이오를 편입하게 될 것이다. 아마 못해도 2~3조 원의 돈이 S사로 쏠리고 말 것이다.

물론 S사가 그 정도의 기업 가치를 인정받고 임상도 성공적으로 끝나면 모두가 윈윈으로 끝날 수도 있겠지만 아쉽게도 바이오 기업의 임상 성공률은 아무리 잘 쳐줘 봐야 1% 남짓이다(전임상단계부터 중간에 포기한 모든 사례를 합친 경우). S사 또한 실패했다. S사는 2019년 8월 2일, 다음과 같은 공시를 발표했다.

'당사는 2019년 8월 1일 오전 9시(미국 샌프란시스코 시간)에 독립적인 데이터 모니터링 위원회(Independent Data Monitoring Commitee, DMC)와 펙사벡 간암 대상 임상 3상시험(PHOCUS)의 무용성 평가 관련 미팅을 진행하였으며, 진행 결과 DMC는 당사에 임상 시험 중단을 권고하였습니다.'

이 공시 이후 S사는 한때 9,000원까지 하락했다. 많이 폭락한 셈인데 그나마 이때 주가 하락을 막아줬던 것이 또 공매도다. 공매도는 주식을 빌린 뒤 일단 팔고, 나중에 매수해 갚는 투자법이다. 공매도는 결국 주식을 빌려야만 가능한 것인데 당시 S사가 임상 실패를 발표하자 기존 주식 소유주들이 공매도 투자자들한테 "야, 회사 망하겠어. 우리도 빨리 팔아야 하니까 빌려줬던 주식 갚아"라고 SOS

를 쳤다. 그랬기 때문에 공매도 투자자들은 "어라, S사 주가는 더 떨어질 것 같은데…. 에이, 어쩔 수 없지. 주인이 달라고 하는데 별수 있나 뭐…. 주식을 사서 돌려줘야지"라고 하면서 주식을 사들이기 시작했다.

실제 외국인과 기관투자자는 2019년 8월 2일부터 12일까지 S사의 주식을 각각 374만 5,370주, 28만 1,887주를 매집했다. 이 당시 외국인과 기관이 S사의 미래를 좋게 보고 매수한 것이 아니라(그런데 실제로 네이버 금융의 S사 종목토론실에서는 이처럼 긍정적으로 해석한 개인투자자들이 있었다) 대부분 공매도했던 주식을 갚기 위해 매수한 상황이었다. 이처럼 공매도는 과열을 막는 역할도 하지만 폭락할 때 완충제 역할도 소화한다. 외국인과 기관이 나란히 사들이자 개인투자자도 매수에 가담했고 이 때문에 S사는 그럭저럭 1만 원을 지지선으로 버틸 수 있었다.

극단적으로 가정해 공매도제도가 없어 S사가 100만 원을 찍었다가 2,000원까지 추락했다고 해보자. 손실이 99%를 넘기 때문에 바이오 펀드는 모두 망했을 것이며 코스닥150 ETF 상품도 아예 궤멸하고 말았을 것이다. 다른 바이오 또한 개인투자자들마저 떠나고 자금 경색에 시달리게 될 것이다. 아마 정부의 바이오 산업 부흥자금도 씨가 마를 가능성이 높으며 수많은 바이오 CEO들이 사기죄로 재판장에 들락날락했을 수 있다. 그때야 개인투자자들은 "대체 정부는 뭐 하고 있었느냐?"라면서 돌아가며 1인 시위를 할 것이고 대통령은 직접 "완충장치를 만들겠다"라고 공약할 것이다.

하락에 베팅하는 시장은 어디나 다 필요하다. 개인적으로는 부동산에 대한 인버스(하락에 수익 얻음)도 필요하다고 생각한다. 공매도의 기원이 더 궁금하다면 미국의 농부들이 왜 시카고 상품 거래소를 직접 만들었는지, 그 과거의 이야기를 포털 사이트에서 검색해 읽어보기를 권한다.

외국인이 특정 정보를 갖고 공매도하는 것은 사실

제도는 죄가 없다. 하지만 제도를 이용하는 놈들은 죄가 있다. 특히 우리나라는 기관과 개인 간 정보 접근성이 너무 차이가 나서 왜곡된 정보로 손쉽게 개인투자자들을 사냥할 수 있는 것이 사실이다. 간혹 "인터넷 시대에 무슨 정보 격차냐? 개인도 지라시(확인되지 않은 사설 정보)는 반나절이면 받아본다"라고 되묻는 사람들이 있는데 오히려 인터넷 때문에 정보 격차가 심해지는 것이다. 말도 안 되는 거짓말을 얼마든지 융통해 주가 하락을 유도할 수 있기 때문이다. 더구나 정보를 해외에서 흘리면 우리나라는 사법 구조상 절대 잡을 수 없다. 조사를 해야 신병을 확보해달라고 다른 나라 법무부에 부탁이라도 하지 아예 조사를 할 수 없으니 답이 나오지 않는다. 그렇기 때문에 온갖 거짓 정보를 흘리곤 한다고 필자가 간혹 연락을 주고받는 홍콩의 금융인들이 설명한다.

한 미국계 다국적 투자은행에서 공매도 트레이딩을 담당했던 한 지인은 "외국계 투자은행(IB)이라고 하면 상당히 고품격으로 매매한다고 생각하는 사람들이 있는데 생각보다 훨씬 지저분하다. 솔직히 온갖 거짓말로 주가를 떨어뜨리려는 시도를 한다"라고 솔직하게 말한 적이 있다. 국내 증권사에서 일하다가 글로벌 증권회사로 이직해 홍콩법인에서 10년 넘게 일했던 한 지인은 "솔직히 우리나라 개인투자자들이 불쌍하다"라고 한 적도 있다. 제도는 필요하지만 외국인들이 우리를 갖고 노는 것은 분명한 사실이다. 이 때문에 일벌백계해야 한다. 글로벌 금융 중심국들과 제휴를 하든, 해외에 조사 담당 사무소를 만들든지 해서 거짓 소문으로 차익을 챙긴 자를 붙들어 엄청난 과징금과 실형을 때려야 한다. 우리나라 자본 시장을 지키겠다는 우리나라 금융당국 사람이라면 반드시 가져야 할 원칙을 어떻게든 지켜내야 하고 이를 위해 외교력도 키워야 한다.

공매도 몰리는 종목은 조심하라

그렇다고 공매도 투자자들이 모두 불법을 자행하는 사람들은 아니다. 당연히 불법적 요소만 있는 것은 아니며 정보력을 갖고 공매도하는 사람이 훨씬 많다. 대부분 외국계 공매도 트레이더들은 확실한 정보를 갖고 공매도에 임한다.

중요한 것은 외국인 공매도가 몰릴 때는 그럴만한 이유가 있는 것이기 때문에 최대한 주의해야 한다는 점이다. 필자는 공매도가 몰리는 종목은 아무리 호재가 많아도 주의해야 한다는 입장이다.

2018년 말, 삼성전기 공매도가 잇따를 때 국내 애널리스트들은 모두 영문을 몰랐다. 2018년 9월 7일부터 10월 31일까지 단 이틀만 제외하고 외국인은 삼성전기 주식을 팔았다. 32~33%였던 외국인 지분율이 20%대까지 떨어졌다. 당시 삼성전기는 3분기 실적은 물론, 4분기까지 어닝 서프라이즈가 예고되고 있었다. 국내 애널리스트들은 '이번에는 외국인이 틀렸다', '종목 선택을 잘못한 것 같다', '이번에는 외국인이 울고 나갈 것'이라는 리포트를 썼다.

필자 또한 삼성전기 공매도 이유를 전혀 모르고 있다가 한 강연에서 헤지펀드 본부장으로부터 그 설명을 들었다. 그의 설명은 다음과 같았다.

"삼성전기는 홍콩계와 싱가포르계 헤지펀드가 공매도하고 있어요. 헤지펀드가 왜 팔까요? 기업 실적이 안 좋아서? 아닙니다. 여러 얘기 들어보니 중국의 핸드폰 재고가 쌓이기 시작했다는 거예요. 재고량이 생각보다 많이 쌓였답니다. 그래서 홍콩과 싱가포르계에서 '그럼 중국 핸드폰 시장이 꺾일 것이다, 중국에 핸드폰을 납품하는 기업을 찾아라'가 시작됐고 거기에 삼성전기가 걸려든 겁니다. 매출액 30~40%가 중국발이에요. 우리나라 주식은 유동성도 많죠. 걔들이 본 것은 실적이 아니라 전체 한국 IT, 중국 IT 시장입니다."

결국 외국인이 이번에도 승리했다. 삼성전기는 2018년 7월 23일 16만 6,000원이었던 주가가 공매도가 몰리면서 2019년 1월 2일 한때 9만 100원까지 추락했다.

글로벌 IB들은 한 국가의 정보만 취급하는 것이 아니라 선적 규모부터 향후 대형 IT 기업의 구매 정보까지 모두 들고 있는 상태에서 롱(매수)을 할지, 숏(공매도)을 할지 결정한다. 앞에서도 말했지만 우리나라는 채찍의 끝에 위치한 나라다. 우리나라는 상대적으로 정보력이 약할 수밖에 없다. 공매도가 몰리는 종목은 일단 피하는 것이 상책이다. 그리고 각종 가짜 정보가 흘러들어올 수 있는, 그러면서도 주가 변동성이 높은 바이오는 그렇기 때문에라도 되도록 매매하지 않는 것이 낫다.

나의 공매도 투자법

필자 또한 공매도 경험이 많지는 않다. 하지만 간혹 공부 삼아 해보고 있다. 무엇보다 점점 더 공매도를 할 수 있는 길이 많아지고 있다. '기울어진 운동장(기관, 외국인에게 유리한 운동장)' 논란이 벌어지면서 정부가 개인투자자 또한 공매도를 할 수 있도록 길을 열어주고 있기 때문이다. 이에 우리 또한 스터디 정도는 해줘야 한다. 혹시 아나? 미리 준비해둔 덕분에 어느 날 갑자기 어느 기업이 부도난다는 소식을 듣고 미리 공매도해 큰 수익을 낼 수 있는 기회가 올지….

이런 대박 기회는 좀체 오지 않겠지만, 그래도 돈 드는 것도 아닌데 미리 준비해두는 것이 낫지 않을까 싶다. 기회란 준비된 자에게만 찾아오는 법이다.

디렉셔널 앱 활용

우리나라 제1호 금융 규제 샌드박스(기존 규제를 유예하는 혁신 금융 서비스) 업체인 디렉셔널이란 회사가 있다. 이 회사는 바로 개인투자자들에게 공매도 서비스를 제공한다.

2019년 8월 5일 개인투자자 대상의 공매도 서비스를 선보였다. 이 회사가 1호 금융 규제 샌드박스 업체가 된 것은 개인투자자들에게도 공매도의 기회를 열어주겠다는 정부의 선포나 다름없다. 샌드박스 지정으로 디렉셔널은 주식 차입이나 대여와 관련한 규제는 모조리 면제됐다. 주식을 매매하려면 증권업 라이선스가 필요하지만 이는 신한금융투자와 제휴하는 형태로 비껴갔다.

솔직히 디렉셔널의 사업 모델은 아주 독특한 것은 아니다. 현재 증권사에서 제공하고 있는 서비스를 앱으로 옮겨왔을 뿐이며 사실 이 서비스를 이용해도 증권사 전용 계좌가 필요해 냉정히 말하면 옥상옥에 가깝다고 할 수 있다. 다만 수수료가 저렴하다는 것과 의외로 문턱이 높은 공매도 서비스를 앱으로 (다른 사람과의 불편한 상담 같은 것 없이) 접근할 수 있다는 점 정도다.

필자는 이 계좌를 통해 평상시 의심스러운 기업 한 곳을 공매도해봤다. 코스닥 기업 T사인데 대여 물량으로 연 9.25%의 이율에 1만 3,432주가 나와 있었다. 당시 이 기업 주가가 5,000원대였으니 약 6,700만 원어치를 공매도할 수 있는 물량이 나와 있는 셈이다. 하지만 필자는 공매도만 놓고 보면 생초보라 약 100만 원어치만 해봤다. 말이 나온 김에 얘기하는데 주가 하락에 베팅한다는 것은 말처럼 쉽지 않다. 막상 하려고 보면 대형 호재가 발표돼 순식간에 20% 이상 오를 것만 같은 불안함이 든다. 익숙하지 않은 행태에 대한 본능적인 거부감이라는 것이 있게 마련이다. 더구나 이 슬픔을 다른 누군가와 공유할 수도 없다. 주가가 오르는 데 베팅했다면 설령 주가가 급락했어도 네이버 금융의 종목토론실에 들어가 같이 회사 욕이라도 할 수 있으련만 공매도했는데 주가가 오른다면 나 혼자 눈물을 꾹꾹 찍어 눌러가며 참아야 하는 법이다.

약 5,000원 가격에 공매도를 했는데 일주일쯤 뒤에 대형 악재가 (드디어) 나오고 말았다. 이 기업에 대해 아는 사람이 있어 혹시 눈치를 챌 것 같아 이 기업 악재에 대해 자세히 적지는 않겠다. "네가 어떻게 우리 회사를 공매도 하느냐?"는 항의 전화가 올 수 있기 때문이다. 이로 인해 주가는 18% 넘게 하락했고 필자는 대여 수수료를 청산하고도 약 10% 남짓한 수익을 거뒀다. 한 10만 원 정도를 번 셈이다.

참고로 디렉셔널 공매도 서비스를 이용하려면 디렉셔널 앱과 신한금융투자 앱을 설치하고 신한금융투자 대차 전용 계좌를 개설해야 한다. 계좌를 개설한 뒤 공매도하고 싶은 주식이 대여 풀(Pool)에 있으면 대여한 뒤 공매도하고, 추후 매수해 갚으면 된다. 직거래이기 때문에 기존 증권사 대여금리(종목에 따라 연 2~20%)보다 낮은 이율로 주식을 빌릴 수 있다. 그리고 100만 원어치 공매도를 친다고 하면 140만 원을 계좌에 넣어놓고 있어야 한다. 말로 설명하자니 다소 복잡해 보이는데 일단 앱을 다운받아 설치한 뒤, 하라는 대로 하면 요즘은 비대면으로 얼마든지 계좌를 개설할 수 있는 시대이기 때문에 어렵지 않게 계좌를 틀 수 있다.

공매도하려는 사람이 아니라 주식을 맡기고 수수료를 얻으려고 하는 투자자도 이 플랫폼을 이용할 수 있다. 당분간 주식을 팔 생각이 없고 주가가 당장은 떨어져도 괜찮다면 공매도 투자자에게 빌려주고 수수료 수입을 얻는 식이다. 필자의 경우 사실 이리츠코크렙이나 은행주 등은 팔 생각이 전혀 없기 때문에 맡긴 뒤 수수료를 받아도 되긴 하는데 의외로 심정적 거부감이 드는 것인지 딱히 적극적으로 하고 싶은 마음이 막 샘솟지는 않아서 굳이 하지는 않았다. 단, 뒤에서 다시 설명하겠지만 주거래 증권사를 통해 주식을 대여하고 이자를 받고 있기는 하다.

이윤정 디렉셔널 대표는 필자와 만나 다음과 같이 말했다.

"어딘가에서 잠자고 있는 개인 자산을 깨우는 것이 디렉셔널의 가장 중요한 설립 목적이다. 우리나라 주식 자산은 1,000조 원인데 이 가운데 고작 20조 원만 대여 시장에 나와 있다. 상당히 많은 개인 주식이 잠들어 있으며 이를 활용해서 수익을 낼 수 있다는 점을 널리 알리고 싶다."

CFD라는 것도 있어요

2019년 11월부터 활성화된 CFD(Contract for Difference)도 있다. 이 상품은 공매도 전용 상품은 아닌데 사실상 공매도를 할 수 있게 해주는 상품이다. 지금부터는 좀 어려우니 이해가 가지 않는다면 반복적으로 읽어보거나 인터넷에서 찾아보기를 권한다.

CFD는 차액 결제 거래라고도 하는데 실제 투자 상품을 보유하지 않고 진입 가격과 청산 가격 간 차액을 현금으로 결제하는 장외 파생 상품이다. 예를 들어 삼성전자를 5만 원에 살 수 있다면 실제로 5만 원에 사지 않고 5만 원에 산 것과 같은 '권리'를 5만 1,000원쯤 가격에 사는 것이다. 그리고 매도할 때도 5만 5,000원에 실제 주식이 아니라 보유 중인 것과 같은 권리를 비슷한 가격에 파는 것이다. 이 상품은 사실 대주주 양도세 과세를 피하기 위해 만들어졌다. 권리를 매매하는 것이기 때문에 실제 주식은 보유하지 않은 것이며 이 때문에 양도세를 내지 않아도 된다. 참고로 2020년부터는 10억 원, 2021년부터는 3억 원 이상의 주식을 보유하고 있으면 차익의 최대 30%를 양도세로 내야 한다. 즉, CFD는 자산가들의 세금 회피 수단이다.

CFD는 원래 전문투자자 자격이 있어야만 가능한데 2019년 11월부터 전문투자자 문턱이 완화되면서 최대 약 39만 명의 개인투자자들도 자격을 갖게 됐다. 2019년 11월부터는 금융 투자 상품 잔고가 5,000만 원이고 연소득 1억 원(부부 합산 1억 5,000만 원) 또는 순자산 5억 원(거주 주택 제외, 부부 합산 가능)인 경우 전문투자자로 인정된다.

독자들 중에도 CFD가 가능한 전문투자자가 있다면 HTS에 앉아 손쉽게 공매도를 칠 수 있다. 방금 얘기했듯 CFD는 실제 주식을 보유하지 않고 그 권리만 증권사를 통해 사고파는 것이다. 공매도 또한 공매도하는 권리만을 사고파는 것이기 때문에 얼마든지 칠 수 있다. 다만 수수료가 정방향 투자(오르는 데 투자하는 것)보다 조금 비쌀 뿐이다. 매도 미결제 약정 대금에 대한 주식 차입 비용은 종목 별로 약 연 8%에 이른다. 매도 시에는 또 거래세 0.25%도 부과된다. 증권사에 지불하는 매매 수수료는 0.15~0.475% 수준이라고 한다.

본인이 전문투자자 자격에 해당한다면 굳이 멀리 갈 필요 없이 컴퓨터 앞에 앉아 CFD 매매로도 공매도를 할 수 있다. 다만 다 따져보면 아마 수수료는 대차 후 공매도하는 것보다는 조금 비쌀 듯 싶다. 중간에 프라임 브로커리지라고 하는 외국계 증권사가 또 끼어 있기 때문이다. 이들에게도 수수료를 지불해야 하기 때문에 사실 CFD는 수수료 부담이 클 수밖에 없다.

또 하나, CFD는 실시간으로 거래할 수 없다는 단점이 있다. 매매 후 조금 시간이 걸려야 체결된다는 것이 실제 경험자들의 설명이다. 그냥 일단은 이런 것도 있다 정도로 이해하고 넘어가도 괜찮을 것 같다. 어려운 얘기를 해서 미안하지만, 이 CFD는 점점 더 이슈가 될 것이기 때문에 일단은 이해 정도는 하고 넘어갔으면 한다.

공매도 세력에 주식 빌려주기

공매도하는 것과는 전혀 다른 것이기는 한데 이야기 나온 김에 덧붙이자면 주식 대여로 인한 수수료 차익을 내는 방법이 있다. 주식 대여란 내 주식을 공매도 투자자들에게 빌려주는 것을 말한다.

필자는 2020년 2월 현재 장기 투자 중인 이리츠코크렙을 공매도 세력에게 빌려주고 있다. 예전에 계좌를 만들면서 주식 대여 신청 이벤트 때 무심코 클릭해놓고는 잊고 있다가 떠올려보니 어떤 한 기관투자자가 필자의 소중한 이리츠코크렙 주식을 연 3%에 가져다가 공매도하는 데 쓰고 있었다. 이해를 쉽게 하고자 이실직고하자면, 약 1억 원어치의 주식이 대여돼 있었고 매달 20만 원 넘는 돈이 입금되고 있었다. 참고로 주식 대여는 기타소득세 20%에다 지방소득세 2%가 과세된다. 연간 기타소득이 300만 원을 넘으면 종합소득 신고 대상이 된다는 점도 유념해야 한다.

"주식을 빌려주면 (권리가 사라지기 때문에) 배당도 받지 못한다"라고 말하는 사람이 있는데 이는 오해다. 다만 주식을 빌려준 상태에서는 잔고가 일반 잔고와 대여 잔고가 분리되기 때문에 증자나 주식 배당 때 단주 처리로 인해 약간의 손해를 보는 경우는 나올 수 있다. 원래는 1주를 받아야 하는데 잔고가 나눠진 관계로 '0.7주+0.3주'로 처리돼 1주를 배정받지 못하는 상황이 나올 수 있는 것이다. 이 정도만 제외하면 그다지 큰 단점이 없다. 물론 내 주식이 공매도가 되기 때문에 주가가 하락하는 현상이 나올 수는 있지만 필자는 '좋은 주식은 떨어지면 더 좋다'라는 철학이 있기 때문에 주가가 떨어지면 기쁜 마음으로 더 살 예정이다.

주식 대여에 관심이 있다면 대형 증권사와 거래해야 한다. 미래에셋대우, 한국투자증권, 삼성증권, NH투자증권, 키움증권 등은 어렵지 않게 HTS나 MTS에서 대여 신청 페이지를 찾을 수 있을 것이다.

필자는 DB금융투자, 유진투자증권 등 중소형 증권사와도 거래하고 있는데 이 증권사에서는 대여 서비스를 제공하지 않고 있다.

매도 타이밍은 어떻게 잡나?

필자는 팔지 않을 주식을 사라고 강조하지만, 그래도 팔 생각을 아예 하지 않고 살 수는 없다. "안 팔 주식을 사라"고 한 워런 버핏조차 수시로 매도 주문을 넣곤 하니까.

파는 경우는 딱 네 가지다. 첫 번째, 생각했던 것과 다르게 흘러갈 때다. 오너의 투명 경영이 마음에 들어 샀는데 후계자인 아들이 등장하자마자 페라리 자동차부터 산다면 투자 판단을 다시 내려야 한다.

두 번째는 대외 변수다. 기업이 좋고 경영진도 마음에 들지만, 증시 전체가 영 신통치 않아 보인다면 팔아도 된다. 실제 주식이란 결국 지수 움직임과 연동된다. 한 80%의 주식은 전체 증시 흐름에 좌지우지되는 것 같다. 하지만 이에 대해 개인투자자는 판단하기 어렵다고 생각한다. 워런 버핏 정도 되면 모를까… 실제 워런 버핏은 2018년까지는 주식을 꾸준히 샀지만 2019년 들어서는 미국 경제가 고평가돼 있다면서 현금화에 나서고 있다. 워런 버핏은 2019년 8월 3일에 발표된 버크셔해서웨이의 2분기 실적보고서에서 '현재 현금 보유액이 1,220억 달러로 사상 최고치'라고 밝혔다. 워런 버핏은 특히 애플에 대한 스탠스(Stance)를 조금씩 부정적으로 바꾸고 있다. 2018년 4분기에만 한화로 5,000억 원이 넘는 주식을 팔았다. 워런 버핏은 애플의 동영상 스트리밍 서비스 진출 등에 대해 부정적인 견해를 갖고 있다. 워런 버핏 정도 되면 미국 증시가 과하게 올랐다는 판단을 내리고 현금화에 나설 수 있지만(심지어 워런 버핏이 그랬다고 하면 따라 하는 기관투자자도 많을 것이다) 개인투자자는 그렇게까지 타이밍을 정확히 잡기 어려우니 신중히 판단해야 한다.

세 번째 매도 이유는 투자한 기업이 좋은 것은 맞지만 더 좋은 기업이 등장할 때다. 다 같은데 더 좋은 기업이 있다면 당연히 갈아타는 전략이 맞다.

네 번째는 목표 주가에 다다랐을 때다. 이 또한 팔고 나서 살 주식이 확실히 있는 것이 아니라면 그대로 놔두는 게 나을 수 있다는 것이 필자의 입장이지만 때로는 팔 때도 있어야 주식 투자하는 재미가 있는 법이다. 목표 주가에 이르렀을 때 차익 실현을 하는 것은 투자자에게 만족감을 주므로 가끔 차익 실현을 하는 것은 나쁘지 않다고 본다.

팔 때는 신중해야 한다

다만 한 가지 하고 싶은 이야기가 있다. 팔 때는 신중해야 한다는 것이다.

세계적으로 유명한 매도 이야기는 대부분 '팔지 말아야 할 것을 팔았을 때'다. 사지 말아야 하는 것을 산 때보다 유명한 일화가 많다. 아무래도 세계 경제가 성장하는 이상 자산의 가치는 대체로 오를 때가 많고, 그렇다 보니 매수의 실패보다 매도의 실패가 더 눈에 띄는 것이 아닐까 싶다. 세계적으로 잘못된 매도로 눈물 흘리는 이야기는 차고 넘친다. 가장 대표적으로 필자의 아이들도 좋아하는 알래스카 매각 이야기가 있다. 러시아는 1867년 얼음으로 뒤덮인 땅 알래스카 153만 제곱킬로미터(한반도 7배 크기)를 고작 720만 달러에 매각했다. 720만 달러는 현재 화폐 가치로는 1억 2,500만 달러 정도다. 당시 매수 가격은 1제곱킬러미터당 5달러 정도에 불과했지만, 그래도 미국 내에서는 너무 비싸게 샀다는 여론이 높았다고 한다. 하지만 알래스카에는 금광을 비롯한 엄청난 자원이 있었고, 1897년 발견된 금광 한 곳에서만 캐낸 금이 720만 달러보다 많았다고 한다.

필자의 아이들이 좋아하는 사례를 들었으니 하나만 더 얘기하자면, 마블이 스파이더맨 판권을 매각한 것도 땅을 치고 후회할만한 사례다. 마블은 경영난에 빠져있던 1985년 고작 22만 5,000달러에 스파이더맨 영화 판권을 캐논필름에 팔았다. 이후 복잡한 권리 관계 속에 소니픽처스가 소송에 승리해 스파이더맨 판권을 가져가게 됐다. 이후 마블은 이를 되찾기 위해 무수히 많은 노력을 해야 했다. 2019년 8월에는 완전히 깨졌다고 공식 발표를 했다가 9월 말에 다시 계약에 합의했다고 발표했다. 자칫 잘못하면 〈어벤져스〉에서 스파이더맨이 출연하지 못 할 뻔했다.

주식이든 무엇이든 살 때보다 팔 때가 중요하다. 주식 투자자들만 봐도 살 때는 호가를 조금이라도 낮춰서 사려고 기를 쓰다가 팔 때는, 특히 손절매할 때는 속 시원히 저가에 시장가로 팔아버리는 모습을 자주 본다. 항상 팔 때 신중해야 하는 법이다.

또 하나, 매도할 때는 괜히 공포감에 사로잡혀 있어선 안 된다. 때로는 조금 늦더라도 부작용이 확실한지 확인하고 파는 것이 좋다.

1940년대 말, 미국 영화사 MGM은 텔레비전의 등장에 겁을 먹고 한 방송사에 모든 영화 필름을 3,800만 달러에 매각하려고 했다. 당시 MGM 경영진은 텔레비전이 등장하면 모든 영화관이 망할 것으로 생각했다고 한다. 다행히 그때 작사가이자 MGM 직원이었던 하워드 디츠가 사장실에서 드러눕는 바람에 실패로 돌아갔다. 하워드 디츠는 그때 "영화 〈바람과 함께 사라지다〉 하나만으로도 3,800만 달러의 10배 가치가 있다"라고 읍소했다고 한다.

많은 매도 실패의 일화를 보면, 파는 것은 정말 신중해야 하는 것 같다. 억지로 버티다가 함께 무덤으로 들어가는 일은 없어야겠지만, 일단은 버티고 봐야 한다. 다시 말하지만 "주식은 사는 것보다 파는 것이 더 중요하다"라는 격언이 괜히 생긴 것이 아니다.

참고로 하나만 더 덧붙이자면 영토 매각 이슈는 2020년 지금도 현재 진행형이다. 도널드 트럼프 미국 대통령이 덴마크에 그린란드를 매각할 생각이 없는지 타진하고 있기 때문이다. 그린란드는 5만

6,000명 정도가 거주하는 세계 최대 섬으로 덴마크 영토지만 외교와 안보 외에는 자치 정부가 결정하고 있다. 그린란드는 풍부한 천연자원을 가지고 있는데 미국은 자원 외에도 지정학적 중요성 때문에 그린란드에 관심을 보이고 있다. 북극해를 통해 러시아를 견제할 수 있어서다. 미국은 예전에 헤리 트루먼 당시 대통령도 1946년 덴마크에 1억 달러를 제시하며 그린란드 매각 의사를 타진했는데 당시에도 덴마크는 거절했다. 모쪼록 덴마크가 현명한 결정을 내리기 바란다. 팔 생각이 전혀 없어 보이긴 하지만 말이다.

주식 투자로 승부하라

　2017~2019년 서울 중심으로 부동산 가격이 폭등하면서 부동산 미보유자들의 상실감이 컸다. 서초, 강남, 송파 등 강남권뿐 아니라 마포나 용산, 성동, 강동, 동작 등 전 지역 부동산이 2014년 이후로 보면 2배 넘게 올랐다. 서울 시내 안에 아파트를 갖고 있는 사람이라면 누구나 앉은 자리에서 수억 원씩 벌어들였다. 부동산이 없는 사람들의 분노는 이해 못 할 바가 아니다.

　그 당시 칼럼에서 자주 눈에 띄는 글들이 '어디에 살고 있다는 이유만으로 10억, 20억 원 자산가가 되는 것이 맞느냐? 호떡을 파는 사람은 수백 년간 팔아도 못 벌 돈'과 같은 내용을 담고 있었다. 이른바 투자이익(자본소득)이 너무 커져서 노동이익(노동소득)으로 이를 만회할 길이 없어졌다는 하소연이다. 울분을 토하고 때로는 분노하지만, 대부분은 하소연이다. 뭔가 잘못되었다는 지적이고 정부가 어떻게든 부동산을 억눌러야 한다는 민중의 목소리가 높다.

사실 지적 자체는 맞다. 본질적으로 자본소득이 노동소득을 크게 앞서면 누구라도 일을 하기가 싫어진다. 토마 피케티 파리경제대 교수가 2014년에 출간한 《21세기 자본》이 선풍적인 인기를 끈 것은 이에 대해 공감하는 사람이 많기 때문일 것이다. 이보다 앞서 2011년에 있었던 '월가를 점령하라(Occupy Wall street)'라는 시위 또한 배경은 비슷하다. "왜 나는 죽도록 일하는데도 가난해야 하는지"에 대한 분노의 목소리다. 〈월스트리트저널〉은 2019년 8월 25일자 보도에서 '현 젊은 세대의 범죄율은 역사상 가장 낮다'라고 하면서 '하지 말라는 것은 하지 않고, 시키는 일은 그 어느 때보다 열심히 하는 체제 순응형 세대. 하지만 그러면서도 국가와 권력기관, 금융기관에 대한 불신은 높다. 이들의 상실감이 크기 때문에 어떻게 달래줘야 할지 고민해야 한다'라고 했다. 2019년 하반기부터 세계적 이슈가 된 홍콩 시위 또한 진짜 배경은 민주화 요구가 아니라 박탈감 때문이라는 진단이 나오고 있다. 너무 높은 집값, 취업난 등이 불만의 기폭제가 됐다는 것이다.

우리는 어떻게 하면 노동만으로도 안전하게 먹고 사는 나라를 만들 수 있을 것인가? 이에 대한 개선책이 있어야 하는 것은 분명한 사실이다.

하지만 자본주의는 원래 그러자고 만들어진 제도다. 동인도회사 주식을 찍어내 팔아 재원을 마련해서 배를 띄우고, 무역에 성공하면 또다시 성과물을 배당하는 구조가 인류 사회에 가장 적합한 시스텝임을 수백 년에 걸쳐 깨닫고 나서야 만들어진, 그나마 제일 완벽한 체제가 바로 자본주의다. 우리는 남북이 사회주의와 자본주의로 나뉜 지리적 특성 때문에 노동을 바라보는 측면에서만 자본주의를 바라보고 있다. 사회주의는 '누구나 공평하게 성과를 나눈다'에 초점을 맞추고 있고, 자본주의는 '일한 만큼 성과를 받는다'에 초점이 맞춰져 있다. 성과주의는 자본주의의 특징 중 하나이긴 하지만 본질적인 것은 아니다.

두산백과사전에 쓰여 있는 자본주의의 정의는 '이윤 추구를 목적으로 하는 자본이 지배하는 경제체제'다. 그렇다. 우리는 자본의 지배를 받고 있는 것이다. 우리를 지배하는 것은 노동주의가 아니다. 자본 중심 주의에 살고 있기 때문에 어떻게든 자본을 확보해야 한다. 그래야 그 자본이 당신에게 편안한 노후와 진정한 독립을 약속한다. 대부분 직장인은 평상시에 일하면서 하루하루를 살고 있기 때문에 자본의 중요성을 크게 인식하지 못한다. 하지만 노동을 끝내는 순간(퇴직하는 순간) 느끼게 된다. '아, 내가 노동의 지배를 받고 있었구나'하고. 상류층인 줄 알았는데 노동을 끝내자마자 중산층으로 하락하고, 중산층인 줄 알았는데 그 밑이라는 것을 노동을 끝내는 순간에야 깨닫곤 한다.

자본 공급 덕에 경제는 돌아간다

2018년, 도널드 트럼프 미국 대통령과 유럽연합(EU)의 인사들이 말싸움을 벌인 적이 있다. 트럼프 대통령의 요지는 이랬다.

"유럽, 니네는 미국에 공장 얼마나 지어줬어? 2차 세계대전 이후로 미국의 피만 빨아먹고 있었지? 이제 내가 대통령이 됐으니까 끝이야."

이에 대한 유럽연합 측 반응은 간간이 소개되긴 했으나 트럼프만큼의 빅 샷(Big Shot)이 없기 때문에 유야무야 묻히곤 했다. 그런 판국에 오바마 정부에서 미 국가경제위원회 및 국가안보회의 대통령 특별 보좌관을 지낸 크리스토퍼 스마트가 한 반박이 이채로웠다.

"미국과 유럽연합은 상품부문의 흑자, 적자만으로 유불리를 따질 수 없다. 미국과 유럽연합은 수출입 흐름보다 투자 흐름의 규모가 훨씬 크다(10배 이상). 유럽연합이 애초에 미국에 대규모 투자를 했기 때문에 미국이 성장할 수 있었다. 외국인 투자는 그 어떠한 조치보다 고용과 성장에 도움을 준다."

우리는 흔히 자본 투자는 우습게 생각하곤 한다. 손에 확실히 와닿는 물건을 만드는 행위를 신성시하고 은행이나 금융 투자업계, 그 외 각종 서비스직은 있으나 마나 한 존재로 인식한다. 하지만 이 같은 산업 비중이 이미 압도적으로 높다. 2018년 10월에 한국금융연구원이 내놓은 〈우리나라 금융의 적정성과 경제 성장 효과〉 보고서에 따르면, 우리나라만 해도 이미 전체 취업자 중 금융업 취업자 비중이 경제협력개발기구(OECD) 37개국 중 10번째로 많다. 자꾸 본질을 회피하고 있는데 우리나라는 이미 수십 년간 자본주의체제 아래 살고 있으며 자본의 흐름으로 먹고사는 나라다. 노동 중심으로 돌아갈 수도 없고, 돌아가서도 안 된다. 개개인에게 필요한 것은 어떻게 자본을 지배하느냐.

그러므로 투자해야 한다

먼 길을 돌아왔다. 주식 투자의 중요성을 강조하기 위해 자본주의에 대한 필자의 생각을 짧게나마 요약해서 늘어놨다.

필자는 기본적으로 부동산 투자 비중이 높은 편이나 주식 투자 비중도 꽤 된다. 전체 순자산 중 금융 자산이 차지하는 비중이 그래도 30%는 넘는다. 30%는 모두 원금 손실 가능성이 있는 투자처다. 예금이나 적금 같은 것은 거의 없고(대출금리 감면 조건으로 가입한 적금뿐이다) 유동화할 수 있는 자산은 최대한 유동화해 또 다른 투자처에 집어넣고 있다. 일례로 부동산 담보 대출을 풀(Full)로 받아 리츠를 매입해놓은 식이다. 마이너스 통장도 4개나 있고 절반 이상이 다른 곳에 투자돼 있다.

'부동산이냐?', '주식이냐?' 하고 이분법적으로 생각하는 사람이 많지만 사실 실물이냐, 아니냐가 다를 뿐 똑같은 투자처다. 무엇보다 돈에는 꼬리표가 붙지 않기 때문에 부동산만 투자한다고 하더라도 증시를 살펴봐야 한다. 경제 흐름을 봐야 부동산 또한 흐름을 놓치지 않을 수 있다. 게다가 주식 시장에도 부동산에 투자하는 것과 같은 효과를 내는 리츠라는 상품이 있다. 부동산 애호가라고 해도 굳이 현장에 나가지 않아도 되는 셈이다. 부동산과 재테크를 서점의 부동산 코너, 재테크 코너처럼 구분해서 생각할 필요는 없다.

차이점은 투자 규모다. 부동산은 최소 억 단위는 있어야 투자할 수 있다. 이 때문에 사회초년생은 접근할 수 있는 길이 차단돼 있다. 일단은 주식 투자로 종잣돈을 불리는 수밖에 없다. 더구나 부동산은 오를 때 다들 비슷하게 오른다는 특징이 있다. 그에 비해 주식은 폭락장에도 오르는 주식이 있고, 설령 모든 상장 주식이 폭락한다고 해도 반대 방향으로 베팅할 수 있는 인버스 상품이 있다. 즉, 진짜 실력이 있다면 이겨낼 수 있는 전쟁터다.

주식으로 돈을 벌면 나 혼자만 잘 나가는 세상이 열린다. 남들과 차별화되어 살고자 한다면 결국 주식을 잘해야 한다. 더구나 문재인 정부 들어 부동산 억제 정책이 잇따르면서 2019년부터 최소한 수년간은 주식 우위 장세가 펼쳐질 것으로 예상한다. 필자는 앞서 2019년 3월에 출간한 《강원도 산골 출신 30대 월급쟁이의 아크로리버파크 구입기》에서 2019년 부동산은 정부 정책의 부작용으로 반짝 상승이 나타날 수 있다고 예상했다. 이 예상이 현실화된 2020년 2월 현 시점에서 돌아보면, 지난 2019년 8월 말부터는 이미 주식 우위의 장세가 시작됐으며 이 기류가 최소 몇 년간은 갈 것이라고 보고 있다.

부동산은 규제가 너무 많고 세금도 많다. 반면 주식은 자유롭다. 물론 주식 투자의 위험성은 한두 번 경고한다고 끝날 문제가 아니겠지만, 그래도 도전은 해볼 만하다. 특히 배당주 위주로 접근한다면 주식 시장에서 돈을 벌고 나가는 것이 그렇게까지 불가능하지는 않다는 점을 직접 체험하게 될 것이다.

노는 돈 어떻게 할까?
나의 공모주 투자법

공모주 투자는 필자의 주 수익원 중 하나지만 이 책 어디에서 짚어야 할지 사실 애매했다. 공모주 투자 또한 주식 투자가 맞지만 일반적인 주식 투자는 아니며 배당주 투자는 더더욱 아니기 때문이다. 하지만 공모주 투자를 빼놓고는 필자의 재테크 원칙을 정확히 설명하기 어려워 이번 주식 투자를 다루는 장에 담아보고자 한다.

필자는 앞에서 전체 투자금의 30% 정도만 주식 투자를 한다고 했다. 나머지 70%는 SBI저축은행 사이다뱅크의 통장에 넣어놓거나 증권사 CMA 통장에 예치하고 있다. 그러다가 급락장이 나오면 이 자금을 순차적으로 투입한다. 물론 급락장은 필자 기준으로 1년에 한두 번 올까 말까여서 대부분 경우 이 자금은 계좌 안에 고스란히 잠들어 있다. 하지만 가만히 놔두는 것은 아니고 수시로 공모주 투자에 활용한다. 공모주로만 잘 돌려도 연 5~10%의 수익을 올릴 수 있기 때문이다.

참고로 얘기하자면 자산가들은 공모주 투자를 좋아한다. 공모주는 주식 매매를 한 것이기 때문에 금융소득 종합과세 대상이 될 염려가 없어서다. 2018년 10월, 금융당국과 금융투자협회가 '증권 인수 업무 등에 관한 규정'을 개정해 현재 20%로 정해져 있는 개인 투자자 배정 물량을 줄이는 방안을 검토했다가 상당히 많은 개인이 반발해 전면 취소된 적이 있다. 그만큼 돈 많고 힘 있는 자산가 개인투자자들이 공모주 투자를 좋아한다는 얘기다. 이런 재미있는 시장을 외면해서는 곤란하다.

구주 물량이 제일 중요! 400대 1 넘으면 하라, 단 10월까지만!

공모주 공모는 상장을 앞두고 신주(구주일 때도 있음)를 발행해 투자자들을 모집하는 것을 말한다. 신주일 때는 회사로 신규 자금이 들어오고, 구주일 때는 기존 투자자(최대 주주나 벤처캐피탈 등)가 자금을 회수하는 통로가 된다. 대부분 상장사는 공모 때 신주 발행을 하며 이때 유입된 자금으로 시설 투자를 한다든지 기존 빚을 갚는다든지 한다.

투자자 입장에서 공모주는 신중하게 골라야 한다. 당연히 아무 공모주나 막 투자해선 안 된다.

SNK라는 게임회사가 있다. 사무라이 스피리츠, 더 킹 오브 파이터즈, 메탈 슬러그 등 200개 이상의 유명 게임 지식재산권(IP)을 보유하고 있는 기업이다. 매출 60% 이상이 보유 게임 IP를 외부에 임대하는 라이선스 사업에서 발생한다. 일본 게임회사이지만 최대 주주는 중국인인 갈지휘 회장이다.

2019년 5월에 상장한 이 기업은 공모가를 국내 최대 게임업체 엔씨소프트와 비교해 책정했다. 국내 최대 기업과 비교했다니 다소 불안스러웠는데 혹시나는 역시나였다. SNK는 공모가 4만 400원으로 2019년 5월 7일에 상장했는데 상장 첫날 첫 거래부터 곤두박질치기 시작해 8월 6일 한때는 1만 4,100원을 기록했다. 참고로 이 기업은 청약 경쟁률이 185.17대 1이었다. 1,852만 원을 넣어야 간신히 10만 원어치 주식을 받는다는 계산이 나온다. 이 정도 경쟁률로는 얼마든지 망하는 공모주가 나올 수 있다는 것을 SNK가 몸소 입증한 셈이다. 사실 공모주 투자에 있어 100대 1 이상의 경쟁률은 결코 높다고 할 수 없다.

공모주는 투자하기 전에 확인해야 할 것들이 있다. 구주 주식 비중, 기관 경쟁률(의무 확약 비율), 경쟁사 대비 할인율 등이다.

구주 주식 비중은 설령 공모가가 저렴하게 나왔다고 해도 기존 투자자들의 인수 가격이 너무 낮으면 물량 부담으로 이어질 수 있어 반드시 확인해야 한다. 2019년 6월 12일에 상장한 바이오 기업인 압타바이오가 대표적이다. 이 회사는 2019년 상반기 대표 기대주였다. 얼마나 기대를 한껏 받았느냐 하면, 기관 투자자들의 수요 예측(기관의 공모주 청약)에서 982개 기관이 참여해 경쟁률이 856.41대 1을 기록했다. 당초 공모가는 2만 1,000~2만 5,000원이었는데 이를 뛰어넘은 3만 원에 결정됐다. 기관 투자자들이 "3만 원에 사줄 테니 제발 주식만 줘"라고 했기 때문이다(3만 원 이상을 써낸 비율이 97%). 거기다가 상장 이후 15일에서 6개월까지 팔지 않겠다고 매도 금지를 확약한 비율만도 30.5%를 기록했다. 이랬는데도 상장 당일 오전 9시 1분에 5만 4,000원을 기록했다가, 급락 전환하기 시작했다. 물론 공모주 투자자는 바로 팔았더라면 수익을 냈겠지만 그래도 충격적인 하락세였다. 압타바이오는 5만 4,000원에서 연일 떨어져 2019년 8월 6일 한때는 1만 4,200원까지 추락했다. 최대 기대주였던 압타바이오는 왜 갑작스레 흘러 내렸을까? 이는 구주 물량 때문이다. 2,000~2만 원에 발행한 주식이 절대 다수였고, 심지어는 200원에 발행한 주식 또한 많았다고 한다.

이렇게 매물이 쏟아질 수 있는 기업은 남들이 팔기 전에 빨리 팔아버리는 것이 낫다. 대체로 유통될 수 있는 구주 물량이 많으면 시초가에 매도해버리는 것이 답이다. 정반대로 유통 물량이 많지 않다면 기관 경쟁률 정도만 확인하고 청약 여부를 결정해도 된다. 다행히도 유망주였던 압타바이오는 매물을 다 소화하고 나서는 반등했다. 이후로는 꾸준히 오르기 시작해 2020년 들어서자 3만 원대로 올랐다.

아니면 아예 청약 마지막 날 오후 3시에 청약 경쟁률을 보고 결정해도 된다. 경험상 개인투자자 경쟁률이 400대 1을 넘으면 한 번도 손해를 본 적이 없었다. 2019년 7월에 상장한 세틀뱅크는 청약 경쟁률이 309.6대 1이었는데 아슬아슬하게 실패했다. 이 회사 공모가는 5만 5,000원이었고 상장 첫날 시초가는 4만 9,500원이었다.

필자는 대부분의 경우 시초가에 팔라고 조언하는데 이 같은 조건을 가정하면 실패한 투자인 셈이다. 다행히 세틀뱅크는 그 이후로는 조금 올라 한때는 5만 7,900원까지 상승했다. 고점을 잘 잡았다면 본전치기는 가능했던 것이다.

반대로 400대 1을 넘은 종목은 무조건 성공했다. 또 다른 바이오 기업인 올리패스는 2019년 9월에 주당 2만 원에 공모 청약을 실시했고 경쟁률은 419.4대 1이 나왔다. 그리고 상장 첫날 시초가로 3만 600원이 나왔다. 필자는 이 종목에 8,400만 원을 투자해 19주를 받아서 3만 600원에 매도해 약 19만 원의 차익을 남겼다.

400대 1 이상만 청약하자고 원칙을 정하되 대형주의 경우 당연히 이보다 낮은 경쟁률이어도 청약해도 된다. 대형주는 그만큼 기업 사이즈가 크기 때문에 경쟁률이 낮을 수밖에 없어서다. 기업이 크면 전체 공모금액도 많아질 수밖에 없다.

2014년에 상장한 제일모직(현 삼성물산)이 이런 경우였다. 제일모직은 공모가가 5만 3,000원이었고 상장 첫날 시초가가 10만 6,000원에 결정된 후 11만 3,000원까지 상승했다. 113%의 수익률인 셈이다. 적지 않은 상승세를 보였지만 청약 경쟁률은 194대 1에 그쳤다. 그런데 194대 1에 그친 이유는 기업 덩치 때문이다. 수조 원대 기업이니 전체 모집 금액이 클 수밖에 없던 셈이다. 참고로 청약증거금 기준으로 제일모직은 사상 최대 기록을 가지고 있다. 당시 제일모직 공모 청약에 몰린 자금은 30조 원에 이르렀다. 2019년 3월에도 현대차그룹 계열사 현대오토에버는 청약 경쟁률이 345대 1에 그쳤으나 상장 첫날 수익률이 약 60%를 기록했다.

마찬가지 이유로 공모 청약이 너무 몰려 있다면 200~300대 1의 경쟁률이어도 청약할 것을 권한다. 예를 들어, 4개 종목이 한꺼번에 청약을 실시하면 당연히 투자 수요도 분산되기 때문에 200~300대 1의 경쟁률이 나오는 것이 어찌 보면 당연하다. 상황에 따라 달리 전략을 가져가야 할 것이다.

400대 1을 넘는다고 무조건 버는 것은 아니다. 2019년 11월, 뼈아픈 실패 사례가 나왔다. 바로 라파스라는 기업인데 청약 경쟁률이 813.16대 1을 기록했음에도 상장 직후 공모가가 깨졌다. 공모가가 2만 원이었는데 1만 9,950원에 장을 시작한 후 잠깐 2만 800원까지 올랐다가 이내 다시 1만 9,000원대로 미끄러졌다. 800대 1이 넘었는데 왜 그랬을까? 그 이유는 사실 수급적인 이슈가 있었기 때문인데 뒤의 '마이너스 통장 잘 활용하기'에서 다시 소개하도록 하겠다. 하지만 대부분의 경우 400대 1이 넘으면 안전하긴 하다. 잘 모르겠다면 400대 1이 넘는 종목만 선별해서 하는 것을 권한다. 여기에다 구주 물량이 많지 않다면 금상첨화다.

이와 함께 또 고려해야 할 것이 연말로 갈수록 공모주 투자 수익률은 낮아진다는 점이다. 갓 상장한 새내기주는 아무래도 신년에 대한 희망이 싹트는 연초에 효과적이다. 연말로 갈수록 상장한 이후의 새내기주에 투자하는 사람이 적어지고 반대로 공모주는 많아진다. 한국거래소 또한 실적 때문에 연말에는 '상장 몰아주기'를 한다. 물량이 많고 반대로 투자자는 보수적이 되다 보니 연말에는 공모로 어지간해서는 수익 내기가 힘들다. 400대 1의 투자 원칙을 지키되 1~10월에만 적극적으로 하라고 권하고 싶다. 물론 11~12월에 아예 하지 말라는 얘기가 아니라 누가 봐도 관심이 가는 종목 정도만 하는 것이 좋겠다. 이러한 종목으로 2019년에는 NH프라임리츠가 있었다.

둘째 날 청약하라, 시초가에 매도하라

필자는 대부분의 경우 상장 첫날, 시초가에 매도한다. 가장 높은 가격에 팔면 좋겠지만 당연히 이는 신의 영역이기 때문에 맞히기 어렵다. 구주 유통 물량이 많을 때는 100% 시초가에 팔고 유통 물량이 전혀 없을 때는 간혹 시초가보다 조금 높은 가격에 매도 주문을 넣는다. 그런 경우 대부분 그 가격에 팔리곤 한다.

하나금융투자가 2019년 4월에 발간한 보고서를 보면, 2015년에서 2018년에 상장한 기업들의 경우 공모가 대비 시초가 수익률이 31.4%를 기록했다고 나온다. 반면 상장 첫날 종가 수익률은 20.3%였다. 대체로 시초가에 파는 것이 장 마감 때까지 기다리는 것보다 유리한 셈이다. 하지만 기록이 반복되면 이를 응용(?)하는 세력이 등장하기 마련이다. 매해 계속 시초가에 파는 것이 낫다 보니 선수들은 오히려 이를 역이용해 장중 가격을 급등시켰다. 2018년만 놓고 보면 시초가 수익률(31.4%)보다 종가 수익률(35.3%)이 더 높았다. 하지만 그래도 필자는 시초가에 파는 것이 안전하다고 본다. 장중 급변동하는 주가를 지켜보는 것은 상당히 피곤하기 때문이다.

물론 시초가에 팔지 않을 때도 있다. 시초가가 공모가의 2배로 결정되는 경우도 있기 때문이다. 공모가가 5,000원이었는데, 시초가가 1만 원이 되면, 시초가 1만 원을 기준으로 30%의 가격 변동 폭이 다시 설정된다. 이때는 간혹 1만 3,000원에 팔 수 있는데 1만 원에 파는 경우가 될 수 있어 시초가가 공모가의 2배가 될 때는 일단 지켜본다.

요즘은 이런 경우가 드물긴 한데 그래도 2019년에 한 차례 있었다. 종목은 에스피시스템스. 이 회사는 공모가가 4,900원이었는데 시초가 9,800원에 시작해 바로 가격 제한 폭까지 뛰었다. 당일 1만 2,700원까지 올랐고 이튿날에도 상승해 한때 1만 4,400원을 기록했다. 이렇게 시초가가 공모가의 2배로 잡히면 한 차례 더 뛸 수 있기 때문에 이럴 때는 시초가에 매도 주문을 넣으면 안 된다.

그리고 또 하나의 팁, 공모주는 상장 마지막 날 해야 한다는 점이다. 상장 마지막 날에 해야 다른 투자자들이 어떻게 나오는지 결과를 볼 수 있고 하루치 CMA 이자를 얻거나 하루치 대출 이자를 덜 낼 수 있다. 청약은 무조건 마지막 날 하라고 강권하고 싶다.

끝으로 공모주는 관련된 블로그가 많이 있다. 블로그에 올라온 글을 참고해 투자 판단을 내려도 된다. 대표적인 블로그로는 '박회계사의 투자 이야기', '넘버원의 먹고 즐기는 재테크 이야기', '재테크의 여왕 슈엔슈'가 있다. 이 중 특히 '재테크의 여왕 슈엔슈'는 투자할지 말지 판단도 내려준다. 다만 비교적 보수적으로 접근하고 있으므로 이를 감안해 투자 판단에 참고하면 될 듯하다.

실권주도 잊지 마라

실권주 투자도 잊으면 안 된다. 실권주란 상장 기업이 주주들을 대상으로(주주 배정) 유상 증자를 실시할 때 일부 주주가 유상 증자 신주를 받지 않겠다고 하면 그 주식을 일반 투자자에 파는 것을 말한다. 요즘은 신주인수권 증서를 따로 배분하고 유상 증자 청약을 받지 않으면 신주인수권을 매도해 손실을 줄일 수 있도록 해주는 추세이긴 한데, 그래도 아직 실권주 대상 일반 공모도 쏠쏠히 나온다. 실권주 청약 정보는 38커뮤니케이션, 피스탁 같은 주식 정보 사이트의 청약 일정에서 확인할 수 있다. 최근에는 공모주 투자 열기가 뜨거워지면서 오히려 실권주 청약 성공률이 더 높아지는 듯한 분위기다. 상대적으로 실권주 투자는 적지 않은 수익을 낼 수 있음에도 알려지지 않은 편이다.

실권주 투자는 당연히 비교적 우량한 기업만 대상으로 해야 한다. 청약 시점과 매도 가능 시점이 많게는 2주 이상 있기 때문에 소위 말하는 '잡주'에 투자했다간 청약 이후 급락해 마음고생을 할 수 있다. 무조건 중형주 이상의 종목만 하라고 권하고 싶다.

2019년 12월에는 아모레G3우(전환)과 코스모화학이 대박을 쳤다. 아모레퍼시픽은 2019년 10월 주주들을 대상으로 3만 3,350원에 우선주 공모를 실시했는데 일부 실권주가 나와서 12월 초에 일반 투자자를 대상으로 실권주 청약을 받았다. 청약 경쟁률이 87.08 대 1을 기록했는데, 아모레G3우(전환)은 상장 첫날부터 5만 원대에 안착해 50~60%의 수익률을 안겨줬다. 코스모화학 또한 청약 가격은 3,710원이었고, 신주 상장 전후 주가가 5,700~6,200원에 달해 적지 않게 차익을 내고 팔 수 있었다.

실권주 투자에 있어 반드시 잊지 말아야 할 것은 공모주와 달리 청약증거금이 100%(100만 원어치 청약하려면 100만 원이 다 있어야 한다는 의미. 공모주는 증거금 대비 2배로 청약할 수 있다)라는 점이다. 또 하나 잊지 말아야 할 것은 '입고 예정 주식 매도'다. 유상 증자 주식은 상장일 이틀 전부터 매도할 수 있는데 신주를 받는 투자자들이 한꺼번에 파는 경우가 대부분이다. 이 때문에 빨리 파는 것이 리스크 관리 측면에서 훨씬 유리하니 되도록 입고 예정 주식 매도 권리를 실행하라고 권하고 싶다. HTS를 보면 이름은 조금씩 다르지만 입고 예정 주식 매도 창이 따로 있다. 권리 공매도, 권리 매도 등의 이름이 적혀 있기도 하다. 필자의 경우 2019년 기준으로는 공매도보다 실권주가 훨씬 나은 수익률을 기록했다.

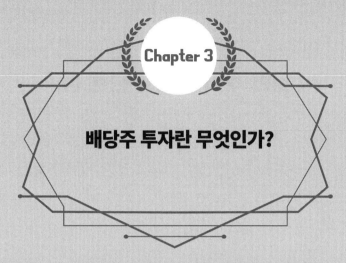

Chapter 3

배당주 투자란 무엇인가?

이제부터 배당 투자에 대해 공부해보자. 이번 장에서는 배당주 투자와 일반 주식 투자 간의 다른 점, 배당에 대한 기초 지식, 좋은 배당주를 고르는 법 등을 큰 틀에서 담았다. 다 같이 배당주의 매력에 흠뻑 빠져보자.

일반 주식 투자와 다른 점

일반 주식은 시세 차익을 목표로 한다. 1만 원에 산 주식을 그 이상 가격에 파는 것이 목표다. 2~3만 원까지 오르면 좋겠지만 단기 투자자라면 1만 1,000원에도 만족한다. 목표치는 개인마다 다르겠지만 오로지 주가가 오르기만을 기대한다는 점은 일반 주식 투자자라면 누구나 똑같다.

하지만 배당 투자자는 주가가 영원히 1만 원에 머물러도 된다. 주가가 1만 원인 기업이 꾸준히 500~700원 정도를 배당한다면(배당 수익률 5~7%) 설령 주가가 계속 1만 원에 머문다고 해도 상당히 매력적인 주식이 된다. 2020년 2월 현재 은행을 들러보면 정기예금 수익률이 1.4~1.7%에 그친다. 5~7%의 배당률은 분명히 매력적이다.

심지어 금리는 더 떨어질 가능성이 높다. 한국은행은 2019년 7월

18일 기준금리를 1.75%에서 1.50%로 전격 인하했고, 10월에도 인하해 역대 최저치인 1.25%까지 떨어졌다. 심지어 11월 29일 열린 금통위에서는 기준금리 동결이 결정되기는 했지만, 일부 금통위원이 2020년 중 추가 인하할 수 있다는 여지를 남겼다. 실제로 증권가는 2020년 상반기 중으로 한 차례 더 금리를 인하해 사상 처음으로 1% 금리 시대가 열릴 것이란 관측이 나오고 있다. 이에 대한 우려가 반영돼 2019년 2월만 해도 2%대였던 10년물 국고채 금리가 8월 16일에는 1.172%까지 떨어지기도 했다. 금리가 떨어지면 부동산 등 실물 투자자는 유리하지만, 은행 이자만으로 생활하는 이자소득자는 불리해진다. 이 이자소득자들이 증권형 상품에 몰려오고 있으며, 이 가운데 가장 유망한 것이 배당주. 저성장 경제 사회에 사는 사람은 누구나 배당주를 일단 들여다볼 수밖에 없다.

그렇다 해도 너무 적은 수익 아니야?

문제는 배당주 투자와 일반 주식 투자의 눈높이가 너무 다르다는 데 있다. 독자의 개인 사정에 따라 목표치는 다 다르겠지만, 연 5%의 배당이 꼬박꼬박 나온다고 해도 턱없이 부족하다고 말하는 독자도 있을 것이다. '주식 투자라면, 그래도 2배는 목표로 해야 하는 것 아니야?'라고 하는 사람이 많다고 할까? 사실 충분히 공감 가는 얘기다. '우리가 주식 계좌를 만들고 회사 상사 눈치 보면서 주식 하는 이유가 고작 5% 때문은' 아닐 것이다.

하지만 배당주도 길게 보면 괜찮다. 5% 배당을 한다는 것은 주주에 대한 기본적인 예의이며 이런 예의를 잘 지키는 기업이 주가도 잘 오르곤 한다. 이는 뒤에서 다시 한 번 수치로 증명해 보이겠다.

말이 나온 김에 얘기하자면, 필자의 전 책인 《강원도 산골 출신 30대 월급쟁이의 아크로리버파크 구입기》와 관련해 한 블로거는 '저자는 자산 분배를 강조하지만 정작 본인은 소위 말하는 몰빵을 해서 강남 아파트를 샀다. 이는 본인의 투자 원칙을 스스로 훼손한 것이다'라는 글을 남겼다. 필자는 이 글을 직접 읽지는 못했고 가족에게 전해 들었는데 이는 사실 명백한 독자의 오해다. 이에 대해 한 번 해명해보고자 한다. 이 해명이 배당주 투자 전략과도 연결돼 이 자리에서 하는 것이다.

필자는 확신이 있는 종목(부동산도 포함)에는 '몰빵'을 해야 한다는 입장이다. 필자가 거듭 자산 배분만 강조했다고 느꼈다면 필자의 설명이 부족했거나 독자가 오해했거나 둘 중 하나일 것이다. 확실할 때는 대규모로 집어넣어야 한다. 그래야 상황이 개선된다. 배당 5%만으로 만족할 수 없다고 치자. 하지만 전체 투자 규모가 다르다면 얘기가 달라진다. 만약 신용 대출로 2.8% 금리에 1억 원을 대출받아 안정적인 배당주를 매입했다고 하면, 설령 그 배당주의 배당률이 5%에 그친다고 해도 세후 4.23%의 이자를 받는다. 대출 금리를 제하고 나면 투자원금에서 1.43%의 차익이 발생하는 것이다. 1억 원을 기준으로 생각하면 143만 원의 추가 이익이 생긴다고 나 할까⋯.

필자가 2018년 10월에 대출을 받아 이리츠코크렙을 샀을 때와 비교한다면, 당시 이리츠코크렙의 배당 수익률이 8%쯤 됐으니 대출 이자를 떼고 약 5.2%의 수익이 남은 셈이다. 필자는 억 단위로 투자했기 때문에 수익금은 전체적으로 보면 무시할 수 없는 수준이 된다. 원칙이 있고 확신이 있다면 배당주에 대규모로 투자해 큰 이익을 남길 수 있다. 심지어 이 가정에는 시세 차익이 빠져 있다. 주가마저 오른다면 훨씬 더 큰 이익이 가능하다. 필자 사례를 보면, 이리츠코크렙의 경우 한때 4,400원에서 2019년 9월에는 6,600원대로 상승했다. 그리고 12월 초에는 7,900원 선을 넘었다. 필자는 이 때문에 배당주, 특히 배당 성장주에 주목하라고 권한다.

다시 말하지만 배당을 하는 기업은 믿을 수 있다. 그렇기 때문에 믿고 일반 주식 투자 때는 어려운 목돈을 넣을 수 있다. 돈을 벌려면 큰돈을 넣어야 한다. 100만 원어치 주식을 사놓고 50%나 수익 봤다고 기뻐하는 것은 이제 그만하자. 100만 원 투자한 뒤 50만 원 버는 것보다 5,000만 원 투자한 뒤 500만 원 버는 것이 훨씬 쉽다. 10% 남기는 투자는 공부를 열심히 한다는 전제하에 얼마든지 가능하다.

3가지를 모두 맞혀야 돈 벌 수 있는 일반 주식 투자

얼마 전, 주식쟁이들과 저녁을 먹었다. 모두 IT와 유통, 건설업체를 다니면서 열심히 주식을 공부하는 친구들이다.

밥 먹는 도중에 수익률 이야기가 나왔다. 필자는 이들이 모두 플러스 수익률일 것임을 믿어 의심치 않았다. "올해는 증시가 안 좋았으니 그렇다 치고, 주식 시작하고 나서 전부 합치면 그래도 플러스 아니야? 너도 아니야?"라고 캐물었다. 하지만 모두 고개를 숙인 채 답이 없었다. 그때 느꼈다.

'아, 우리나라에서는 주식으로 돈 버는 것이 정말 어렵구나.'

다시 말하지만 이들은 모두 스마트하고, 열심히 공부하는 주식인 들이다.

왜 주식 투자로 돈을 벌기 어려울까? 곰곰이 생각해봤다. 이내 크 게 3가지 이유가 잡히는 듯했다. 일단 우리나라는 산업 흐름이 꽤 빠르고, 이를 파악해내기가 어렵다.

두 번째 이유는 기업이다. 산업 흐름은 잘 볼지라도, 기업의 내막 까지는 파악하기가 쉽지 않다. 2019년 5~7월, 미국의 도널드 트럼 프 대통령이 연일 중국 기업 화웨이를 때린 적이 있었다. 화웨이에 대한 공격은 우리나라 IT 산업 입장에서는 꽤 미묘하다. 미·중 무 역 분쟁이 격해지는 것은 기본적으로 중국 비중이 높은 한국 경제 에 좋지 않지만 화웨이는 분명 삼성전자의 경쟁사다. 어느 정도는 수혜를 입을 수도 있는 위치인 셈이다. 하지만 이런 득실을 밖에서 지켜보는 외부인이 정확히 파악해내기란 불가능에 가깝다. 실제로 화웨이에 대한 공격이 뜨거울 때 일부 IT 부품주는 화웨이 수혜주 라면서 주가가 급등했는데 알아보니 수혜는커녕 화웨이가 흔들리 면 망할 수도 있는 기업이었다(다시 말하지만 우리나라는 중국 IT 산업 과 여러모로 얽혀있다). 산업을 파악해내기도 어려운데 기업까지 정 확히 알아야 하니 주식 투자가 어려운 것이다.

2019년 8월, 일본의 수출 규제로 반일감정이 들끓을 때도 한 전문가는 일본 기업에 치명적인 타격을 입히려면 삼성전자 갤럭시와 애플 아이폰을 불매 운동해야 한다는 견해를 밝혔다. 스마트폰이 팔리지 않아야 일본의 소재업체가 제대로 된 타격을 입는다는 이유에서였다. 우리는 이처럼 복잡하게 꼬여 있는 글로벌 시대를 살고 있다. 기업을 정확히 파악해낸다는 건, 설령 그 기업 대표이사여도 어렵다.

더구나 우리나라 IT 산업은 우리나라만의 특성이 하나 있다. 바로 잘 나갈 때는 단가 인하 압력을 받는다는 점이다. 2019년에는 수많은 5G 관련 업체의 실적이 좋았는데 대부분 기업이 SK텔레콤이나 KT, LG유플러스 등으로부터 강도 높은 단가 인하 압력을 받아야 했다. 실적이 가파르게 개선되는 추세에 있다고 해도 언제 갑자기 단가 인하로 수익성이 훼손될지 모른다는 점은 엄청난 리스크다. 수시로 확인해야 하는데 아주 당연한 얘기지만 단가 인하 압력에 대한 이야기를 속속들이 말해주는 IR(기업 설명) 담당자는 많지 않을 것이다. 공개적으로 얘기하기 어려운 이슈라서 일개 개인투자자에게 속속들이 말해주는 회사 담당자는 거의 없다고 봐도 된다.

마지막으로 주식 투자로 돈 못 버는 이유는 결국 주식은 타이밍을 잡아야 한다는 데 있다. 아무리 산업을 잘 보고 기업을 잘 봐도 정확한 타이밍을 알지 못하면 손해 보고 나올 수도 있다. 나는 A라는 산업이 좋아질 것이라고 믿고 있고 실제로 그렇다고 해도 모든 기관투자자나 외국인투자자가 B라는 산업에 주목하면 나는 혼자

잊힐 수밖에 없다. 물론 A라는 산업도 좋아지는 국면이라면 주가가 오를 수도 있지만 현재는 돈이 모자라다. 한 놈만 잘 가는 승자독식의 장세다. 남북경협주가 오를 때에는 바이오주나 2차 전지주가 하락하고, 2차 전지주가 오를 때에는 바이오주나 남북경협주가 동반 하락하는 분위기다. 물론 시장 전체적인 유동성 자체야 풍부하지만 그만큼 주식에 진득하게 붙어있는 돈은 없는 것이다. 이런 상황이라서 우리는 주식으로 돈을 벌기가 어렵다. 이것이 배당주를 찾아야 하는 이유다.

배당주는 정말 돈이 안 될까?

앞에서 말했듯이 적지 않은 주식 투자자가 배당주는 잘 오르지 않는다고 인식한다. 하지만 이는 사실이 아니다.

일단 그래프부터 보자. 다음 페이지의 '그림 ①'은 모건스탠리캐피탈인터내셔널(MSCI) USA 고배당지수와 전체 지수를 비교한 그래프이고, '그림 ②'는 코스피200 고배당지수와 코스피200을 비교한 그래프다. 양쪽 모두 고배당지수가 낮다는 것을 보여준다.

배당주에는 '배당락'이라는 것이 있다. 배당락은 배당을 받는 기준일 다음 날 주가가 떨어지는 현상을 말한다.

1만 원짜리 주식이 12월 26일을 기준으로 1,000원 배당한다고 가정해보자. 12월 26일까지는 주식을 받을 수 있기 때문에 1만 원이 유지되지만 27일이 되면 하루 차이로 배당을 받지 못하게 되기 때문에 주가는 다소 내릴 수밖에 없다. 앞으로 무려 1년이나 기다려

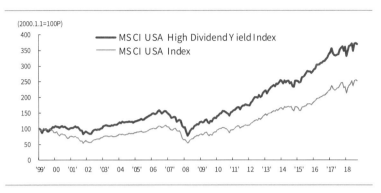

그림 ① 2000년 이후 미국 고배당지수의 성과가 시장 대비 우수

• 자료: Bloomberg, NH투자증권 리서치본부

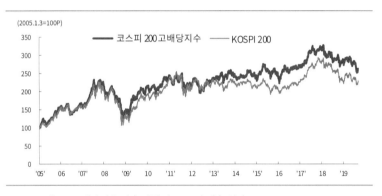

그림 ② 한국 주식 시장에서도 고배당지수가 우수한 성과를 기록했음

• 주: 코스피200 고배당지수 산출 시점인 2005년 이후 성과
• 자료: FnGuide, NH투자증권 리서치본부

야 다시 배당을 받을 수 있기 때문이다. 이때 주가가 떨어지는 현상

을 배당락이라고 표현한다.

고배당지수일수록 이 배당락이 그만큼 더 지수에 영향을 미칠 수

밖에 없다. 종목마다 사정은 다 다르겠지만 일반적으로 보면 고배

당주일수록 배당락일 때 주가가 더 떨어지기 마련이다. 많게는 지수 전체적으로 하루아침에 3~5% 하락하는 일도 있다. 이 때문에 고배당주지수는 차트상으로는 부진해 보이게 마련인데, 막상 뚜껑을 열어보니 고배당주지수의 퍼포먼스가 더 좋았던 것이다. 배당주 투자가 일반 주식 투자보다 낫다는 것을 증명한 셈이다.

미국 투자회사 달튼인베스트먼트가 2019년 2월에 국민연금, 정부 등에 송부한 자료에 따르면, 2012년 1월부터 2018년 12월까지 증시 선진국 대부분은 7년간 주가 상승률 못지않게 배당 차익이 컸다. 미국의 경우 7년간 투자자 이익률이 130%였는데, 이 가운데 주가 상승률이 99%였고 배당 수익률이 31%였다. 그나마 이는 미국의 주가 상승률이 월등히 높았기 때문이고 배당 수익이 주가 상승보다 큰 국가도 많았다. 홍콩은 배당 수익률이 41%, 주가 상승률이 40%였고, 호주는 무려 배당 수익률이 72%, 주가 상승률이 39%로 나왔다. 영국도 배당 수익률이 37%, 주가 상승률이 21%였고 대만도 배당 수익률이 39%, 주가 상승률이 38%였다. 말레이시아, 싱가포르 등 다른 주요국 중 절반 이상 국가에서 배당 수익률이 주가 상승률보다 높게 나타났다. 달튼인베스트먼트는 이 자료를 근거로 국민연금에 '기업들에 더 많은 배당을 요구하라'고 요구했다.

물론 다음과 같이 반박하는 사람도 있을 것이다.

"아니, 전체 코스피지수에 투자하는 것이 바보 아니야? 당연히 주가가 쭉쭉 잘 오르는 스몰캡(중소형주)에 투자해야지. 코스피지수에 배당 안 하는 저성장 대기업이 많이 속해 있으니까 그렇지."

이는 맞는 말이기는 하다. 하지만 잘 오르는 소형주를 잡는다는 건 그만큼 어려운 일이다. 이것이 어렵기 때문에 필자나 다른 주식 전문가들이 배당주에 투자하라고 독려하는 것이다.

그렇다고 코스닥지수가 잘 오르는 것도 아니다. 솔직히 코스닥시장은 돈 벌기 어려운 시장임이 입증된 것과 다름없다. 우리나라 코스닥지수는 1999년 지수를 처음 집계한 이후로 따지면 아직도 마이너스다. 가깝게는 2018년과 비교해도 많이 내렸다. 2018년 1월 932포인트였던 코스닥지수는 2019년 8월 5일 540포인트까지 추락했다. 지수가 이런 상황인데 쭉쭉 오르는 중소형주를 발굴한다고? 물론 가능한 사람이야 있겠지만 대부분은 실패한다. 마이크 타이슨이나 추성훈과 싸워 이기면 당연히 명성이 높아진다. 하지만 그런 만큼 이들과 붙어 이길 확률은 높지 않다. 우리는 되도록 이길 수 있는 사람하고만 싸워야 한다. 《손자병법》에서 소개되는 제1원칙이 '이길 수 있을 때 싸우고, 질 것 같으면 도망친다'이다. 본인의 실력을 정확히 파악하고, 승산이 낮다 싶으면 무조건 만만한 배당주에 싸움을 걸어야 한다.

기업보다 산업을 먼저 봐라

원래는 이번 장에서 '좋은 배당주 고르는 법'에 대해 다뤄보려고 했으나 아무래도 산업 얘기부터 해야 할 것 같아 순서를 바꿨다. 아무리 좋은 배당주여도 산업 사이클이 내리막길이라면 당장 편입할 필요가 없기 때문이다. 5% 배당받자고 주가 하락 20%를 감내할 수는 없다.

축구선수 유망주를 뽑을 때조차 기본적으로는 잘하는 팀에 가서 발굴한다. 물론 진주는 흙무더기 속에 있을 가능성이 훨씬 높으나 스카우트팀이 수천 명으로 구성돼 있지 않은 이상 좋은 유망주를 속속들이 찾기는 어렵다. 이론적으로는 중국인 1억 명 중 1명만 축구 천재여도 중국팀이 세계에서 축구를 가장 잘해야 한다. 하지만 현실은 그렇지 않다. 우리 또한 무수히 많은 유망주가 있겠으나 일단은 실적이 입증되어야 한다. 마찬가지로 어느 정도 사이즈가 되는 업종 내에서 좋은 종목을 찾아야 한다.

정유업체인 S-Oil(이하 '에쓰오일')은 기본적으로 훌륭한 배당주다. 2016년 7월에 주당 500원을 중간 배당했고, 이듬해인 2017년 3월 10일에 주당 5,700원을 배당했다. 당시 배당 수익률이 중간 배당은 0.6%, 연말 배당은 6.7%를 기록했다. 우선주는 중간 배당 때 1%, 연말 배당 때 10%를 받았다. 2017년에도 연중에는 1,200원(배당 수익률 1.3%), 연말에는 4,700원(배당 수익률 3.8%)을 받았다. 참고로 중간 배당이란 연말이 아닌 6월 30일을 기준으로 시즌 중간에 배당하는 것을 말한다. 예전에는 배당이라고 하면 연말에 받는 경우가 많았는데 최근엔 중간 배당이 점차 늘어나는 추세다. 코웨이나 삼성전자처럼 매 분기 말(3월 말, 6월 말, 9월 말, 12월 말) 배당을 실시하는 기업도 있다. 심지어 미국에는 매월 말, 즉 열두 달 내내 배당을 하는 종목도 많다.

다시 에쓰오일 얘기로 돌아가자. 에쓰오일은 2018년 연중에 다시 600원(배당 수익률 0.5%)을 배당했다. 그리고 사고가 터진 것이 바로 그다음이다.

앞에서 잠깐 배당락에 대해 설명했다. 배당을 받는 기준일자가 지나면 어느 정도 실망감 섞인 매물이 나올 수밖에 없어 주가가 떨어진다고 설명했다. 에쓰오일 또한 통상적인 고배당주였기 때문에 2018년 말 배당락이 찾아왔다. 2018년 12월 27일 2.42% 하락했고, 28일에도 3.27% 떨어졌다.

그런데 3개월 뒤인 2019년 3월 7일 충격적인 소식이 찾아왔다.

에쓰오일이 지난해 실적 부진으로 배당을 대폭 줄이겠다고 일방적으로 발표한 것이다. 에쓰오일은 4분기 적자를 낸 데 이어 2019년에도 적자를 낼 것이라면서 배당을 대폭 삭감했다. 나중에 보니 실제로 에쓰오일은 2019년 상반기에도 수천억 원 적자를 냈다. 당시 에쓰오일은 고작 주당 150원, 배당 수익률로 따지면 0.1%에 불과한 금액만 지급하겠다고 했다. 주가는 당연히 요동쳤다. 그날 2.86% 하락했고, 다음 날에는 5.59%, 그다음 거래일인 3월 11일에는 4.05% 하락했다.

에쓰오일은 좋은 배당주 종목이 맞다. 하지만 적자 나는데 땅 파서 배당을 마냥 많이 지급할 수는 없었던 것이다. 산업 영역이 사이클 산업이라면 배당주로는 사실 알맞지 않다는 것을 다시 한 번 증명했다. 아무리 그래도 에쓰오일이 좀 심했기는 했다. 다른 정유주로 갈아타라는 증권사 리포트가 나올 정도였다. 당시 전우제 흥국증권 연구원은 "에쓰오일의 이번 배당 결정은 장기 배당 정책 변경 가능성을 의미한다. 정유주 투자에 관심이 있다면 꾸준한 배당 지급이 예상되는 SK이노베이션, GS, 현대중공업지주 등을 추천한다"라고 했다.

우리나라의 문제는 죄다 사이클 산업이라는 것

사이클이 긴 산업은 사실 업황이 개선될 때 올라타면 많은 수익을 안겨준다. 예를 들만한 기업도 무궁무진하다. 2020년 현재는 문제아 중의 문제아로 취급받는 현대상선을 한번 살펴볼까?

현대상선은 2003년만 해도 주가가 1,065원일 때가 있었다. 현대차그룹하고의 계열 분리 후유증에다 빅딜(현대전자가 LG전자의 반도체 사업을 인수해 하이닉스로 태어났다) 후유증, 해운업황 부진, 오너(고 정몽헌 회장)의 극단적인 선택, 대북 이슈 등이 맞물려 현대그룹 자체가 고전할 때였다. 그래도 고난의 시기는 잠시였고 갑작스레 훈풍이 불기 시작했다. 당시 중국 경기가 급속도로 좋아지면서 해운업은 가파른 성장을 시작했다. 1,000원이었던 주가가 4년만인 2007년 5월 한때는 6만 원을 넘었다. 한 전직 해운업 담당 애널리스트는 그때를 다음과 같이 회고했다.

"그때는 컨테이너 박스가 모자랐어요. 컨테이너 박스를 생산하는 속도보다 소비하는 속도가 빨랐습니다. 전국에 버려진 컨테이너 박스를 찾아 헤매는 팀도 있었습니다. 물동량이 엄청났던 시절이었죠."

2010~2011년에는 차화정 열풍이 분 적이 있다. 자동차와 화학, 정유업종이 동반 급등한 것이다. 이 산업들은(자동차는 조금 애매하긴 하지만) 큰 틀에서는 모두 사이클 산업에 속한다. 잘될 때 확확 오르고, 내릴 때는 완전히 도망쳐야 마땅한 업종이다. 사이클 산업은 참 화끈하지만, 그런 만큼 리스키(Risky)하다. 하루는 1,000만 원 벌고 하루는 손님이 한 테이블도 오지 않는 식당이 낫겠는가, 아니면 매일 100만 원씩 안정적으로 버는 식당이 낫겠는가? 당연히 후자다. 우리는 저변동성을 좋아한다. 인간인 이상 어쩔 수 없다.

그런데 안타깝게도 우리나라는 대부분 산업이 사이클이다. 반도체도 그렇고, 조선과 철강, 화학, 정유, 해운 등 수십 년간 대한민국 주식 시장에서 시가총액 상위권을 차지한 기업들이 모두 이렇다. 도무지 안정적인 맛이 없다.

로우볼(저변동성)이 뜨는 이유

현재는 우리나라 전문가들도 많이 주목하지만, 그래도 선진국에서는 진작부터 중요하게 생각한 것이 바로 로우볼이다. 로우볼이란 낮은 변동성(Low Volatility)의 줄임말로 증시의 변동성이 심할 때 상대적으로 주가 변동성이 낮은 종목을 중심으로 분산 투자하는 전략이 낫다는 의미다. 로우볼과 가치 투자(상대적으로 자산을 많이 가지고 있는 기업), 배당주는 이른바 증시가 급변할 때 안전판 역할을 하는 종목군으로 각광받는다.

고경범 유안타증권 애널리스트는 2019년 9월에 발간한 보고서에서 다음과 같은 견해를 밝혔다.

그동안 배당주 접근에서 가장 민감하게 고려하던 요소는 배당 수익률이었다. 고배당주 스크린은 통용된 접근법이지만 좋은 배당주를 고를 때 추가적으로 감안되어야 할 부분은 저변동성이라고 생각한다. 배당 수익률은 높지만 경기 민감주 성격이 강해 높은 주가 변동성으로 인컴(Income, 배당) 투자의 실효성을 제한하는 종목도 적지 않다. 최근 국내에서도 고배당과 로우볼 팩터를 결합한 ETF가 증가하고 있는 점도 이러한 단점을 보완하는 노력으로 사료된다.

뒤에서 다시 얘기하겠지만 필자는 산업 업황을 속속 파악할 수 없는 대부분의 투자자라면 에쓰오일 같은 종목은 과감히 넘기는 것이 낫다고 본다. 아무리 배당을 많이 준다고 해도 주가가 획획 바뀌면 애초 배당주 투자를 선택한 이유가 훼손되기 때문이다.

우리나라는 IT 산업 비중이 40%가량 된다. 미국은 기술주 천국인 나라인데도 이 비율이 10%대에 그친다. 우리나라 주요 산업이 IT인데, IT를 왜 안 하겠는가? 너무 어려워서 못하는 것뿐이다. IT 회사에서 근무하거나 업황을 속속들이 들여다볼 수 있는 시간이 있는 투자자가 아닌 이상, 되도록 안정적인 업군 중심으로 투자종목을 찾아보길 권한다.

필자는 이 때문에 리츠와 금융(은행), 통신 등의 배당주 구성을 추천한다. 포트폴리오 다변화 차원에서 다른 종목도 언급은 하겠지만 기본적으로는 리츠와 금융, 통신으로 구성하기를 권한다. 여기에다 방금 앞에서 소개한 고경범 애널리스트의 얘기대로 저변동성을 접목시킨 ETF, 혹은 고배당주만 집중 발굴하는 ETF, 배당주이면서도 성장하는 기업인 배당 성장주 위주의 ETF 등을 함께 추천한다. 종목 추천은 뒤에서 다시 거론하겠다.

저변동 배당주의 편안함

미국에 VIX지수(Volatility Index)가 있다. 시카고옵션거래소에 상장된 S&P500지수 옵션의 향후 30일간 변동성에 대한 시장의 기대를 나타내는 지수다. 보통 증시와 반대로 움직이기 때문에 공포지수라고도 불린다. 지수와 정반대로 움직이는 인버스와는 개념이 조금 다르다. VIX가 15라면, 향후 한 달간 S&P500이 15% 안팎에서 움직일 것으로 예상된다는 의미다. 급락하면 당연히 변동 폭이 커질 것이기 때문에 오르는 것뿐이다. 만약 VIX가 15에서 30으로 2배 뛰었다면(미국에서는 흔한 일이다) 다음 달 S&P500이 무려 30% 내에서 급변동할 것으로 우려하는 투자자가 늘었다는 의미로 해석하면 된다.

그렇다면 VIX는 왜 생겼을까? 배경은 그 유명한 블랙먼데이에서 찾아야 한다. 1987년 10월 19일, 단 하루 동안 지수가 20% 급락하는 일이 발생하면서 투자자들은 변동성을 대단히 중요한 의사 결정 요소로 인정해야 한다고 생각하기 시작했다. 사실 블랙먼데이가 유명한 이유는 왜 이렇게 떨어지는지 아무도 몰랐기 때문이다. 누군가가 주식을 던졌는데 '나만 모르는' 무슨 일이 벌어지고 있다는 두려움 때문에 동반 투매에 나섰다. 이 때문에 투자자들은 변동성 자체를 하나의 상품으로 만들어 헤지해야 한다는 필요성을 인지했다. 그리고 6년 후인 1993년, 미국 듀크 대학의 로버트 E. 웨일리 교수가 VIX를 만드는 데 성공했다.

군이 변동성의 역사를 설명한 이유는 그만큼 인간이 변동성에 취약하다는 점을 말하기 위해서다. 필자는 아무리 기대 수익률이 높다고 해도 고변동 주식은 사지 못 한다. 아니, 살 수는 있더라도 목돈을 넣을 수는 없다. 하루에 10% 이상 급변동하는 주식을 수천만 원어치 사놓는다면 아마 점심도 제대로 못 먹고 밤잠을 설칠 것이다. 독자들 중에도 그런 분이 많지 않을까 싶다.

배당은 닻

배당은 닻이다. 흔들리는 배를 튼튼하게 붙들어주는 닻이다. 건설사인 대림산업은 2008년 글로벌 금융위기 전에 20만 7,500원이었던 주가가 금융위기 당시에는 2만 4,700원까지 떨어졌다. 무려 90% 가까운 시총이 날아간 것이다. 하지만 고배당 통신주인 KT는 금융위기 전 최고가가 5만 7,000원이었고 금융위기 당시 2만 7,000원대까지 떨어지긴 했지만 다음 달인 2008년 11월에는 그래도 3만 7,000원대를 회복했다. KT는 그해 말, 주당 1,120원을 배당했다. 물론 KT 또한 글로벌 금융위기 한복판에서는 세계 경제가 어떻게 될지 몰라 보수적일 수밖에 없어서 배당 규모를 당초 기대치보다는 조금 줄이기는 했지만 그래도 2만 7,000원에 주식을 샀다면 4.15%의 배당을 받을 수 있었다. 배당주는 무슨 일이 터지더라도 투자자들이 '그래, 배당이 있잖아'라면서 버틸 수 있다.

여기에다 저변동성을 갖추면 이루 말할 수 없이 좋다. 업황이 업앤 다운이 심하지 않은 기업이라면, 설령 밖에서 무슨 일이 터지더라도 안심할 수 있다. 사람들이 하루아침에 먹던 것을 끊고 하던 것을 멈추지는 않으니 말이다.

KT&G도 이런 경우다. KT&G는 2008년 9월, 글로벌 금융위기가 터지기 직전 기록한 최고가가 9만 8,000원이다. 그리고 10월 한때 6만 9,400원까지 떨어지기는 했다. 하지만 곧바로 반등을 시작했고 11월에는 8만 9,000원을 되찾았다. 그리고 연말에 주당 2,800원을 배당했다. 이때 배당 수익률은 3.36%다.

물론 배당 수익률이 아주 높지는 않고, 주가가 배당 수익 이상으로 빠진 것은 맞다. 하지만 당시는 자본주의 역사상 미국이 가장 크게 휘청거렸던 글로벌 금융위기가 아닌가? 이런 대규모 사태는 대부분 잘 오지 않는다. 배당주 투자자들은 극단적인 상황에서도 그나마 버틸 수 있었다는 점을 강조하고 싶을 뿐이다.

필자는 가족들에게 자주 겁쟁이라고 놀림을 받는다. 맞다. 필자는 겁쟁이다. 하지만 겁쟁이도 할 수 있는 것이 배당주 투자다. HTS를 들여다보면서 자주 한숨을 쉬고 얼굴이 어두워지고 싶지 않다면 배당주를 추천한다. 배당주로만 포트폴리오를 구성하고 있는 필자는 종목 주가도 잘 확인하지 않는다.

의외로 제일 중요한 것이 오너 성향

신용보증기금 전(前) 이사장이었던 금융권 인사는 필자에게 "제가 신보에 있는 동안 가장 중요하게 본 지표가 뭐였는지 아십니까?"라는 질문을 던졌다.

신보는 주업무가 보증이다. 기업이 은행에서 대출을 받을 때, 신용 능력이 부족할 때 보증을 서주는 기관이 신보다. 기술력을 기반으로 보증을 서주는 곳이 기술보증기금이고, 신용도만 보고 보증을 서주는 곳이 신보. 신보나 기보나 결국에는 중소기업에 사실상 자금을 공급하는 업무를 하는 곳이라고 이해하면 된다.

다시 원래 얘기로 돌아가자. 필자는 "글쎄요…. 기업 실적이랑 순이익, 자산, 기술력 등등을 다 보지 않으세요?"라고 답했다. 그는 아니라면서 다음과 같이 말했다.

"대표이사 관상을 제일 많이 봅니다. 데이터는 사실 별로 중요하지 않더라고요. 책임감 있는 성격인지, 사기 칠 사람은 아닌지를 봅니다. 제가 그거 때문에 관상까지 공부했어요."

그러면서 그는 다시 물었다. "결과가 어떻게 나왔을 것 같아요?"라고.

이번에는 답변이 좀 궁금해서 어땠느냐고 물었더니 다음과 같이 답했다.

"사실 데이터를 전혀 보지 않았을 때하고 연체율은 똑같이 나옵니다. 우리 주변 사람들도 그렇잖아요. 돈 많다고 빚 잘 갚는 것이 아닙니다. 그런 반면에 다 망해가면서도 빚은 갚고 죽으려고 하는 사람들도 있어요."

배당도 신용이다

배당을 꾸준히 하는 '배당 성향'을 빚 갚는 것과 동일 선상에서 바라봐도 되는지는 약간 애매할 수 있지만, 사실 하던 배당을 갑자기 끊는 것도 투자자 입장에서는 빌려줬던 돈을 못 받은 것만큼의 충격을 안겨준다. 배당에 있어서도 가장 중요한 것이 오너(CEO)의 성향인 셈이다.

앞에서 사례로 언급한 에쓰오일이 갑자기 배당을 줄였던 것을 '배당 쇼크'라 부르는 것도 이와 무관치 않다. 추석 상여금이나 명절 성과급을 잘 챙겨주던 대표이사가 어느 날 갑자기 끊어버리면 직원들은 동요할 수밖에 없다. 우리는 항상 과거 데이터를 활용해 앞으로도 기대를 한다. 이런 기대를 합리적 기대감이라고 할 수 있을 것이다.

"돈을 벌면 배당하지만, 못 버는데 어떡하느냐?"라고 하는 경영진이 많다. "빚을 내서 배당하라는 얘기냐?"라고 되묻곤 한다. 물론 맞는 얘기다. 아니, 맞는 얘기일 수도 있다. 하지만 투자자 입장에서는 상심하는 것이 당연하다. 줄 것이라고 믿어왔는데 안 준 것은 성과급을 안 주는 것이든, 월급을 안 주는 것이든, 배당을 안 주는 것이든 똑같기 때문이다. "돈을 벌면 월급을 주지만, 못 버는데 어떡하느냐?", "돈을 벌면 생활비를 주겠지만, 못 버는데 어떡하느냐?"와 같은 얘기일 수 있다. 배당주라고 알려졌기 때문에 주가에도 분명 프리미엄이 반영돼 있을 텐데 하루아침에 끊어버리는 것이 맞을까? 사람마다 생각이 다 다르겠지만 필자 또한 무책임하게 끊어버리는 것은 다소 문제의 소지가 있다고 본다. 뭐든 충격을 줄 때는 연착륙할 수 있게 해야 한다.

그런 면에서 배당을 바라보는 측면이 다소 느슨한 경영진은 피하는 것이 좋다고 생각한다. 갑자기 배당을 줄이는 것도 문제지만, 반대로 뜬금없이 배당을 화끈하게 지급하는 기업도 좋지 않은 건 마찬가지다. 많이 벌었다는 이유로 덜컥 일회성 배당을 하면 투자자들은 서프라이즈 파티처럼 느끼겠지만, 이 또한 전체적으로 보면 불확실성 요인이다. 배당을 주는지 모르고 실제 배당 기준일(배당락일 전날) 전날에 매도한 투자자도 있었을 것이기 때문이다. 그 투자자 입장에서는 '배당을 할 것이라고 예고했다면 안 팔았을 텐데…. 다시는 그 기업 주식 안 살 거야!'라고 분노할지도 모를 일이다. 나쁜 쪽으로든 좋은 쪽으로든 배당은 어느 정도 예상이 가능해야 한다.

배당 이벤트가 예고된 기업을 찾아라

하지만 깜짝 배당을 노리는 전략은 가능하다. 깜짝 배당을 할 기업을 미리 찾아서 선점할 수 있다면 배당을 받는 시점에는 꽤 쏠쏠한 수익을 얻을 것이다. 앞에서 말한 대로 남들은 배당을 받을지 모르고 비교적 싸게 매도할 수 있기 때문이다. 배당 기준일이 다가오면 주가가 오르고 배당 수익까지 덤으로 얻을 수 있을지도 모를 일이다. 깜짝 배당이 가능한 기업의 이슈는 다음과 같다.

① **대주주의 승계 이슈가 있는 주식** 2019년 상반기 재계의 큰 화제 중 하나는 조양호 한진그룹 회장의 갑작스러운 사망 소식이었다. 사망 당시 70세였는데, 요즘에는 '인생은 60부터'라는 말이 있을 정도로 장수 사회이기 때문에 충격이 컸다.

특히 당시 한진그룹은 KCGI라는 경영 참여형 사모펀드와 경영권 분쟁 중이었다. 한진그룹 지주회사인 한진칼은 당시 2만 원대였던 주가가 조 회장 사망 소식이 전해짐과 동시에 급등하기 시작해 최고 4만 9,800원(4월 15일 기록)까지 상승했다. 한진칼의 취약한 지배구조 때문에 회사를 빼앗길지도 모른다는 우려, 혹은 회사를 지키기 위해서는 주식을 더 사야 한다는 기대감이 반영되면서 한진칼 주가가 고공행진을 한 것이다. 당시 조양호 회장 지분율은 17.84%에 불과했다. 반면 KCGI 지분율은 13.47%였다(그 이후로 더 매수해 2019년 12월 기준으로 17.29% 보유). 또 조양호 회장의 장남인 조원태 당시 대한항공 사장(아버지 사망 후 회장으로 올라섰다) 지분율은 2.34%에 불과했고, 누나와 여동생인 조현아 전 부사장과 조현민 전무는 각각 2.31%, 2.30%를 들고 있었다. 정확히 말하면 삼 남매 또한 주식이 별로 없는 바람에 '한진그룹을 지키려면 삼 남매도 주식을 더 사야 하지 않겠느냐?'는 관측이 나오면서 한진칼 주가가 연일 급등한 것이다. 어쩌면 KCGI가 아예 회사를 빼앗을 목적으로 더 많은 주식을 매입할지 모른다는 기대도 있었다.

이런 복잡한 상황이라 삼 남매는 아버지의 상속 재산에 대한 상속세를 마련하는 것도 만만치 않을 것으로 보인다. 기업을 지키는 일만 해도 버거운 것이 현실이다. 상속세는 사망 2개월 전~사망 2개월 후까지 평균 주가를 기준으로 산출된다. 한진그룹 삼 남매의 경우 4월 8일 조 회장 사망일 당시만 해도 2,000억 원으로 예상됐던 상속세가 가파른 주가 상승으로 2,600억 원까지 불어났다.

참고로 삼 남매 이슈는 현재 진행형이다. 2020년 1월 장녀인 조현아 전 대한항공 부사장이 남동생인 조원태 회장에게 칼을 들이밀었기 때문이다. 그 외에도 미국 델타항공의 지분 매입, 반도건설의 지분 취득, 카카오의 지분 취득, 타임폴리오자산운용의 지분 취득 등 복잡한 사정이 많다. 하지만 이 얘기들은 현재 진행 중이기도 하고 본문에서 담고자 하는 얘기는 아니어서 다시 상속 이야기로 돌아가도록 하겠다.

삼 남매는 어떻게 상속세를 마련해야 할까? 가장 첫손에 꼽히는 것이 배당이다. 이제는 과거처럼 계열사 지분을 오너 자제들에게 몰아주고 일감을 던지는 식으로 편법 증여할 수 없는 시대가 됐다. 실제로 한진그룹도 원래 기내 면세품 판매업체인 싸이버스카이를 통해 삼 남매의 부를 늘릴 계획이었으나 '땅콩 갑질', '물컵 갑질' 등이 이슈가 되면서 정치권과 정부, 언론의 표적이 되는 바람에 실패로 돌아갔다. 싸이버스카이는 삼 남매가 지분 33.33%씩 나눠 갖고 있는 기업으로, 면세품을 받아 대한항공에 재판매하는 식으로 앉은 자리에서 5~15%의 수수료를 떼던 기업이다. 하지만 언론에서 이슈가 되면서 이 작업을 더는 하지 못하게 됐고, 결국 싸이버스카이는 대한항공이 지분 100%를 사들였다. 한진그룹은 이제 배당을 통한 정공법으로만 상속세를 마련해야 하는 상황이다.

한진칼이나 대한항공, 한진 등의 계열사가 모두 배당 규모를 늘릴 것으로 보이는데 필자가 주목하는 기업은 그 밑에 있는 기업이다. 필자는 한국공항이라는 대한항공 자회사에 주목하고 있다.

한국공항은 대한항공이 지분 59%를 가지고 있는 계열사로 삼 남매가 직접 지분을 갖고 있지는 않다. 하지만 한진칼과 대한항공이 많은 배당을 하려면 그 밑에서부터 배당 성향을 늘려야 하기 때문에 관심 두고 지켜보고 있다.

한국공항은 항공기 급유 등을 하는 기업으로, 2020년 1월 기준으로 시가총액이 1,200억 원 정도이지만 보유 현금이 1,000억 원에 가깝다. 또 제주도 민속촌 부지 공시지가만 350억 원인데 실제 가치는 이보다 훨씬 많을 것으로 보인다. 상속세 재원 마련을 위해 제주도 민속촌 부지를 팔지 않겠느냐는 것이 필자의 생각이다. 또 한국공항은 시가총액 1,200억 원 회사인 데도 임원만 20명이었고 고 조양호 회장이 연봉으로 23억 원을 가져갔으며 재단 기부금으로만 매년

20억 원을 내고 있다. 이런저런 비용을 줄이기만 해도 배당이 확 늘어날 수 있는 구조다. 특히 2018년 말 기준으로 주당 1,000원을 배당했는데 당시 주가 기준으로 배당 수익률은 2.4%다. 이 또한 전년 대비 배당이 2배로 늘어난 수준이다. 배당 성향이 매해 가파르게 오를 수 있는 것이다. 최근 5년 연속 매출이 늘고 있기도 하다.

이런 식으로 '내가 조원태 회장이라면 어떻게 돈을 마련할 것인가?'라고 고민하면, 좋은 종목을 발굴할 수 있다. 참고로 이 책이 출간될 즈음이면 한국공항이 얼마나 배당할지 윤곽이 나올지도 모르겠다. 전례를 보면 한진그룹 계열사들은 3월쯤 배당 규모를 발표한다. 이 책을 읽는 독자라면 한국공항을 매수해도 괜찮지 않을까 하는 생각이다. 물론 배당 기준일인 2019년 말이 지났기 때문에 직접 배당을 받지는 못한다.

② 대주주가 주식담보대출을 받은 경우 우리나라는 기업이 의사 결정을 할 때 최우선으로 고려하는 것이 대주주(오너 일가)다. 다른 선진국이었으면 배임 이슈에 휘말렸을 일이 우리나라에서는 비교적 흔하게 발생한다. 범법의식이 옅은 측면도 있겠지만 기본적으로 우리나라는 가업 승계가 어려운 편이다. 상속세, 증여세가 많아서 너도나도 편법을 꾸민다. 사업가는 어떻게든 기업을 물려주려고 하는데 그런 측면에서는 동정론도 조금 있어서 너도나도 사실상 불법에 가까운 일을 자행하곤 한다. 그러다가 2010년대 이후로는 많은 문제가 파생했지만 말이다. 필자는 기본적으로는 증여세 등 세금을 깎아줘 '부의 이전'이 일어나야 실물 경제에 활력이 돈다는 입장이다.

일본 경제학자인 모타니 고스케는《일본 디플레이션의 진실》에서 자산이 고령자(80~100세)에서 고령자(50~70세)로만 상속되다 보니 일본의 목 좋은 부동산이 개발되지 않고 방치되는 경우가 너무 많다고 지적했다.

우리나라는 가업을 꼭 물려줘야 한다는 사업가가 많은 상황에서 세금 구조는 비교적 빡빡하므로 기업 지배구조 재편이 활발하다. 그리고 이 과정에서 수혜주, 혹은 배당 유망주가 탄생하곤 한다.

효성은 2018년 상반기에 지주회사체제로 전환했다. 원래는 효성이라는 회사 한 곳이었지만 지주회사 효성과 효성중공업, 효성첨단소재, 효성화학, 효성티앤씨 등 전체 5개 회사로 쪼개졌다. 지주회사체제로 변경하는 과정(인적분할)에서 보유 중이던 자사주를 통해 최대 주주이자 후계자(조현준 회장)의 지분율은 14%에서 22%로 대폭 높아졌다. 지주회사체제로 전환하는 것만으로 최대 주주 지분율을 높이는 것을 전문가들은 흔히 '인적분할의 마법'이라고 부른다. 이런 마법과 같은 효과가 발생하는 과정은 분량이나 성격상 이 책에서는 설명하기 쉽지 않지만 주식 투자자라면 반드시 공부해야 하는 내용이라고 본다. 관련된 기사를 읽고 싶다면 네이버에서 '인적분할+마법'으로 검색하면 된다.

효성그룹의 후계자 조현준 회장은 지분율을 높여야 했으며 이 과정에서 주식담보대출도 받았다. 지주회사 지분율이 높아야 안정적인 지배구조가 가능할 것이기 때문이다. 그런데 문제는 효성이 5개 회사로 쪼개지는 과정에서 주가가 급락했다는 점이었다. 효성은 회사를 5개로 쪼개면서 시가총액이 분할 전 4조 7,050억 원에서 분할 후 2조 원대로 대폭 감소했다. 시가총액이 왜 감소했을까? 효성이라는 기업이 원래는 거대해서 상당히 많은 ETF 추종 자금이 있었는데, 분할로 인해 효성이 아주 작은 기업이 되는 바람에(5개로 쪼갰으니 굳이 설명을 덧붙이진 않겠다) 이 자금이 한꺼번에 탈출하면서 빚어진 사건이었다. 4조 원대 대기업이 갑자기 5,000억 원짜리 회사가 되면서 지수와 복제돼 움직이는 패시브 펀드는 기업이 작아진 만큼 주식을 팔았고 패시브 펀드의 이탈을 염려한 다른 기관 투자자들도 동반 투매에 나섰다. 이탈 그 자체도 뼈아픈데 이탈을 염두에 둔 기관의 매도 공세로 한 차례 더 충격을 받은 것이다. 서로 매물을 쏟아내면서 수급이 완전히 꼬였다. 패시브 펀드 시장이 액티브 펀드(펀드매니저의 재량으로 매매하는 펀드)보다 훨씬 커지면서 나오는 일종의 부작용인데 이런 상황 때문에 조현준 회장은 '아오, 빚을 잔뜩 내서 주식을 샀는데 주가는 하락하고 힘들어 죽겠네. 배당이라도 많이 받아야겠다'라고 생각한 듯하다(물론 필자의 추측이다).

효성은 원래 배당주이긴 했다. 2017~2018년 주당 5,000원씩 배당했다. 당시 주가를 기준으로 보면 배당 수익률은 3.4% 선이다. 그런데 2018년 하반기 지주회사체제 전환 완료 후에는 완벽한 고배당주가 됐다. 효성은 2018년 10월 한때 3만 5,850원까지 하락했는데 이날 장 종료 직전에 갑자기 주당 5,000원을 배당하겠다고 발표했다. 3만 5,850원의 주가로 계산하면 무려 배당 수익률이 13.95%에 이른다. 이 발표가 나오면서 효성은 12월 초 단숨에 6만 원 선까지 급반등했다. 그리고 실제로 2019년 2월에 주당 5,000원이 배당됐다. 당시 발표된 배당 수익률은 8.4%였다. 효성은 2019년 말 기준으로도 똑같은 수준의 배당 기조를 이어가겠다고 밝혔다. 효성은 2019년 2분기 일시적으로 적자를 기록하기도 했는데도 조현준 회장 덕에 배당 투자자들도 재미를 본 셈이다.

③ 자사주 매입을 많이 하는 기업 자사주 매입은 배당과 더불어 대표적인 주주 친화 정책 중 하나다. 배당이 주주들에게 돈(혹은 주식)을 지급하는 것이라면, 자사주 매입은 회사가 자사 주식을 사들이는 것을 말한다. 통상 외국 기업은 자사주를 매입한 뒤 소각시키지만 아직 우리나라는 소각 비율이 아주 높지는 않다. 2015~2017년 중에는 전체 매입한 자사주 12조 1,000억 원 중 7.3%인 9,000억 원만 소각됐다는 통계도 있다. 사실 매입한 주식은 소각하는 것이 맞긴 하다. 삼성전자가 삼성전자 주식을 사들인 뒤 삼성전자 주주로 활동하는 것은 여러모로 이상하니까 말이다. 여하튼 소각까지 해야만 매력적인 주가 부양 정책이기는 하다. 하루아침에 주식이 10% 줄어든다고 해보자. 이론적으로는 나머지 남아 있는 주식의 가치는 10%씩 뛰는 것이 정상이다.

자사주 매입(그리고 소각)과 배당은 성격이 전혀 다르다. 배당은 누군가의 이익으로 바뀌고 과세대상이지만, 자사주 매입은 주식 수를 줄이는 것뿐이라 자본 차익(주가 상승에 따른 차익)만 발생해 과세대상이 아닌 점 등이 배당과는 다른 점이다. 그럼에도 뚜렷한 공통점이 있는데 앞에서 말한 것처럼 둘 다 매력적인 주주 친화 정책이라는 점이다.

자본시장연구원이 2017년에 발간한 한 보고서를 보면, 미국 기업들은 1980년대 이후 배당을 줄이다가 2002년을 기점으로 다시 늘리기 시작했다고 한다. 그리고 배당과 동시에 늘어난 것이 자사주 취득이었다. 즉, 기업 입장에서는 주주를 생각하기 시작했을 때 배당뿐 아니라 자사주 매입도 동시에 검토한다는 말이다. '어라? 배당을 좀 늘렸더니 주주들이 좋아하네. 그렇다면 자사주 매입도 좀 해볼까?'라고 생각한다고 할까? 돌려서 얘기하면 아직 배당을 많이 하지 않았던 기업이라도 뜬금없이 대량으로 자사주를 매입한다면 이 기업은 조만간 배당 유망주로 등극할 가능성이 높다. 실제로 삼성전자가 이랬다.

40조 주식 태우고 배당 시작한 삼성전자 2017년 4월 27일에 삼성전자는 주주 가치 제고 차원에서 보통주 1,798만 1,686주와 우선주 322만 9,693주 등 전체 발생 주식의 13.2%에 달하는 자사주를 전량 소각하겠다고 발표했다. 발표 당시 주가를 반영하면 40조 원에 이르는 규모다. 당시 삼성전자는 앞에서 언급했던 '자사주(인적분할)의 마법'을 노리지 않을까 의심받고 있었다. 이건희 회장은 당시는 물론 2020년 현재도 의식이 없고, 아들 이재용 부회장으로 증여가 완료되지 않은 상황이기 때문이다. 의심의 눈초리가 점차 높아지고 때마침 삼성바이오로직스 사태, 박근혜 정부와 오너 간의 밀착 등이 이슈가 되면서 삼성전자는 파격적으로 주식을 모두 불태워버리겠다고 선언했다.

자사주 소각 이후 나온 정책이 바로 배당이었다. 삼성전자는 2017년 4월 27일 주주 친화 정책 발표 당시 3월 31일을 기준으로 주당 7,000원을 중간 배당하겠다고도 발표했다. 이 당시 중간 배당 수익률은 0.34%로 미미했다. 또 3개월 뒤에는 6월 30일 기준으로 7,000원(배당 수익률 0.29%)을 배당하겠다고 했고, 9월 30일 기준으로 또 7,000원(0.27%), 12월 말 기준으로는 2만 1,500원(0.9%)을 배당하겠다고 했다. 12월 연말 배당 때 2만 원이 넘는 배당을 실시함으로써 이제 삼성전자도 배당주가 됐다고 선포했고, 이듬해부터 배당 확대를 본격화했다. 2018년 들어서는 1분기 말 기준 분기 배당액이 1만 7,700원, 2분기 말 기준 354원(액면 분할 전 주가 기준으로 1만 7,700원)으로 대폭 뛰었다.

삼성전자는 그 이후로도 배당을 대폭 높이지 않겠느냐는 기대를 받아왔는데 아쉽게도 현실화되지 못했다. 삼성전자는 2019년 실적 발표회장에서 "반도체 부진으로 경영 환경이 좋지 않아 당분간 배당 등을 대폭 확대하기는 어렵다"라고 했다.

배당 유망주는 계속 나오고 있다. 2019년 10월에는 SK그룹의 지주회사인 SK가 갑작스럽게 7,000억 원의 자사주를 매입하겠다고 발표했다. SK그룹 또한 아직 지배구조 개편이 끝나지 않은 상황이기 때문에 이 7,000억 원 규모의 자사주가 어떻게 활용될지 윤곽이 드러나지는 않은 분위기다. 하지만 기존 다른 대기업들의 사례를 보면 자사주 매입이 있던 직후에는 꼭 배당이 나오곤 했다. 기존 주주를 버리면서까지 최대 주주 이익 극대화를 노릴 수는 없다(요즘

같은 때에는 가능하지도 않다). SK의 추가적인 주주 친화 정책이 기대되는 이유다.

④ **사모펀드가 최대 주주인 기업** 사모펀드가 최대 주주인 기업은 배당 성향이 높을 수밖에 없다. 사모펀드의 목적 자체가 돈을 버는 것이기 때문이다.

ING생명이 신한금융지주로 인수된다고 처음 소문이 나온 것은 2018년 8월이다. 당시 ING생명은 최대 주주가 사모펀드인 MBK파트너스였는데, MBK파트너스는 조만간 ING생명을 매각할 것이라고 공식적으로 밝히고 있었다. 그리고 인수 유력 후보로 떠오른 것이 신한금융지주였다. 2018년 8월 13일, ING생명은 신한금융지주로의 피인수 우려감 때문에 장중 한때 15.59% 급락했고 종가도 10% 넘게 급락했다.

아니, 잠깐! 신한금융지주는 우리나라 금융지주회사 중에 가장 큰 곳이 아닌가? ING생명이 신한금융지주로 매각된다는 것이 주가가 10% 넘게 하락할 정도로 악재인 이유는 무엇일까?

바로 배당 성향 때문이다. 현재는 MBK파트너스가 최대 주주여서 고배당 기조가 유지되고 있는데 최대 주주가 바뀌면 배당을 대폭 줄이지 않겠느냐고 투자자들이 우려한 것이다. ING생명은 매해 두 번씩 배당을 실시하는데 2018년을 기준으로 보면 연초에 1,700원 (배당 수익률 3.1%), 연중에 1,000원(배당 수익률 2.37%)을 배당했다.

다행히 신한금융지주는 ING생명의 배당 정책을 하루아침에 바꾸지 않았다. 바뀐 것은 이름뿐이었다(사명을 오렌지라이프로 변경했다). 오렌지라이프는 2019년에도 2월 11일에 전년 말 주주들을 기준으로 주당 1,600원(배당 수익률 5.5%)을 배당하겠다고 했다. 투자자들은 당연히 환호했다. 당시 장효선 삼성증권 애널리스트는 '기존의 자본 정책(배당 정책)을 유지하고 이를 통해 소액 주주 가치를 보호하겠다고 대주주가 의지를 표명했다. 오렌지라이프는 공시를 통해 2019년에도 배당 정책이 유지될 것이며 이러한 방침이 새로운 대주주인 신한금융지주와 논의를 거친 결과라고 했다'라는 긍정적인 리포트를 발표했다. 사실 전년인 2018년 12월 31일 기준의 주주들에게 배당하는 것이기 때문에 2월 11일에 산다고 해서 배당을 받지는 못하지만, 그래도 주주들은 환호했다. 이날 오렌지라이프 주가는 14.85% 급등했다. 오렌지라이프는 합병이 결정된 2019년 말까지 계속 고배당 기조를 이어갔다. 8월에도 주당 800원(배당 수익률 2.40%)을 배당하겠다고 밝혔다(참고로 2020년 2월 현재, 오렌지라이프는 신한금융지주가 인수한 후, 신한금융지주의 100% 자회사 편입방침에 따라 상장 폐지가 됐으며 신한생명과 오렌지라이프를 합병시키는 작업이 진행 중이다).

쌍용양회도 사모펀드가 인수한 뒤 고배당주가 된 사례다. 쌍용양회는 시가 배당률이 2016년만 해도 1.13% 수준이었으나 2017년 5.56%, 2018년 5.84%로 껑충 뛰었다. 특히 2018년은 순이익이 전년 대비로는 40% 감소했지만 배당금 지출 총액은 도리어 77% 늘었다. 회사 수익이 줄어드는데 배당을 늘리는 것이 맞느냐는 지적은 받을 수 있지만, 그래도 주주 입장에서는 안정적인 배당은 분명 매력적이다.

사모펀드가 인수한 기업이 잘되는 경우가 몇 차례 반복되면서 2019년 상반기에는 사모펀드 테마가 불기도 했다. 5월 말부터 6월 중순까지 동아지질, 비즈니스온, 엔케이물산, 샘코, 우수AMS 등 다수의 회사 주인이 사모펀드로 바뀌었는데, 이 기업들은 대부분 주가가 2배 안팎으로 뛰었다.

나 혼자 잘살면 된다는 사모펀드는 조심 문제는 사모펀드가 모두 투명하고 건실하지 않다는 점이다. 2019년에는 한 장관급 정치인의 친척이 운영하는 사모펀드가 수많은 범법 행위를 저질러 문제가 됐다. 그뿐 아니라 수없이 많은 사모펀드가 불법, 혹은 회색지대를 넘나들며 활동하고 있다. 정부가 사모펀드 활성화를 위해 문턱을 낮춰주면서 시장에 활력이 도는 것은 좋은데 아무래도 문턱을 낮추는 과정에서 도덕성이 결여된 온갖 인물들이 쏟아져 들어온 영향일 것이다. 이런 이유로 사모펀드가 인수한다고 곧바로 고배당 정책이 실시될 것이라고 기대하기는 어렵다.

아직 그들끼리만 배불리 먹으려고 시도하는 사모펀드가 많다고 봐야 하는 것이 현실이다. 사모펀드 I사는 대형 사모펀드회사임에도 한국거래소 규정을 악용해 회삿돈으로 투자회사를 자진 상장 폐지시키고, 그 과정에서 소액 주주 지분을 헐값에 매수해 문제가 됐다. I사가 최대 주주였던 T사의 소액 주주들은 'I사가 제시한 지분 매입 가격이 부당하다'라고 소송을 냈는데 2019년 4월 법원이 이를 받아들여 논란이 더 커졌다.

결과적으로 사모펀드가 최대 주주라면 배당 성향 확대를 기대해 보기는 하되 전적으로 믿어서는 곤란하다. 적지 않은 사람이 감시의 눈길이 전혀 없으면 나만 배불리 먹겠다는 못된 생각을 하기 마련이다.

우선 검토해야 하는 우선주

우선주가 무엇인지 설명하려다 보니 문득 떠오르는 노래가 있다. 2019년 상반기에 꽤 유행한 배달의민족 CM송(Commercial Song) 이다. 노래는 "집밥은 먹고 싶고, 설거지는 하기 싫고"로 시작한다.

우선주는 '주식은 찍고 싶고, 의결권은 주기 싫고' 때문에 만들어졌다. 무슨 말인고 하면, 주식회사가 자금을 조달하는 방법은 크게 2가지다, 주식을 찍거나 대출을 받거나. 대출을 받는 것은 자본에 변동이 없지만 주식을 찍어내면 주식을 찍어낸 만큼 자본금이 증가한다. 쉽게 얘기해 주식을 찍어서 팔고, 그 돈이 회사에 유입되는 것이다. 전체 자본금이 늘어나며 이 때문에 부채 비율이 감소해 재무제표는 개선되기 마련이다.

기본적으로는 부채(대출)를 통한 자금 조달보다 자본(주식 발행)을 통한 자금 조달이 기업에 유리하다. 하지만 문제는 자금 조달 규모가 너무 클 때 발생한다.

주식을 많이 찍어내면 어떻게 될까? 현재 회사에 주식이 100주가 있는데 내 주식은 30주라고 해보자(이런 경우 내 지분율은 30%가 된다). 50주를 새로 발행해서 자금을 조달해야 하는데 그 50주를 내가 제일 싫어하는 갑식이가 가져간다고 해보자. 그렇게 되면 앞으로 내 회사는 갑식이 회사가 되며 나는 갑식이 명령에 따라 일해야 할지도 모른다. 종국에는 내 회사에서 내가 쫓겨날지도 모른다. 실제로 스티브 잡스가 이렇게 자신이 설립한 회사에서 쫓겨난 적이 있는데, 이 때문에 자본 시장에 친화적인 미국에서도 무의결권, 이른바 우선주 발행을 좋아한다.

물론 의결권 없는 주식을 판다고 시장에 내놓으면 의결권 있는 주식보다는 선호도가 떨어질 것이다. "응? 뭐라고? 주식 시장 제도의 꽃은 의결권 행사 아니야? 의결권 행사도 못 하는데 '회사의 주인은 주주'라고 할 수 있겠어?"라고 저항하기 마련이다. 이 때문에 생겨난 것이 바로 배당 우선 정책이다. 의결권이 없는 대신 많은 배당을 주겠다고 약속하는 것이다. 미래에셋대우가 2018년 초에 발행한 우선주인 미래에셋대우2우B의 경우 최소 배당금이 주당 120원(액면가 기준 2.4%)으로 잡혀 있다. 2019년 기준으로 주가가 4,100~4,300원 선이니 최소 배당 수익률이 3%에 가까운 셈이다. 미래에셋대우2우B는 보통주보다 무조건 더 많이 배당하게끔 되어 있다.

말 나온 김에 설명을 덧붙이자면, 참으로 특이한 우선주도 많다.

2019년 8월 9일에 상장한 CJ의 CJ4우(전환)이 이런 경우다. 이 우선주는 액면가 기준으로 2%를 우선 배당하는 조건이 붙어 있다. 여기까지는 다른 우선주와 똑같은데 이 우선주는 10년 뒤에 보통주로 전환할 수 있는 조건이 붙어 있다. 즉, 지금 사두면 배당을 더 많이 받을 수 있고 10년 뒤에는 보통주로 전환해 주요 의사 결정에 참여할 수 있는 것이다. 이런 특이한 우선주가 왜 나왔을까? 회사는 공식적으로는 이 질문에 묵묵부답하고 있지만 사실 자본 시장 전문가들은 이 상품이 CJ그룹 후계자인 이모 씨를 위해 나왔다고 생각하고 있다.

우선주는 기본적으로 보통주보다 저렴하다. 이에 대해서는 뒤에서 다시 설명할 부분인데 거래량이 적고 의결권도 없다 보니 보통주보다 싸게 거래된다. CJ4우(전환)의 경우에도 2019년 8월 당시 CJ 주식은 7~8만 원에 거래되고 있었지만 CJ4우(전환)은 5만 원에 거래됐다. 후계자 입장에서는 일단 CJ4우(전환)을 사서 배당을 잔뜩 받았다가 10년 뒤에 보통주로 전환해 회사를 물려받으면 되는 것이다. 배당도 받고 증여세도 보통주 증여 때보다 30~50% 저렴하게 낼 수 있다. 아버지가 10년만 건재하면 되는 것이다. 실제로 CJ그룹 이재현 회장은 2019년 12월 10일에 자녀들에게 각각 우선주 92만 주를 증여했다. 시장의 예측이 맞았음이 증명됐다.

이렇게 재미있는 사연이 있는 우선주는 많다. 참고로 아모레퍼시픽그룹도 2006년 이와 같은 전환우선주를 통해 승계를 수월하게 했다. 2006년 서경배 아모레퍼시픽그룹 회장이 아모레퍼시픽그룹

지주회사 전환과정에서 장녀 서민정 씨에게 전환 조건이 붙어 있는 신형우선주를 증여한 바 있다. 서민정 씨는 11년 뒤인 2017년 이 신형우선주를 보통주로 전환했고 이에 따라 지주회사인 아모레퍼시픽 지분 2.93%를 확보했다. 아모레퍼시픽그룹은 2019년 10월 10일에도 자회사 지분 확보를 명분으로 2,000억 원 규모의 전환우선주 발행을 추진했다. 아마도 이 또한 서민정 씨가 지분을 늘리는 데 활용할 가능성이 있어 보인다(이 우선주는 앞에서 다룬 실권주에서 설명한 바로 그 우선주다).

자, 일단 이렇게 우선주에 대한 설명을 마무리하고 본격적으로 우선주 투자법에 대해 알아보기로 하자.

우선주는 싸다, 그리고 배당을 많이 한다

우선주는 보통주보다 저렴하게 거래되기 마련이라고 했다. 아무리 그래도 우리나라는 그 정도가 좀 심한 편이다. 2019년 10월에 발간된 한 보고서를 보니 우리나라 시가총액 상위 30개 우선주는 보통주 대비 괴리율이 39.2%에 달했다. 미국은 보통 10% 저렴하다고 하니 우리나라 우선주는 너무 심하게 싼 편이다.

우리나라 우선주는 왜 이렇게 선호도가 낮을까? 많은 전문가에게 물어보고, 필자 혼자서 고민도 많이 했는데 결국 답은 충분하지 못한 거래량인 것 같다. 아파트를 팔 때도 서울의 아파트를 팔 때와 달리 지방의 아파트를 팔 때는 예상 매매 기간을 길게 잡아야 한다. 필자의 지인 중에 지방의 아파트를 파는 데 10년 걸린 사람이 있다.

이 지인은 앞으로 지방의 아파트는 쳐다보지도 않을 것이라면서 학을 뗀다. 거래가 붙지 않다 보니 매매가를 낮춰주긴 해야겠는데 적정가를 어떻게 잡아야 하는지 애매했고 결국 낮추고 낮추다가 누가 봐도 싸다고 하는 헐값에 팔아야 했다. 거래가 활성화된 시장에서만 적정 가격이라는 것이 나오게 마련이다.

흔히 한국 증시는 코리아 디스카운트가 심하다고 표현하는데 이 또한 결국 외국인 입장에서는 거래량이 충분하지 않아서 발생하는 현상이다. 우리나라처럼 매일 요동치는 증시가 무슨 거래량이 부족하느냐고 되묻는 사람도 있을 수 있는데 한국 증시는 사실 큰손 입장에서는 많이 부족하다. 유가증권시장에서 외국인 전체 지분율이 40%쯤인 것으로 추정되고 있는데, 실제로 외국인이 이 지분을 팔아 중국으로 건너가고 싶다고 할지라도 이행하기 힘들 정도로 거래가 부족하다. 생각해보라. 이 물량을 개인이 받아줄 것인지, 아니면 기관이 받아줄 것인지…. 펀드 투자가 우리나라에서는 인기가 없기 때문에 기관도 받아줄 수 없다. 오로지 국민연금 하나인데 경제 활동인구 증가세가 곧 꺾이는 만큼 국민연금 또한 언젠가는 국내 주식을 팔아야만 하는 입장이기 때문에 꽤 난처할 것이다. 이런 이유 때문에 우리나라 증시는 저렴하고 우선주는 더 많이 저렴하다. 저렴하기 때문에 투자를 고민해볼 만한 것이다.

우선주는 10월쯤에 매수하는 것이 상대적으로 좋다. 한국투자증권에 따르면, 2009년부터 2018년까지 10년간 10월에는 우선주지수 상승률이 코스피지수 상승률을 항상 웃돌았다고 한다. 독자라면

7~9월 중에는 우선주를 미리 편입해두는 것이 낫다는 얘기다. 물론 이는 코스피지수를 상대적으로 웃돌았다는 얘기일 뿐이고, 우선주지수가 10월에는 항상 올랐다는 얘기는 아니다.

분명히 말할 수 있는 것은 우선주에 대한 투자자들의 관심이 예년에 비하면 확실히 높아졌다는 점이다. 정훈석 한국투자증권 애널리스트에 따르면, 2016년 3월 말 62%였던 외국인의 우선주 보유비중은 2019년 10월 기준으로 78%까지 상승했다. 일평균 거래대금이 5억 원 이상인 우선주를 세어봐도 2009~2013년에는 10개 수준이었으나 2015년부터는 20~30개 수준을 넘나들다가 2019년 들어서는 40개를 넘어서고 있다. 전체 우선주의 3분의 1이 넘는 우선주가 일평균 5억 원 이상이 거래되면서 우선주 투자에 있어 최대의 난관이었던 유동성이 조금씩 개선되는 추이를 보이고 있다.

같은 주식이면 되도록 우선주 투자

필자는 우선주를 좋아한다. 한 우선주는 2년 넘게 보유한 적도 있다. 보통주와 우선주가 있을 경우 굳이 주주총회에 참석해 목소리를 높여야 하는 상황이 아니라면 우선주 매수를 추천한다.

필자는 한 전문가에게 개인투자자들에게 추천할만한 우선주를 물었다. 그 전문가는 단도직입적으로 삼성전자 우선주(삼성전자우)를 꼽았다. 참고로 이 질문을 한 시점이 2019년 10월이다. 이 책이 출간될 즈음이면 주가나 상황이 변할 수 있기 때문에 참고만 하기를 권한다. 2019년 10월 기준으로 삼성전자 우선주는 가격이 3만

9,100원으로 삼성전자 본주(보통주)보다 18.8%쯤 싸다. 다른 우선주는 40% 정도 저렴하니 삼성전자 우선주는 비교적 비싼 편이다. 이유가 무엇일까? 거래량이 충분하고 아무래도 삼성전자의 이름값이 있기 때문이 아닐까 싶다. 또 하나 특징은 삼성전자 우선주는 외국인이 좋아한다. 삼성전자 우선주는 외국인투자자가 무려 93%나 들고 있다. 이 전문가는 삼성전자 우선주 추천 이유에 대해 "연 3.6%의 배당을 먹을 수 있고, 반도체 업황이 돌아서면(2019년은 내내 반도체 위기론이 있었다) 그만큼 주가 상승 차익을 먹을 수 있기 때문"이라고 했다. 문제는 삼성전자 우선주가 꾸준히 올라 2020년 들어서는 4만 원대 후반에서 5만 원대에 거래되고 있다는 점이다. 필자 또한 4만 원 이하라면 '묻지 마 추천'을 하겠는데, 이미 꽤 올라있어서 여기서 추가로 오를 수 있을지는 확답을 하기 어렵다. 이 책이 출간된 시점에 조금 조정(하락)을 받고 있다면 그때쯤 고민해도 될 듯하다.

삼성전자 우선주 외에도 현대차 우선주, 화학업종 우선주, 철강업종 우선주, 은행업 우선주, 증권사 우선주 등으로 포트폴리오를 구성하면, 산업 사이클이나 업황 변화에 어느 정도 대응이 가능할 것이라고 그 전문가는 말했다. 필자도 동의한다. 과거 데이터를 뽑아보지는 않았지만 충분히 아웃퍼폼(Outperform, 초과 수익률 달성)할 것으로 본다.

김용구 하나금융투자 애널리스트는 투자 대안이 될 수 있는 우선주를 선별하는 방법으로 우선주 가격 괴리율(보통주 대비 얼마나 저렴한지), 배당 수익률(당연히 높을수록 좋다), 유동성 제약(시가총액 대비 거래대금), 향후 기업 가치 제고 가능성(기업 상황이 안 좋으면 배당 좋아져 봐야 별거 없음), 주가 변동성(변동성이 너무 높으면 좋지 않다) 등을 봐야 한다고 했다. 그리고 이를 수치화해 10개의 우선주를 지목했다. 종목은 삼성전자우, 현대차2우B, 삼성화재우, 미래에셋대우2우B, 두산우, 대신증권우, NH투자증권우, SK이노베이션우, GS우, 한화3우B 등이었다.

발굴하고 보니 상대적으로 금융업, 화학업 비중이 높아 보인다. 그런데 이는 어쩔 수 없는 우리나라 산업의 특징이다. 어느 정도는 업황 전망을 하면서 너무 고점에 들어가지는 않도록 주의하는 방법이 최선이다.

주의할 점도 분명 있다

우선주가 이토록 좋다면 모두 우선주만 투자하지 보통주에 투자할 리는 없을 것이다. 우선주가 소외되는 이유는 무엇일까?

결국 '거래량'이다. 빨리 팔아야 하는데 팔 수 없다면 편입하는 것이 부담스러울 수밖에 없다. 소액이라면 모르겠지만 경험상으로 보면 2,000만 원 정도의 주식도 팔기 힘들 때가 적지 않았다. 단언컨대 저렴하면 저렴한 이유가 있다. 특정 시점에 현금화해야 할 돈이라면 거래량이 많지 않은 우선주를 담는 것은 피해야 한다.

그럼에도 장점이 있다. 바로 우선주 선호 시대가 간혹 열리곤 한다는 점이다. 우선주는 거래량이 적기 때문에 주가를 올리기가 쉽다. 그렇기 때문에 간혹 우선주의 거래량 부족을 노리고 들어오는 투기 세력을 보게 된다.

CJ씨푸드1우라는 우선주가 있다. 이 우선주는 2019년 4월 9일만 해도 주가가 2만 8,000원대였다. 그런데 CJ그룹이 아시아나항공 인수 후보 중 하나라는 소문이 나면서 투기 세력이 CJ씨푸드1우에 주목하기 시작했다. 비교적 적은 돈으로 주가를 띄우기 좋다는 점이 부각된 것이다. 이로 인해 자금이 몰리면서 그달 23일 CJ씨푸드1우는 한때 6만 3,000원까지 급등했다. SK네트웍스우도 마찬가지다. 같은 기간 5만 4,500원에서 16만 6,000원으로 뛰었다. 금호산업우 또한 3월 26일에 1만 8,900원이었으나 다음 달인 4월 19일에 9만 1,800원까지 급등했다.

혹시나 싶어 말하지만 이런 급등을 기대하고 우선주를 사라는 것은 절대로 아니다. 이런 장이 가끔 올 수도 있기 때문에 배당을 목적으로 사뒀다가 갑자기 이상 급등할 때 팔면 된다고 말하고자 할 뿐이다. 반대로 말해 이렇게 이상 급등할 때 차익 실현을 목적으로 우선주를 사면 절대로 안 된다. 우선주 투기 현장에 직접 뛰어들었다가 재미를 본 사람은 단 한 명도 보지 못했다. 배당을 잘 주는 우선주를 사놨다가 오르면 그때 팔면 그만이다.

ETF는 좋은 투자 대안입니다

좋은 종목을 잘 고르는 능력만 있다고 해도 훌륭한 주식 투자자가 될 수 있겠지만, 주식에 입문해보면 이게 얼마나 어려운 것인지 절절히 깨닫게 된다. 개인투자자 10명 중 8~9명은 '원금 회복이 주식 인생의 최고 목표'라고 허탈하게 말하곤 한다.

주식 투자가 어렵다는 점을 직관적으로 표현하는 방법이 하나 있다. 바로 코스피지수다. 코스피지수는 2005년부터 2019년까지 계속 2,000포인트 안팎을 맴돌고 있다. 10년 넘게 제자리걸음을 한 셈인데 여기에서 증권사, 운용사 등등 증권업계 인력 수만 명이 먹고 살고 있다. 지수는 같은 자리를 맴돌고 있는데 여기서 먹고 사는 사람이 많다는 것은 누군가가 크게 손해 보고 있다는 뜻은 아닐까? 상당히 투박한 설명이기는 하지만 대다수 개인투자자의 피눈물이 증시에 녹아 있음은 모르는 사람이 없을 것이다.

종목 선택이 어려울 때 선택할 수 있는 것이 상장지수펀드, 이른바 ETF다. ETF는 주식 시장에 상장해 있는 펀드다. HTS를 통해 우리가 은행이나 증권사에서 가입하는 펀드를 매매하는 것이라고 생각하면 된다. 사고팔 때 은행이나 증권사 지점에 가서 해약하는 것이 아니라 HTS를 통해 편리하게 매매할 수 있다는 개념으로 이해하면 된다. 수수료는 보통 0.1%에서 많게는 1% 정도 뗀다. 1% 이상 떼는 펀드는 거의 해외펀드라고 생각하면 된다. 지수를 단순 추종하는, 쉽게 얘기해 운용이 어렵지 않은 펀드는 수수료가 0.01%에 그치는 상품도 있다.

ETF는 배당주 종목에 대한 분석을 개인투자자가 일일이 하기 어렵다는 점 때문에 추천한다. 월급쟁이이거나 아이를 키우거나 사업을 하는 사람은 개별 종목의 이슈를 일일이 따라가기 어렵다. 직장인은 툭하면 불려 다니는 회의 때문에라도 적기에 매매하기가 쉽지 않다. 전업투자자라고 해도 주식이 어려운 것은 마찬가지다. 하루 종일 펀드 운용만 생각하는 매니저와 달리 개인은, 설령 전업투자자라고 해도 온전히 모든 포트폴리오를 시의적절하게 점검할 수 없다. 우리는 흔히 '펀드는 개인투자자를 등쳐먹는 상품'이라고 인식하지만 글쎄, 그것은 하필이면 우리나라 투자자들이 항상 지수가 고점일 때 펀드에 가입해왔기 때문일 것이다. 적당할 때 잘 들어가면 펀드로도 얼마든지 이익을 낼 수 있다. 펀드는 전문가들이 운용한다. 그들은 수시로 기업 탐방을 다니고 해외 시장을 점검하는 사람들이다. 팀을 구성해 개인이라면 빠뜨릴 수밖에 없는 작은 이슈도 놓치지 않고 체크한다.

　2007년 10월에 나온 미래에셋자산운용의 인사이트펀드는 한때 4조 6,870억 원을 끌어 모은 상품이다. 하지만 이듬해 글로벌 금융위기가 터지면서 한때 손실률이 50.81%까지 치솟았다. 이 때문에 펀드는 절대로 가입하지 않겠다고 치를 떠는 투자자가 많다. 하지만 이 펀드 또한 2019년 9월 기준으로 누적 수익률이 85.61%를 기록했다. 그런데 2019년 9월 기준 설정액은 2,327억 원에 그친다. 4조 원이 넘는 돈이 이미 빠져나간 뒤다. 이들이 펀드를 믿고 꾸준히 불입했으면 어땠을까 싶다. 앞서 말한 누적 수익률 85.61%은 투자 원금이 그대로 들어있을 때를 가정한 수치다. 만약 적립식으로 10년 넘게 꾸준히 부었다면 수익률은 수백 퍼센트에 이르고 있을 것이다.

　우리는 배당주 펀드만을 이야기하고 있으니 다시 배당 ETF로 돌아오자. 필자는 시중에 있는 ETF 중 고배당, 배당 성장, 저변동성 배당 ETF를 추천한다. 3개 ETF는 모두 배당을 기초로 한 ETF인데 고배당은 단순 배당률이 높은 종목, 배당 성장은 기업이 성장하는 국면에 있으면서 배당 성향이 점차 늘어나는 종목, 저변동성 배당은 배당을 많이 하되 주가 변동 폭이 크지 않은 종목에 초점을 맞춘 점이 특징이다. 사실 3개 ETF가 아주 크게 차별화되지는 않은 편인데 유행에 따라 펀드 전략에 조금씩 변화를 주고 있기 때문일 것이다.

해외 배당 주식 할 때 ETF를 하라

　국내 배당 ETF는 뒤에서 다시 소개할 것이라 해외 배당 ETF부터

보자. 만약 미국 등 해외 주식을 하고 싶은 투자자라면 일단 ETF부터 찾아보라고 조언하고 싶다. 미국 장이 한창 진행될 때 우리나라는 밤 시간이다. 종목의 이벤트는 예고 없이 일어나기 마련인데 우리는 자다가 일어나서 매번 대응할 수 없다. 어려울 때는 전문가에게 맡기는 것이 답이다.

해외 주식은 ETF 중심으로 하라고 하는 이유는 또 있다. 바로 복잡한 과세체계 때문이다. 기본적으로 매매 차익에 대해 250만 원까지 공제받고 250만 원을 초과하는 금액에 대해 22% 세율(소득세 20%, 지방소득세 2%)로 과세된다. 과세 대상 기간은 결제기준 전년도 1월 1일부터 12월 31일까지 매매 차익의 합산이며 해외 주식 간 차익, 차손 상계가 가능하나 손익 이연은 불가하다. 본인이 직접 계산해 다음 연도 5월에는 신고해야 하는데, 이 과정이 복잡하다는 게 투자자들의 하소연이다. 투자금액이 크다면 세금이 만만치 않고 무엇보다 일일이 계산해서 본인이 스스로 세금을 내야 하기 때문에 너무나 불편하고 복잡하다. ETF 하나로 일원화하는 것이 투자자 입장에서는 낫다. 또 하나, 해외 펀드는 수익금이 금융소득 종합과세 대상인 반면 ETF는 여기서 면제되는 장점이 있다. 2019년에 해외 주식 직구 열풍이 한창 불었는데, 투자 열기에 비해 실제로 큰손들은 의외로 부정적 평가를 내리는 경우가 적지 않았다. 부정적 평가를 한 이유는 대부분 세금체계 때문이었다. "세금 내기 힘들어서 미국 주식은 다시는 안 해"라는 반응까지 있었다.

다시 배당 ETF 얘기로 돌아가자. 사실 미국에서는 배당 ETF는 별로 인기가 없다. 2010년대 이후로 FAANG 열풍이 불면서 '기업이 성장하는데 무슨 배당?'이라는 인식이 생긴 것이다[FAANG은 기존 FANG(페이스북, 아마존, 넷플릭스, 구글)에 애플(Apple)을 더한 것을 말함]. 실제로 글로벌 금융위기 이후인 2009년 이후만 보면, 고배당지수가 S&P500지수를 이긴 것은 2011년과 2016년, 딱 두 번뿐이라고 한다. 그 외에 모든 연도에서 고배당지수는 전체 지수조차 이기지 못했다.

하지만 배당은 무시할 수 없다. NH투자증권 하재석 애널리스트가 분석한 바에 따르면, 1940년대 이후 S&P500 전체 수익률의 약 47%는 배당이 차지했다. 또 미국 증시가 수년 연속으로 고공행진을 벌여왔기 때문에 아무래도 2020년 초에는 피로감이 있다. 중장기적인 기대 수익률(기대할 수 있는 주가 상승률)이 낮아질 가능성이 있기 때문에 다시 한 번 배당에 주목할 필요가 있다. 미국 배당주들의 배당 수익률이 국채금리를 크게 앞서고 있다는 점 또한 배당 ETF를 들여다봐야 하는 이유 중 하나다. 미국 ETF나 미국 배당주 등에 대한 소개는 뒤에서 다시 언급해보도록 하겠다.

배당에 대한 기초 정보

이번에는 배당을 받기 위해 빠뜨려서는 안 되는 기초 정보를 정리해봤다. 초보적인 내용일 수 있지만 의외로 오랜 기간 주식 투자를 해온 투자자들도 모르는 내용이 있다. 가볍게 읽으면서 넘어가되 잘 모르는 내용이 있다면 한번 정도 숙지해보도록 하자.

첫째, 언제까지 매수해야 배당을 받을 수 있나?

상장사는 보통 배당을 연 1회에서 많게는 4회까지 실시한다. 우리나라는 대부분 연말 배당 위주로 하지만 2010년대 이후부터는 중간 배당이 활성화되고 있다. 한국거래소에 따르면, 2019년을 기준으로 50개가 넘는 기업이 6월 말 기준으로 중간 배당을 실시했다. 또 9월 말 기준으로 중간 배당을 실시한 기업이 16개사였다. 참고로 말하면 3월 말, 6월 말, 9월 말, 12월 말 기준으로 연 4차례 배당하는 종목도 꽤 된다. 연 4회 배당하는 종목의 대표주자는 삼성전자(우선주 포함)와 코웨이다.

우리나라는 결제일이 매매일 이틀 뒤다. 여기서 이틀이란 거래일을 뜻한다. 토요일과 일요일, 기타 공휴일이 빠진다. 12월 30일이 그해의 마지막 거래일이라고 한다면 28일이 마지막으로 배당을 받을 수 있는 '진짜' 배당 기준일이 된다(28일+2일=30일). 만약 30일이 마지막 거래일이고 28일과 29일이 각각 토요일, 일요일이라면 26일이 기준일이 된다[26일+2일+2일(휴장일)=30일]. 2018년, 2019년 등 최근 몇 년간은 계속 배당 기준일 사이에 주말이 끼어 있어 26일이 배당 기준일이 됐다.

공시를 보다 보면 배당 기준일이 30일, 31일이라고 쓰여 있기도 하다. 그런데 이는 매매 후 이틀 뒤의 날을 의미한다. 배당을 받으려면 각각 3월과 6월, 9월, 12월의 마지막 거래일에서 2거래일을 뺀 날이 실제 기준일이라는 것을 절대로 잊으면 안 된다. 배당 기준일이 30일이라고 쓰여 있다고 해서 30일에 주식을 사면 실제로 결제는 이틀 뒤에 되기 때문에 배당을 받지 못한다.

필자 지인 중 한 명은 배당을 받으려고 주식을 사놓고는 마지막 거래일의 시간 외 시장에서 판 경우가 있었다. 장 마감 때까지만 들고 있으면 배당을 받을 수 있으리라고 착각한 것이다. 하지만 시간 외 시장이 끝나는 오후 6시 이후로 계속 주식을 보유하고 있어야 주주 명부에 이름이 올라간다. 반대로 얘기하면 마지막 기준일의 시간 외 시장에서 주식을 매수해도 배당을 받을 수 있는 권리가 살아 있다. 시간 외 시장이란 오후 4시부터 6시까지 10분 단위로 결제되는 시장을 말한다.

앞에서도 잠깐 언급했지만 실제 배당 기준일이 지나면 통상적으로 주가가 하락한다. 배당을 받을 수 있는 기회가 소멸되므로 배당 수익률만큼은 아니더라도 주가가 하락하는 것이 일반적이다. 이를 배당락이라고 표현하는데 배당락을 이용한 투자법도 있다. 이는 다음 장에서 소개해보겠다.

둘째, 배당률 계산하기

또 하나 투자자들이 자주 착각하는 것 중 하나가 배당률이다. 2020년 현재는 좀 뜸하지만, 몇 년 전만 해도 액면가 기준 배당률을 시가 배당률인 것처럼 거짓 홍보하는 기업이 간혹 있었다. 액면가는 주식 표면에 적힌 금액으로 주식회사(기업)가 처음 설립될 때나 의미 있는 금액이다. 업력이 오래 쌓인 기업은 액면가가 아니라 실제 가치(주가)에 따라 움직이므로 액면가는 아예 몰라도 될 정도다. 삼성전자를 예로 들면, 2020년 1월 현재 6만 원대인데 액면가는 100원에 불과하다. 2018년 5월 50대 1의 액면 분할을 실시하면서 액면가가 5,000원에서 100원으로 대폭 깎인 것이다. 삼성전자는 매 분기당 354원을 배당하고 있으니 액면가 기준 배당률은 무려 354%에 이른다. 이런데도 간혹 보면 액면가 기준 배당률을 홍보하는 기업이 많다. 예전에는 아예 공시항목에 액면가 기준 배당률이 있기도 했다. 하지만 투자자들이 착오를 일으키는 경우가 반복되면서 제도 개선을 통해 없어졌다.

배당률은 시가 배당률, 혹은 내 주식 매수가 대비 배당률 정도나 의미가 있다. 필자는 시가 배당률이 최소 3~4%는 되어야 배당주로서 의미가 있다고 생각한다.

셋째, 배당금은 언제 입금될까?

주변에 배당주를 추천하고 나면, 도대체 배당이 언제 입금되느냐는 재촉 섞인 질문을 받곤 한다. 되도록 빨리 입금되기를 바라는 마음일 것이다. 이해는 간다. 하지만 대부분 기업은 주식 투자자가 수만 명이고 이 주주 명부를 확인한 다음, 배당금을 입금하는 절차가 필요하다. 또 기업 입장에서는 배당을 너무 빨리 주면 그만큼 손해이기 때문에(어딘가에 묶어 놓으면 이자소득이 생기므로) 되도록 늦게 주려고 한다.

배당금 지급 기한은 법으로 정해져 있다. 연말 배당의 경우에는 상법 제464조의2에 의거해 주주총회일로부터 1개월 이내에 지급해야 한다. 12월 말 결산법인의 경우 주주총회는 보통 3월 말 열린다. 이 때문에 4월은 되어야 배당금이 입금되는 때가 많다.

중간 배당의 경우에는 상법이 아니라 자본시장법에 근거가 있다. 중간 배당은 자본시장법 165조의12의 규정에 의거, 이사회 결의일로부터 20일 이내에 지급해야 한다. 6월 말 기준의 주주들에게 중간 배당을 한다고 했을 때에는 빠르면 8월, 보통은 9월은 되어야 입금되는 경우가 많다.

주식을 매수한 시점보다 3개월은 지나야 입금되기 때문에 마냥 배당만 기다리고 있다면 기다리기 지루할 것이다. 그냥 입금 시 문자가 오도록 SMS 서비스를 신청해놓고 마음 비우고 기다리는 것이 정신건강에 좋을 듯하다.

넷째, 배당이 얼마나 들어올지 확실히 알 수 있는 시점

또 하나 유의해야 하는 것은 배당이 얼마나 들어올지 배당 기준일까지는 모를 때가 많다는 점이다. 삼성전자 같은 기업은 앞으로 몇 년간 배당 정책을 어떻게 가져가겠다는 내용의 발표를 하지만 이는 삼성이기 때문이고 대부분은 따로 공지하지 않는다. 앞에서 언급했던 배당 쇼크 같은 것이 나오는 이유는 배당 기준일까지는 배당 가능성을 거론하지 않는 기업이 대다수이기 때문이다. 이 때문에 배당을 얼마나 받을 수 있을지는 애널리스트 리포트나 회사 IR팀에 질의한 뒤 유추해야 한다. 애널리스트 보고서 또한 회사 측이 곧이곧대로 말하지 않는 이상 정확하지는 않지만 그래도 꾸준히 이슈를 체크하는 사람이 애널리스트이기 때문에 개인의 추측보다는 정확도가 높다.

배당이 얼마나 나오는지 정확히 알게 되는 시점은 연말 배당의 경우에는 2월쯤이다. 2월 초에 이사회를 열고 배당을 결정한 뒤 그 내용을 공시하는데, 대략 2월 10일 전후에 공시가 몰리고 있다. 이때 배당금이 예상보다 크면 주가가 큰 폭으로 뛰기도 한다. 이미 배당을 받을 수 있는 기준일이 한참 지났지만, 그래도 주주 친화적인 태도가 입증됐다는 점 때문에 투자 심리에는 긍정적 영향을 미치는 것이다.

다섯째, 세금은 어떻게 될까?

배당소득은 은행 이자처럼 15.4%의 세금을 뗀다. 배당소득세가 14%, 지방소득세가 1.4%다.

배당소득은 다른 금융소득과 함께 금융소득 종합과세 대상이기도 하다. 금융소득 종합과세란 비과세, 분리과세 등의 소득을 제외한 연간 금융소득이 2,000만 원을 넘으면 다른 종합소득과 합산해 6~42%의 세율로 다시 세금을 내는 것을 말한다. 그런데 배당소득은 법인(배당을 지급한 회사)이 이미 법인세를 납부한 뒤 소득을 재원으로 한 것이기 때문에 주주들에게 또다시 과세하면 이중과세라는 논란의 소지가 있다. 이 때문에 배당소득 일부는 공제하는 등의 방식으로 이중과세 논란을 피해가려고 하고 있다. 이 절차는 다소 복잡하긴 하지만 대부분의 투자자는, 특히 이 책을 읽기 시작하는 독자들은 설령 금융소득 종합과세 대상이기는 하더라도 조금만 조심하면 피할 수 있는 자산 규모일 것이다. 이 때문에 이 과정을 자세히 알아두진 않아도 될 듯해서 생략한다. 금융소득이 2,000만 원을 아주 훌쩍 넘으면 절세 전략도 명확히 수립해야 하는데 조금 넘는 수준이라면 설령 신고를 하지 않아도 세무서에서 연락이 오지는 않는다(물론 이를 권장할 수는 없다. 필자가 이런 식으로 얘기하는 것을 알게 된 지인 세무사는 필자를 혼내기도 했다).

물론 주식연계증권(ELS) 투자자라면 금융소득 종합과세를 조심하긴 해야 한다. ELS는 이 책에서는 따로 다루지 않지만, 많은 배당주 투자자가 ELS에도 투자하기 때문에 이 리스크는 생각해둬야 한다. ELS 투자를 많이 한 투자자이고 마침 3년 동안 중도상환이 되지 않아 3년 치 이자를 한꺼번에 받게 되는 경우라면, 다른 배당주는 배당 기준일 이전에 판다든가 하는 식으로 생각하지 못했던 세금을 더 내지 않도록 관리해야 한다.

하지만 이런 경우가 아니라면 굳이 금융소득 종합과세를 너무 신경 쓰지 않아도 될 것이라고 본다. 참고로 2020년부터 공모형 리츠는 9.9%의 세금만 낸다. 기획재정부가 2019년 9월 11일 법 개정을 통해 공모형 부동산 펀드나 리츠는 소득세를 14%에서 9%로 인하해주기로 했기 때문이다. 소득세 9%에 농특세 0.9%를 합치면 전체 세금이 15.4%에서 9.9%로 낮아진다. 다만 이 혜택을 받으려면 배당금이 입금되기 전에 거래 증권사에 분리과세 혜택을 받아야 한다고 미리 신고해야 한다. 또, 3년 이상 보유해야만 혜택을 받을 수 있다는 점을 명심해야 한다.

세금과 관련해 잊지 말아야 할 것이 또 있는데 배당 ETF도 분배금이라는 이름으로 배당금이 지급된다는 점이다. ETF는 언제 분배금이 나올지 모르니 투자해놓은 증권사에 SMS 신청을 해두기를 권고한다.

또 하나 특징은 총수익(TR)이라는 마크가 붙은 ETF는 분배금(배당금)을 지급하지 않는 경우가 비교적 많다는 것이다. TR이란 마크가 붙은 ETF는 분배금을 곧바로 재투자한다. 배당을 받는 재미는 덜하지만, 더 많은 자금을 투자하기 때문에 주가 수익률에는 유리할 수 있다. 미국 S&P500지수를 예로 들면, 2019년 1월 1일~10월 1일 기준으로 S&P500은 17.29% 상승했는데, S&P500 TR지수는 19.08% 올랐다. 분배금을 곧바로 재투자하면 당연히 주가 수익률에는 유리하다.

혹시나 싶어 얘기하는데, 분배금이 지급되지 않는다고 해서 금융소득 종합과세 가능성이 차단되지는 않는다. 많은 투자자가 ETF TR은 배당을 받지 않으니 비과세 상품이라고 생각하는데, 추후 ETF를 매도할 때 과세 가격 상승분이나 자본 차익 중 적은 금액에 대해 15.4% 세율이 적용된다. 과세금액은 다른 금융소득과 함께 금융소득 종합과세 대상 금액에 포함될 수도 있다. 그러나 이를 감안해도 대부분의 경우 TR 상품을 구입하는 것이 세제상 낫다고 현장에서 설명하기도 한다.

Chapter 4

현장에서 얻은
디테일한 투자 노하우

배당주는 기업 실적 변화와 배당 수익률, 그리고 배당에 대한 경영진의 입장 등 고려해야 할 것이 많다. 여기에다 배당락이라는 독특한 현상까지 있어 고려해야 할 변수가 적지 않은 편이다. 이른바 디테일한 전략이 필요한 셈이다. 필자가 갖고 있는 실제 투자 노하우를 이번 장에서 소개해보도록 하겠다.

배당락 전날 사라

배당락 전날 사라는 것은 실제로 배당을 받을 수 있는 기준일, 그 마지막 날에 사라는 얘기다. 주변에 흔히 "배당락 때는 조금이나마 떨어지잖아요? 그때 살게요"라고 말하는 사람이 있는데 사실 배당락 때 하락 폭은 실제 배당 수익률보다는 적은 경우가 많다. 주가가 1만 원이고 주당 1,000원을 배당한다고 치면 배당락일 때 하락 폭은 500~600원 정도에 그치는 경우가 많다. 물론 배당세가 15.4%이니 1,000원을 배당받으면 154원을 국가에 지불하고 846원만 갖는 것이지만 그래도 배당을 받는 것이 대체로 남는 장사다.

배당락 전날에 사야 하는 이유는 더 있다. 사실 이 이유는 금융소득 종합과세 대상이 아닌 사람들에게만 해당되는 이야기다. 금융소득 종합과세를 내는 사람이 2018년 기준으로 전 국민 1%에도 미치지 못하는 약 40만 명이라고 하니 과감하게(?) 금융소득 종합과세 대상자가 아닌 사람 대상의 이야기를 해보려고 한다.

배당락 전날에 사야 하는 이유는 바로 이때 배당을 받지 못하는 처지의 자산가들이 주식을 팔 때가 많기 때문이다. 자산가 입장에서 배당소득이 2,000만 원을 초과하면 금융소득 종합과세제도에 따라 최대 42%의 세금을 더 내야 하고 건강보험도 지역가입자로 전환돼 사실상 0원이었던 보험료가 최대 연 260만 원까지 오르게 된다. 부자인데 고작 연 260만 원이 문제냐고 하는 사람도 있을 수 있지만 부자들은 의외로 이런 것을 예민하게 생각한다. 내지 않아도 될 돈을 내야 한다고 느끼기 때문일 것이다. 그리고 기본적으로 사람들은 금융소득이 연 2,000만 원 이상일 때 날아오는 통지서를 보기 싫은 마음이 크다. 앞에서 잠시 언급한 대로 2,000만 원을 살짝 넘는 것은 세무서에서 따로 문제 제기는 하지 않으나 사람 마음이라는 게 '자진 신고하시라'라는 통지서를 받으면 불편할 수밖에 없다. 이 때문에 적지 않은 투자자들은 금융소득이 연 2,000만 원이 넘지 않도록 조심하곤 한다.

이리츠코크렙 배당락일 때 사기

필자가 2019년 6월 26일에 실제로 이리츠코크렙을 매수했던 이야기를 해보겠다. 이리츠코크렙이 무슨 종목인지 기억나지 않으면 앞의 1장을 다시 참고해주시기 바란다.

당시 이리츠코크렙은 배당 기대감에 오르막길을 힘차게 오르고 있었다. 필자는 적당한 매수 시점을 잡지 못하고 오르는 주가를 바라만 보고 있었다. 그러다가 실제 배당 기준일이 찾아왔다. 6월 26일이 그날로, 이틀 뒤 결제일이 28일, 즉 6월의 마지막 거래일이었다. 이리츠코크렙의 중간 배당 실제 기준일인 것이다. 이리츠코크렙은 중간 배당으로 주당 175원을 배당하게 예고돼 있었다.

26일에는 거래량이 꽤 많았다. 25일 거래량은 8만 주 정도였으나 이날은 13만 주 넘게 거래됐다. 아마도 자산가들이 금융소득 종합과세 부담 때문에 장초부터 주식을 팔아댔기 때문인 듯했다. 시초가는 전날보다 1.14% 내린 6,090원이었고, 곧바로 반발 매수세가 유입되면서 6,200원까지 상승했다. 순간적으로 6,090원까지 떨어진 가격은 아마 한 자산가가 던진 폭탄성 매물 때문이었을 것이라고 추측한다.

필자는 이 순간, 6,110원에 주식을 잡았다. 이로써 9월 말쯤 주당 175원의 중간 배당을 받을 수 있는 자격이 생겨났다. 배당락일인 다음 날, 시초가는 전날보다 1.46% 내린 6,060원이었다. 6개월치 이자를 받을 수 있는 권리가 사라진 것이기 때문에 주가 하락은 당연하지만 낙폭은 90원 정도로 배당금에 비하면 훨씬 적었다. 이는 배당락이 사라지자마자 다시 자산가들이 주식을 사들이기 때문이다. 이리츠코크렙 주가는 의외로 탄탄해 그날 장 종료 시점에는 6,110원까지 회복했다. 6,110원은 필자가 전날 매수한 가격과 똑같았다. 필자의 경우 배당을 받을 수 있는 권리를 얻고도 주식 투자로 인한 손실 또한 사라진 것이다.

자산가들은 왜 이렇게 불편한 매매를 하고 있을까? 배당주는 장기적으로 우상향한다는 것과 배당을 노린 투자자들이 유입되면 주가가 오를 것이라고 알고 있기 때문이다. 그들은 배당을 포기하는 대신 안전한 주식에 투자하는 것이다. 증권업계 전문가들에 따르면, 이 귀찮고 번거로운 매매를 직접 대행해주는 PB가 많다고 한다.

여기서 하나 더! 방금 전 설명한 현상은 이리츠코크렙에서만 있었던 드문 현상인 것 아니냐는 의심을 하는 독자가 있을 수 있다. 하지만 필자는 지면 관계상 이리츠코크렙의 사례만 설명한 것이고 99%의 배당주에서 이 같은 현상이 나타난다는 것을 다시 한 번 강조한다. 2006년 상장 이후 맥쿼리인프라의 배당락일 당시 주가 흐름만 봐도 필자의 말이 맞는다는 것을 확인할 수 있다.

끝으로 하나만 첨언하자면, 정부는 2020년부터 리츠 주식에 3년 이상 투자 시 최대 투자금 5,000만 원까지는 분리과세하는 방안을 마련했다. 2020년 3월 배당금 입금 때부터 혜택을 받을 수 있을 것으로 추정된다. 분리과세란 따로 세금은 내되 금융소득 종합과세 대상에서는 제외하는 것을 말한다. 2019년 9월 부동산 대책의 일환으로 발표된 내용이다. 그리고 정부는 이와 동시에 세율을 낮춰 주기로 했다. 2020년부터 리츠는 세금 부담이 15.4%에서 9.9%로 줄어든다. 분리과세 도입으로 인해 배당을 받지 않으려고 배당 기준일 전날 주식을 매도하는 자산가는 기존보다는 아주 조금 줄어들 가능성이 있다.

읽고 넘어가자,
전문가가 만든 배당주 발굴 모델

　좋은 배당주는 어떤 주식일까? 당연히 배당을 많이 하면서 내실도 튼튼한 기업이다. 기왕이면 매해 성장하면 더 좋을 것이다. 하지만 이런 기업이 있다면 주가는 비싸기 마련이다. 주가가 비싸면 당연히 주가 기준의 배당 수익률(배당÷주가)은 떨어질 수밖에 없다. 둘 모두를 갖춘 종목은 그만큼 드문 것이 현실이다.

　하지만 인류는 포기하지 않는다. 지금도 좋은 배당주를 찾기 위한 노력을 게을리하지 않고 있다. 하나금융투자는 2019년 10월, 한 미국 대학원 교수의 모델을 찾아 우리에게 소개했다. 내용은 다소 어려울 수 있는데 이런 모델이 있다는 것 정도만 참고하고 넘어가면 어떨까 한다. 그 외에도 신한금융투자, NH투자증권, 삼성증권이 만든 배당주 발굴 모델도 함께 소개하고자 한다.

1년 2개월 새 코스피 대비 43.5% 초과 수익 났다는 그 모델

하나금융투자 파생 담당 김용구 애널리스트가 소개한 배당주 발굴 모델은 조셉 피오트로스키 시카고경영대학원 교수가 고안한 F-스코어(Score) 방법론을 기초로 한다. 쉽게 얘기해 모든 배당주 종목 중 좋은 종목을 고를 수 있는 허들(문턱)을 만들었다는 의미다.

김용구 애널리스트는 9개의 회계 정보를 늘어놓고, 이를 충족하는 기업에 1점씩 배분하는 식으로 해서 8점 이상이면, 즉 하나 정도만 빼고 모두 부합하는 종목이라면 우량한 배당주라는 기준을 만들었다. 그리고 다음과 같이 말했다.

"이렇게 했더니 2018년 6월부터 2019년 8월 말까지 누적으로 21%의 수익률을 달성했으며, 이는 코스피지수와 비교하면 43.5%나 초과 수익을 달성한 수준이다(이 기간 코스피지수는 20% 넘게 하락했다). 그리고 이는 20년간으로 보면 연평균으로 전체 지수보다 7.5%나 성적이 좋았다."

조셉 피오트로스키 교수가 고안하고 김용구 애널리스트가 보강한 9개의 회계지표는 다음과 같다.

① 전분기 순이익이 흑자일 것(당연한 조건이다. 돈을 벌어야 배당을 하니까).
② 전전분기 대비 전분기 영업 현금 흐름이 증가할 것.
③ 전전분기 대비 전분기의 총자산순이익률(ROA)이 개선될 것.
④ 전분기 영업 현금 흐름이 순이익을 초과할 것.

⑤ 전전분기 대비 전분기의 비유동 부채 비율이 감소할 것.

⑥ 전전분기 대비 전분기 유동 비율이 증가할 것.

⑦ 전년 대비 주식 수가 증가하지 않을 것(되도록 자사주 소각을 하는 기업이 유리하다는 의미).

⑧ 전전분기 대비 전분기 매출 총이익이 증가할 것.

⑨ 전전분기 대비 전분기 총자산 회전율이 증가할 것.

어떤가? 사실 좀 복잡하다. 증권 지식이 풍부한 독자라고 해도 '숫자가 개선되는 종목을 고르라는 얘기겠구나' 하는 정도로만 이해할 것이다. 자세히 읽어보고 검색해보면 무슨 의미인지는 이해할 수 있다고 하더라도 모든 종목을 이 기준에 맞춰 계산하려면 하루 종일 고생해야 할 것이다. 내가 좋아하는 종목이 몇 점인지는 끙끙대며 계산할 수는 있겠으나 모든 종목을 다 계산한 뒤, 좋은 종목을 발굴하는 건 불가능에 가깝다. 엑셀을 잘 다룬다면 모든 상장사 정보를 다운로드받아 집계할 수도 있겠지만 애널리스트가 아닌 이상 이렇게까지 하기는 힘들다.

총자산순이익률이나 비유동 부채 비율, 유동 비율 등등에 대해서도 잘 모르는 독자가 많겠으나 이에 대한 설명은 생략하고자 한다. 네이버에 검색하면 관련된 글이 뜨고, 사업보고서만 열면 쉽게 찾을 수 있으니 말이다. 다만 앞의 9개 회계지표를 한 줄로 요약하면 다음과 같다.

'순이익은 당연히 나야 하고, 영업으로 돈을 벌고 있어야 하고, 돈을 버는 과정에서 자산을 잘 활용해야 하고, 질 안 좋은 부채는 계속 감소해야 하고, 되도록 자사주까지 매입해서 소각하는 기업이 해당한다.'

당연히 모든 조건을 완벽히 충족하는 기업은 많지 않을 것이다.

조셉 모델로 선발된 종목은?

자, 혹시나 해서 거듭 강조하자면 김용구 애널리스트는 이 지표대로 추천 종목을 만들기는 했다. 하지만 이는 2019년 상반기까지의 실적을 기준으로 계산한 것으로, 이 책이 출간된 2020년 초에는 숫자가 다소 다를 수 있다. 우리나라는 산업 흐름이 너무 빠르게 바뀌어 책을 읽는 독자 입장에서는 전혀 예상치 못한 종목이 추천주에 들어있을 수도 있다.

그래도 좋은 종목은 한정적이라는 믿음으로 김용구 애널리스트가 뽑은 종목을 소개하려고 한다. 참고로만 읽고 넘어가시면 되겠다. 내가 보기에 좋은 종목이 있는데 그 종목이 이 리스트에 있다면 기뻐하고 넘어가는 수준으로만 참고하셨으면 한다. 다음은 그 리스트에 들어가는 종목들이며 각 항목마다 복수로 거론되는 종목도 있다.

고(高)퀄리티 배당주 톱픽

삼성전자, 두산, 금호산업, 한국쉘석유, 코리아오토글라스, 한일홀딩스, 화성산업, 동국산업, 에스텍, 천일고속

고퀄리티 대형 배당주 톱픽

삼성전자, 한온시스템, 두산밥캣, 포스코인터내셔널, 두산, 금호산업, 한국쉘석유, 스카이라이프, 도화엔지니어링, 코리아오토글라스

고퀄리티 중소형 배당주 톱픽

한일홀딩스, 화성산업, 노루홀딩스, 동국산업, 텔코웨어, 에스텍, 서원인텍, 천일고속, 신풍제지, MH에탄올

채권형 고배당주 톱픽

KT&G, 코웨이, 메리츠종금증권, 삼성화재, 아이에스동서, 한국쉘석유, SK텔레콤, 쌍용양회, S&T모티브, 효성

우선주 톱픽

삼성전자우, 현대차2우B, 미래에셋대우2우B, 삼성화재우, 두산우, 한화3우B, 대신증권우, NH투자증권우, SK이노베이션우, GS우

신한금융투자 고배당주 발굴 모델

기왕 배당주 발굴 모델을 소개하는 김에 신한금융투자 강송철 파생 담당 애널리스트와 곽성훈 애널리스트가 만든 모델도 소개할까 한다. 우선 두 애널리스트는 배당 수익률이 2.5% 이상인 대형 고배

당주는 35개사에 불과하다고 지적했다. 아무래도 중소형주 포지션을 늘릴 수밖에 없는 것이다. 다만 중소형사의 문제는 우리가 그 기업의 속사정을 잘 모를 때가 많다는 점이다. 이 과정에서 신중한 접근이 필요하다.

두 애널리스트는 일단 영업이익의 지표가 개선되는 고배당주를 발굴해야 한다고 말했다. 고배당이면서 최근 2개 분기 연속 영업 이익이 상회하는 추세라면, 2012~2019년 연평균 총 수익률이 50.7%에 달한다고 소개했다. 특히 성장주에 비해 배당주가 부진했던 2016~2019년에도 코스피지수를 18.8% 웃돌았다고 한다. 2019년 수익률만 해도 20.6%를 기록했다. 역시 배당주를 산다면 이익이 개선되는 추세의 종목을 골라야 한다는 것을 다시 한 번 확인할 수 있다. 종목을 소개한다면, 2019년 2분기 말 기준으로 다음과 같다.

신한지주, 메리츠종금증권, 메리츠화재, 메리츠금융지주, JB 금융지주, 유니드, 에이스침대, 현대차증권, 한국기업평가, 디지털대성, 윈스, 레드캡투어, 영풍정밀, 에스텍, 정상제이엘에스, 창해에탄올, KG ETS, 한국캐피탈

NH투자증권 고배당주 발굴 모델

마지막으로 김재은 NH투자증권 파생 담당 애널리스트가 조언한 모델도 소개한다. 김재은 애널리스트의 원칙은 상대적으로 간단

하다. '배당+양념'이라는 표현을 썼다. 그리고 양념은 2가지다. 주당순이익(EPS)이 개선되는 기업, 그리고 기업의 내부자가 매수하는 기업이다.

주당순이익이 개선된다는 것이 어떤 의미일까? 일단 순이익이 늘어나면 당연히 주당순이익이 증가한다. 이는 앞서 다른 애널리스트들이 강조한 조건과도 일맥상통한다. 순이익이 꾸준히 늘어나면 당연히 좋은 기업일 수밖에 없다. 하지만 주당순이익은 순이익이 늘어나야만 개선되는 것은 아니다. 자사주 매입 후 소각도 포함된다. 주식 수가 줄어들면 순이익은 그대로라고 해도 주당순이익은 개선된다. 즉, 자사주 매입을 열심히 하는 기업을 찾으라는 것이 김 애널리스트의 조언이다.

두 번째 양념은 바로 기업의 내부자가 매수하는 주식이다. 이 또한 사실 당연하다. 기업이 좋아지는 국면인지를 가장 먼저 알 수 있는 사람이 바로 내부자다. 내부자가 열심히 사들이고 있다면(물론 회사 측이 눈치를 줘서 임직원이 주식을 매수하는 경우도 있지만) 관심 종목에 올려놓고 들여다봐야 한다.

이를 추구하는 ETF가 이미 있다. 바로 코세프 배당바이백플러스(KOSEF 배당바이백Plus)다. 자사주 매입과 기업 내부자 매수가 있으면 가중치를 부여한다. 종목군도 함께 소개하도록 하겠다. 이 ETF에 많이 담겨 있는 배당주로는, 한화에어로스페이스, 하이트진로, S&T모티브, 아모레G, SK네트웍스, 코웨이, GS, KT, 대교, 신한지주, 에스엘, KB금융, 쌍용양회, 종근당, 아모레퍼시픽 등이다.

또 김재은 애널리스트는 자사주 매입과 고배당을 동시에 진행하는 기업으로, 아이마켓코리아, 한라홀딩스, 휴켐스, GS홈쇼핑, 대교, 현대차, 에스에프에이, 현대건설기계, KG이니시스, S&T모티브, 메가스터디교육을, 최대 주주가 주식을 매수하면서 고배당하는 기업으로 한국철강, KCC, 현대코퍼레이션홀딩스, 코리안리, GS, 제이에스코퍼레이션, 대교, 한라, 디지털대성을 지목했다.

삼성증권 고배당주 발굴 모델

삼성증권 원동은, 김동영 애널리스트는 2019년 10월 29일에 발간한 보고서에서 배당주 트렌드가 바뀌고 있다고 진단했다. 과거에는 당기순이익 증가율과 현금 배당액 증가율이 유사하게 움직였는데, 2016년 말에 스튜어드십 코드(Stewardship Code)가 도입되면서 괴리가 나타났다는 것이다. 스튜어드십 코드란 기관투자자가 마치 집사처럼 주주들의 이익을 위해 회사에 '조언'하는 것을 말한다. 회사 경영에 불만을 품고 적대적인 행동을 하는 것과는 조금 다르다. 말 그대로 집사처럼 "주주들이 불만이 많으니까 배당이나 자사주 매입 및 소각, 독립적인 사외이사를 앉히자"라고 제안하는 것이다. 물론 기업은 적대적 행위와 다르지 않다고 말하곤 하지만 표방하는 바는 그렇다.

스튜어드십 코드 도입으로 이제는 경영 참여 선언을 하지 않아도 배당과 같은 소극적 경영 참여가 가능해졌다. 실제로 적지 않은 기관이 스튜어드십 코드의 일환으로 이런저런 요구를 내놓기 시작했다. KB자산운용이 골프존이나 SM엔터테인먼트 등에 "배당을 늘리자"라고 요구한 것도 도입된 이후 나타난 움직임이다. 이와 관련해 원동은, 김동영 애널리스트의 설명은 다음과 같다.

"예전에는 순이익이 늘어야만 배당을 늘렸는데 이제는 순이익이 줄어도 배당을 늘릴 수 있다. 또 연중에도 이익의 일부를 돌려받아야 한다는 인식이 생겼다. 이 때문에 현금과 현금성 자산 항목을 유념해 살펴봐야 하며 중간 배당이 늘어났으니 연간 배당 수익률이 아닌 4분기 기준 배당 수익률도 살펴야 한다."

삼성증권은 시가총액 대비 현금 비중이 높은 기업 순(20%), 2019년 예상 순이익 증가율이 높은 기업 순(30%), 4분기 기준 배당 수익률이 높은 기업 순(30%), 2017년 배당 수익률이 높은 기업 순(10%), 2018년 배당 수익률이 높은 기업 순(10%)을 반영해 추천주를 선별했다. 또한 유가증권시장과 코스닥시장 상장사, 최근 3년간 배당을 한 기업, 2017년과 2018년 배당 수익률이 2% 이상, 4분기 기준 배당 수익률이 2.5% 이상, 시가총액 5,000억 원 이상을 기본 조건으로 올렸다. 추천주는 다음과 같다.

현대차, KB금융, KT&G, 하나금융지주, KT, 미래에셋대우, 삼성카드, 한국금융지주, 롯데쇼핑, NH투자증권, 메리츠종금증권, 포스코인터내셔널, 메리츠화재, DGB금융지주, GS홈쇼핑, 코리안리, 미래에셋생명, 아주캐피탈, 동양생명, 세아베스틸자, 어떤가? 평소에 눈여겨보는 종목이 들어있을지 모르겠다. 거듭 이야기하지만 이 종목들이 항상 매력적이지는 않을 것이다. 하지만 최소한 이 종목군을 중심으로 좋은 종목을 찾으려고 한다면 아주 이상한 기업에 잘못 걸리는 경우는 피할 수 있으리라고 확신한다.

좋은 종목을 고르는 방법

앞서 소개한 좋은 배당주 고르는 모델은 수십 년간 주식 투자의 역사가 쌓이면서 입증된 결과물이다. 혹자는 "이익이 개선되는 추세에 있고 고배당을 실시한다면 당연히 주가는 오르는 것 아니에요? 너무 당연한 얘기를 하는 것 같은데요"라고 말할 수 있다. 하지만 좋은 기업임에도 덜 오른 주식은 분명히 있고, 이런 기업을 찾는 과정이 앞에서 소개한 모델이다.

세상에는 수많은 오해와 착시가 있고, 저평가가 있으며 고평가가 있다. 숫자를 잘 보면 덜 오른 좋은 기업을 찾는 것은 어렵지 않다. 매해 영업 이익이 20%씩 증가하면서 주당 2,000원을 배당하는 회사의 주가가 1만 원에서 2만 원까지 올랐다 한들, 2배 올랐으니 고평가라고 할 수 있을까? 아니다. 이 기업은 최소 3~4만 원까지는 오를 수 있다. 많이 떨어졌어도 아직 고평가인 기업이 있고, 많이 올랐어도 저평가인 기업이 있다. 앞에서 소개한 모델은 후자의 종목을 찾는 것이다.

다만 문제는 일반인이 저런 모델을 만들어(설령 베끼더라도) 수시로 기업 숫자를 넣어보면서 포트폴리오를 조정하기는 쉽지 않다는 점이다. 현업이 있는 상황에다가 설령 매일 업데이트를 할 수 있다고 할지라도 매번 편입 종목을 제때 바꿀 수 있느냐는 다른 문제다.

또 하나 문제가 있다. 숫자만으로는 주식 투자를 잘할 수 없다는 점이다. 좋은 종목을 찾는 것이 중요하지만 주식 투자를 하는 방법이 더 중요하다. 아무리 좋은 종목이라도 뇌동매매를 한다든지, 조금 먹고 판다든지, 아니면 손절매 원칙을 지키지 않는다든지 하면 승산은 높지 않다. 사실 좋은 종목은 빤하다. 어쩌면 종목 고르는 것은 쉬울 수도 있다. 애널리스트가 수시로 리포트를 쓰는 종목은 다 좋은 종목들이다. 우리나라 상장사는 2,000여 개인데 이 중에서 애널리스트 보고서가 정기적으로 나오는 종목은 한 150여 개사쯤 될까 싶다. 이 종목 중에 배당주라고 할만한 것은 또 줄어서 50개 안팎이다. 그리고 이 종목 중 업황이 개선되는 추세에 있는 종목을 잘 골라서 올라타면 그만이다. 이러한 좋은 종목을 고를 때 적용할 수 있는 원칙을 지금부터 소개하려고 한다.

첫째, 리포트를 많이 봐라

많은 사람이 애널리스트를 무시하지만, 애널리스트 보고서야말로 우리가 공짜로 얻을 수 있으면서 참고할 수 있는 정보의 원천이다.

애널리스트는 개미 등골 빼먹으려는 사람이라는 인식이 있는데 때로는 그런 경우가 없지 않겠지만 근본적으로는 그렇지 않다. 그들도 사람인데 실력을 인정받고 싶지 않을까? 종목을 잘 보고, 잘 맞히고, 자신의 투자 원칙을 널리 확산시키고 싶은 것이 그들의 속마음이다.

리포트를 쭉 보다 보면 최근 자주 나오는 기업이 눈에 띨 때가 있다. 2019년 9~10월에는 리츠 관련 리포트가 도배되다시피 많이 나왔다. 그러더니 결국, 투자자들이 몰리면서 주가가 올랐다. 리포트를 보다 보면 요즘 유행하는 종목이 무엇인지 보인다. 시간이 없다면 제목만 확인하고 제목이 와닿으면 그때 리포트를 정독해도 된다. 요즘은 정말 애널리스트들이 목숨 거는 것처럼 혼신의 힘을 다해 제목을 붙이기 때문에 제목만으로도 애널리스트가 하고자 하는 얘기가 무엇인지 단번에 느껴질 때가 많다.

리포트는 어디서 구해야 할까? 와이즈에프엔이나 에프앤가이드 같은 회사에서 모든 리포트를 공급하지만 아쉽게도 이 사이트들은 유료다. 각 증권사 홈페이지에 무료로 실려 있기는 하지만 접근성이 좋지 않고 개인투자자라면 네이버 금융이나 한경 컨센서스에서 보는 것을 추천한다. 네이버 금융에 접속한 뒤 '리서치'를 클릭하면 주요 증권사의 리포트를 모아서 볼 수 있다. 한경 컨센서스는 네이버에서 검색하면 들어갈 수 있다. 다만 네이버나 한경 컨센서스에 모든 리포트가 다 노출되는 것은 아니다. 놓치는 리포트가 있을 수 있다는 점을 감안하고 접해야 한다.

둘째, 사업보고서를 프린트해서 읽어라

리포트를 읽으면서 좋은 종목군을 발굴했다면, 이번에는 그 기업의 속사정을 다시 한 번 깊게 들여다봐야 한다. 일단은 사업보고서나 분기보고서를 보되, 최근 전환사채 발행이나 유상 증자 등을 진행한 적이 있다면 최근에 발간한 투자설명서를 봐야 한다. 모두 금융감독원 전자공시시스템에서 다운받을 수 있다.

우선 투자설명서에는 이 회사에 투자할 경우 발생할 수 있는 투자 위험 요인이 기재돼 있는데 사실 이 부분이 제일 중요하다. 회사측이 공식적으로 밝힌 위험 요인이기 때문에 유의해서 읽을 필요가 있다. 다만 투자설명서는 자금을 조달할 때만 작성하다 보니 평상시에는 접할 수 없다는 단점이 있다. 하지만 사업보고서나 분기보고서, 반기보고서를 봐도 기업의 속사정은 얼마든지 파악할 수 있다. 매출액 영업 이익률이나 재고 자산 회전율, 총자산 회전율, 이자보상 비율, 매출 채권 회수율, 부채 비율 등 주식 투자에 있어 중요한 지표들을 사업보고서상 숫자를 보고 계산할 수 있기 때문이다.

이 지표들이 무슨 의미인지는 네이버에서 찾아도 금방 알 수 있다. 여기서 간략히 설명하자면, 매출액 영업 이익률은 매출 대비 영업 이익이 얼마나 나오는지 알 수 있는 지표다. 일반적으로 영업 이익률이 높을수록 좋다고는 하는데 업종마다 기준치가 다르기 때문에 무조건 높은 것이 좋다고 할 수는 없다. 때로는 더 많은 매출 증대를 위해 비용을 집행하는 것이 나을 때도 있기 때문이다. 다만 영업 이익률이 계속 낮아지는 추세에 있다면 고정적인 판매관리비 등 비용이 늘고 있다는 것이기 때문에 피해야 한다. 일례로 2019년 현재는 대형 마트의 상황이 해당된다. 예전에는 1,000원어치를 팔아 30원을 남겼다면 요즘은 10원도 남기지 못한다. 대부분 판매 촉진 이벤트 등으로 사라지고 있다.

재고 자산 회전율은 매출과 재고 자산을 대비한 것인데, 매출액을 보는 것보다는 매출 원가와 재고 자산을 나눠보는 것이 정확하다는 분석이 많다. 의미는 말 그대로 재고 자산이 얼마나 회전되고 있는가다. 재고 자산이 팔리지 않고 묵혀지고 있다면 당연히 재고관리비만 늘어날 것이기 때문에 회사에는 이중으로 타격을 준다. 총자산 회전율은 총자산과 매출액을 대비한 것으로 총자산이 많은데 매출이 적다면 자산이 제대로 쓰이지 않고 있다는 의미이며 자산을 팔아 자사주 매입이나 배당으로 써야 한다는 의견이 나온다. 윤지호 이베스트투자증권 센터장이 좋아하는 개념이다.

이자 보상 비율은 영업 이익으로 대출 이자는 감내할 수 있는지 보는 지표다. 이자 보상 비율이 1 밑이면 장사해서 이자도 갚지 못하는 회사이니 피하라는 의미다.

매출 채권 회수율은 '매출액÷(기초 매출 채권 잔액+기말 매출채권 잔액)÷2'로 계산하는데, 회수율이 높아야 좋다. 매출 채권은 현금이 아닌 것으로 대금을 받았다는 의미인데 쌓이면 쌓일수록 불안 요인이 되기 마련이다. 그리고 부채 비율은 부채와 자산을 비교한 개념이다. 이외에도 중요한 지표는 많이 있지만 일반적으로 흔히 봐야 하는 지표는 이 정도라고 보면 된다.

사업보고서에서는 숫자만 보고 넘어가서는 안 된다. 주석 또한 중요하다. 주석을 볼 때는 컴퓨터 모니터 화면이나 모바일이 아니라 프린트해서 읽기를 권한다. 재무제표 주석이란 숫자만으로는 설명이 안 돼서 주석을 달고 설명을 붙인 것을 말한다. 때로는 아주 중요한 정보가 숨겨져 있기도 하다. 정독하다 보면 스마트폰으로 볼 때는 보이지 않았던 뭔가가 보일 때가 있다. 내 돈이 걸린 문제인데 좀 더 꼼꼼히 읽고 회사의 내용 자체를 숙지하기를 권한다.

셋째, 회사 본사는 못 가더라도 주총은 꼭 가라

필자는 투자자들에게 회사를 꼭 가보라고 권한다. 하지만 회사를 실제 방문하는 투자자는 거의 본 적이 없다. 사실 필자 또한 마찬가지다. 요즘은 미공개 정보에 대한 기준이 높아져서 과거와 달리 회사를 방문했다고 회사 내용을 귀띔해주는 경우는 거의 없다. 심지어 문전박대당하는 경우도 많다 보니 "꼭 회사를 가보셔야 합니다"라고 말하기는 어렵다.

하지만 꼭 하라고 권하고 싶은 것이 하나 있다. 바로 주주총회다. 혼자 회사를 찾아가면 문전박대당할 수 있지만 최소한 주주총회장에서만큼은 주주가 회사 경영진보다 위에 선다. 또한 내 옆에는 수많은 투자자가 같이 있다. 이때 함께 본인의 의사를 표명하면 의장(대표이사)이 평상시보다는 귀 기울여 주주의 요구를 들을 것이다.

주총장에 왔다고 해서 기업 내용을 더 알려주는 것은 아니지만 우리에게는 눈치가 있다. 주총장에만 가도 지금 이 기업 분위기가 어떤지는 어느 정도 감으로 느껴진다. 더구나 사람은 얼굴 표정을 보고 말할 때는 거짓말을 하기 어렵기 마련이다. 얼굴을 보고 얘기하면 회사 분위기가 더 잘 전달된다. 당장 회사 문을 두드리기가 어렵다면, 일단 주총장에 가는 연습부터 하라고 권하고 싶다.

요즘도 배당주는
찬바람 불 때 사야 할까?

가을이 되면 '배당주를 사라'는 신문 기사를 자주 접한다. 우리나라 기업들은 보통 연말 배당을 실시하기 때문에 12월 배당을 노리고 가을쯤 주식을 매수하는 것이 좋다는 분석이 있기 때문이다.

가을에 배당 기대감이 무르익는 것은 분명한 사실이다. 한 증권사 분석에 따르면, 2014~2018년을 분석한 결과 9월부터 연말까지는 기관이 고배당주를 사는 경향이 뚜렷했다. 에프앤가이드의 고배당 지수를 기준으로 시가총액 대비 순매수 비중이 평균 0.72%에 달했다. 사실 이런 현상이 나타나는 것은 펀드매니저 또한 인간이기 때문이다. 1~9월에 주식 투자 성적이 좋았다면 슬슬 안정 지향적으로 돌아서도 되는 것이고, 설령 수익률이 나빴다면 지금부터라도 만회하기 위해 배당주를 편입할 가능성이 있다.

증권사들은 결산을 사실상 10월쯤에 실시한다. 그해 농사를 잘

지었는지를 10월 기준으로 평가하고 인사를 실시하거나 성과급 등을 책정한다. 이때부터는 이미 내년 준비 모드로 들어간다. 그러다 보니 10월 이후로는 상대적으로 안전한 배당주를 편입하곤 하는 것이다.

단, 가을에 유리하다는 것은 상대적인 개념일 뿐이다. 일례로 2008년 글로벌 금융위기나 2018년 일시적인 미국 경기 긴축 쇼크는 모두 10월에 발생했다. 2002년 카드 사태 때도 증시가 드라마틱하게 떨어지기 시작한 시점은 10월이었다. '10월에 배당주를 많이 산다'와 '10월 증시는 좋다'는 전혀 다른 얘기다. 외국인들이야 자기네 마음대로 움직이기 마련이니까. 그리고 누가 뭐라고 해도 한국 증시의 주도 세력은 외국인투자자들이다. 기관이 10월에 주식을 아무리 많이 사들여봐야 외국인이 계속 팔아대면 승산이 없다.

여름에 배당주가 올랐던 이유

최소한 2018~2019년만 봤을 때 배당주가 급격하게 오르기 시작한 시점은 가을이 아니라 여름쯤이었다. 특히 2019년에는 6월쯤부터 리츠나 증권 고배당주 등이 반등했다. 은행주는 파생결합펀드(DLF) 사태 등으로 조금 늦은 늦여름부터 오르기 시작했는데 전반적으로 여름쯤부터 상승하기 시작했다.

이유가 무엇일까? 가을에 배당주 투자 수요가 몰리니 조금 일찍 선수들이 움직였기 때문일까? 이런 해석도 없는 것은 아니지만 다소 단편적인 시각인 것 같다. 그보다는 금리 전망 때문이라고 봐야 한다. 사실 배당주 투자 심리에 가장 많은 영향을 미치는 것이 바로 '금리'다.

전문가들은 2018년 여름쯤에 미국이 더 이상 금리를 올리지 못할 것이라는 전망을 내놓기 시작했다. 미국은 2008년 글로벌 금융위기 이후 사실상 제로금리 정책을 펴다가 2015년부터 올리기 시작했다. 2015~2016년에 두 차례 인상했고 2017년에 3차례, 그리고 2018년에 4차례 올렸다. 2018년 12월 19일에 마지막으로 금리를 올리면서 미국 기준금리는 2.25~2.50%로 상당히 높은 수준에 다다랐다. 이때만 해도 한국과 미국 간의 기준금리가 역전됐기 때문에 한국 증시에서 자금이 대규모로 빠져나갈 것이라는, 2020년 2월 현재에서 되돌아보면 상당히 헛웃음 나오게 하는 분석이 많이 나왔다.

다시 본론으로 돌아가서, 2018년 얘기를 계속 해보자. 이때 비록 금리를 가파르게 올리긴 했지만 금리 인상에 대한 부정적 인식이 나온 시기는 6~7월쯤이었다. 그 당시만 해도 2018년에 4차례, 2019년에 3차례, 2020년에 1~2차례 금리를 올릴 것이란 전망마저 있었다. 그래서 그해 말에 결국 금리를 한 차례 더 올려 4번 올리긴 했지만 2019년에는 금리를 올리지 못할 것이란 전망이 확산되기 시작했다(그리고 결국 우리 모두가 알다시피 2019년에는 금리를 내리는 쪽으로 돌아섰다). 이렇게 금리 인상이 어려울 것이란 전망이 잇따르면서 배당주에 대한 관심이 높아진 것이다.

2019년에도 마찬가지였다. 여름쯤부터 트럼프 대통령은 연방준

비제도이사회의 제롬 파월 의장을 향해 "금리를 내려라"라는 압박을 쏟아냈고 실제로도 경기지표가 둔화되자 연준은 금리를 인하했다. 이 때문에 여름부터 배당주가 오르기 시작한 것으로 보인다.

참고로 금리가 내리면 신규 발행하는 채권 투자 수익률이 떨어지기 때문에 기존 채권 가격과 배당주 가격은 오른다. 5% 배당주가 있다고 해보자. 금리가 5%일 때는 전혀 매력이 없다. 하지만 금리가 1%가 된다면 5%를 지급하는 배당주는 아주 훌륭한 주식이 된다. 이렇게 '매력적인 배당'의 기준은 기준금리에 따라 움직이게 마련이다.

국장이 한마디 할 때 주식을 산다

필자의 경우 주식 매수 타이밍을 어떻게 잡을까? 필자는 '정성'적인 기준이 있다. 바로 필자가 소속된 언론사 사이트의 톱기사가 주식 시장 관련 기사일 때다.

언론사는 기본적으로 쇼크나 충격, 붕괴, 추락 등을 좋아한다. 증시가 올랐을 때보다는 내렸을 때 더 많은 가치가 부여되는 특성이 있다. 평상시에는 증시에 전혀 관심이 없는 국장이나 대표이사가 시황에 관심을 가지고 톱기사로 올리면 그때가 바로 매수 시점이라고 본다. 이런 경우가 1년에 서너 번 이상은 나오는 것 같은데 물론 100% 반영하지는 않지만 그때는 유념해서 보곤 한다.

필자는 이 책을 쓰기 위해 2019년 하반기부터 증시 시황 기사가 톱기사로 올라오는 날을 기록하기로 했다. 그래서 확인해보니 7월

29일과 8월 15일에 잠깐씩 톱에 걸렸다. 7월 29일에는 코스피지수가 2,029포인트, 코스닥지수가 618포인트였다. 8월 15일은 광복절이었는데 광복절이다 보니 기사가 모자라서 아시아 증시 시황 기사가 톱기사로 선택됐다. 이때 코스피지수는 1,938포인트, 코스닥은 597포인트였다. 이 책을 쓰고 있는 2019년 12월 30일 현재는 코스피지수가 2,197포인트, 코스닥지수가 670포인트였다. 8월 광복절 당시에 주식을 샀다면 각각 13.36%, 12.23% 이익을 보고 있는 셈이다. 아직 사례는 부족하다. 하지만 앞에서 말했듯이 시황 기사가 톱에 걸리는 일은 자주 있지 않다. 그러므로 최소한 참고할만한 지표이기는 하다는 결론을 도출해도 될 것이다.

　독자들도 SNS나 주변 지인들의 동향을 보고 매수 시점을 결정해도 될 것이다. 주식 투자를 하는 지인들이 한숨만 푹푹 내쉬고 사는 것이 재미없다는 등의 소리를 하면 최소한 매수 시점으로 고민해봐도 되는 시점이다. 마땅한 참고지표가 없다면 아무 언론사 앱을 하나 다운받은 뒤 주요 기사 속보 설정을 해두면 된다. 예를 들어 증시에 별로 관심이 없을 거 같은 종합일간지인데 증시 속보가 자주 나온다고 느껴지면 그때는 분명 위쪽이든 아래쪽이든 과열일 때가 많다. 그렇게 참고로 하는 것이 10년이 넘는 주식쟁이 일생에서 배운 노하우다.

왜 2019년 상반기에는
고배당 ETF가 별로였나?

사람은 어떤 경우이든지 미리 예측해서 행동했다가 나중에 맞으면 기분이 좋아진다. 배당을 많이 줄 것으로 기대하고 주식을 살 때도 마찬가지다.

필자는 2019년 8월 말에 은행주를 사라고 주변에 추천했다. 당시 은행주는 연 5% 이상의 고금리가 예고되었는데도 주가가 부진했다. 1조 원이나 판 독일 국채 연계의 파생결합증권(DLS)이 최대 손실 100%를 내는 대형 사고를 터뜨렸기 때문이었다. 이 때문에 향후 보상금을 지급할지 모르고 어쩌면 영업 능력 자체가 위축될지 모른다는 우려가 제기됐다. 하지만 배당 성향을 고려하면 낙폭이 너무 크다고 필자는 판단했다.

실제로 필자의 생각은 맞았다. 은행주는 9월 이후로만 20% 반등했다. 필자 입장에서는 주식 추천이 기가 막히게 맞아떨어진 사례인데 이 책에서는 증명할 수 없어서 다소 아쉽다. 책의 단점은 실시간 전달이 안 된다는 점이랄까? 하지만 자랑을 하려고 이 얘기를 꺼낸 것은 아니다. 고배당 ETF 얘기부터 하고자 한다.

상반기 헤맸던 ETF, 은행 때문에?

2019년 상반기에 고배당주는 부진했다. 증시가 부진했기 때문에 어쩔 수 없었다고 하고 싶지만 사실 지수 자체는 나쁘지 않았다. 2019년 코스피지수는 2,050포인트로 시작해 4월 17일 한때 2,252포인트까지 올랐고, 이후 좀 떨어지긴 했지만 그래도 8월 쇼크 전까지는 2,100선 안팎에서 놀았다. 물론 8월의 쇼크는 좀 심각해서 한때 1,891포인트까지 떨어지기는 했다. 모르는 독자가 없겠으나 이 당시 떨어진 이유는 외국인 투매와 미·중 무역 분쟁, 여기에 겹친 일본의 수출 규제였다.

고배당지수는 그나마 지수가 좋았던 상반기에도 부진했다. 2018년 배당 ETF 중 히트상품이었던 한화자산운용의 아리랑(ARIRANG) 고배당주 ETF도 2019년에는 부진했다. 이 ETF는 2018년 11~12월에만 1,125억 원이 몰리면서 가장 인기 있었던 ETF인데 2019년에는 1만 1,941원으로 시작해 한때 1만 2,780원까지 오르긴 했으나 이내 고꾸라져 8월 한때 1만 630원까지 밀렸다. 그나마 아리랑 ETF는 잘 버틴 편이다. 투자자들이 가장 많은 삼성자산운용의 코덱스(KODEX) 고배당 ETF는 4월 8,973원에서 8월 16일 7,615원으로 줄줄 흘러내렸다.

물론 이 당시에도 좋았던 ETF는 있다. 키움투자자산운용의 코세프(KOSEF) 고배당 ETF가 그렇다. 이 종목은 2019년 초인 1월 4일 기록했던 7,255원을 한 번도 깨지 않고 계속 7,000원대 후반에서 8,000원대 중반을 오르내리고 있다.

결과적으로 2019년 상반기에 고배당 ETF가 부진했던 이유는 무엇일까? 바로 대부분 ETF에 은행 비중이 너무 높았기 때문이다. 그나마 나았다고 소개한 키움투자자산운용의 코세프 고배당 ETF 정도만 은행 비중이 40% 안팎이었고 나머지는 모두 50%를 넘었다. 우리는 좀 더 안전하게 주식 투자를 하기 위해서 ETF를 매매하는 것이 아니었나? ETF에 은행 비중이 절반이나 되고 이 때문에 은행이 부진하면 바로 타격을 입었던 것이다. 사실 은행주에 투자하는 것이나 다름이 없다. 이럴 거면 그냥 은행 주식을 사면 되지 뭐하러 수수료까지 내면서 ETF를 매매하겠는가 싶다.

은행주는 2019년 상반기에 급변하는 경기 둔화와 금리 정책, 가계부채 정책 등으로 부진했다. 그리고 또 하나, 2019년 증시는 사실상 국민연금이 버팀목이었는데 국민연금은 은행주를 최대 10% 지분율까지밖에 사지 못한다. 은산분리법 때문에 은행 같은 금융회사는 금융회사만 제한 없이 살 수 있는 것이다. 국민연금은 진즉에 다 10%를 채워놓고 있다. 이 때문에 국민연금 입장에서는 사고 싶어도 사지 못하는 상황이었다. 실적 우려감에다 이 같은 외부 변수 영향으로 은행주는 2019년 상반기 내내 부진했다.

어느 정도 실적 컨트롤이 가능한 은행주, 개미에게 안성맞춤

그럼에도 개인이 투자하기에 은행주만큼 좋은 것은 없다. 일단 차트부터 보자. 다음은 2008년 국민은행이 KB금융지주로 개편된 이후 현재까지의 주가 흐름이다.

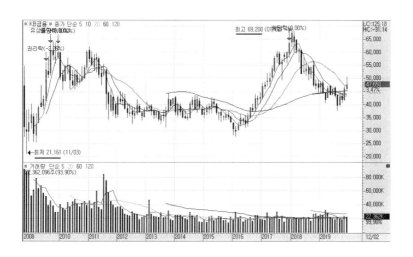

금융위기 당시 최저가는 2만 1,161원, 2018년 1월 당시 최고가는 6만 9,200원으로 가격만 보면 갭 차이가 꽤 있는 것이 사실이나 대부분은 4만 원대 구간에 머물러 있어 실질 변동 폭은 크지 않다. 최저가를 찍은 당시는 글로벌 금융위기 후폭풍이 불 때이니 넘어가고, 2016년부터 2018년 1월까지 급등했던 이유는 무엇일까? 이는 당시 금융위원장이었던 임종룡 금융위원장이 그동안의 관행을 깨고 은행에 자율성을 부여했기 때문이었다. 은행이 스스로 가산금리를 책정하게 하는 등 운신의 폭을 넓혀주자 곧바로 주가에도 신호가 왔다. 은행이 자율 경영을 했더니 매출이나 이익이 가파르게 치솟았다. 하지만 2018년 들어서는 정권 교체의 영향력이 확실해지면서 은행을 누르기 시작했고 이로 인해 하락의 폭이 커졌다. 최저임금 인상이나 52시간제 도입으로 인한 자영업 경기 악화로 자영업자 대출의 질이 악화되기 시작하고 미·중 무역 분쟁 등으로 인해 금리 예측이 어려워진 것도 2018년 말부터 2019년까지 주가가 부진한 이유다.

여기에서 뭔가 중요한 것을 느낀 것이 없는가? 바로 은행은 놔두면 실적이 좋아지고, 억압하면 실적이 나빠지는 구조라는 점 말이다. 좀 더 분명하게 얘기하면, 사실 은행은 작정하고 돈을 벌게 해주면 어렵지 않게 큰돈을 벌 수 있는 희한한 업종이다. 정부가 규제 정책을 펼 수밖에 없는 이유이기도 하다.

은행은 양질의 일자리를 창출하는 업종이고 실제로 내수를 튼튼하게 하는 버팀목이다. 가끔 괴롭힐 수는 있을지언정 정부도 아예 죽이지는 못하는 업종이다. 2019년에는 부동산 대책의 일환으로 대출 규제를 실시했지만, 그럴 경우 은행 실적이 너무 급속히 나빠질 수 있어 가산금리는 조금 더 높여도 되게끔 허용한 상황이다. 정부 또한 은행이 아주 나자빠지도록 놔두지는 않는다.

앞의 KB금융의 차트를 보면 실제로 KB금융 주가는 12월 초 바닥을 찍고 반등하는 모습을 보이고 있다. 2019년 12월은 초강력 부동산 대책에다 ELS 판매 금지 등 온갖 악재가 돌출하던 시기였다. 대부분 개인투자자는 공포감에 질릴 시점이었는데 외국인과 기관이 순매수하면서 주가를 끌어올렸다. 은행은 그렇게 쉽게 주저앉지 않는다. 2020년 들어서도 은행주는 부진하다. 금리 인하 가능성이 제기되고 있는 데다 코로나19 등으로 인해 내수 부진 우려감이 크기 때문이다. 또 전통적으로 1분기에는 배당주가 부진했던 것이나 반도체 투자 열풍 등이 다 은행주를 내리게 하는 요인으로 작용하고 있다. 하지만 2분기 이후부터는 서서히 제자리를 찾을 것이라는 게 필자의 생각이다. 늘 그랬듯이 말이다.

그런데 꼭 이때 이런 이야기를 하는 사람이 있다. 빌 게이츠가 은행은 망한다고 하지 않았느냐고. 이 발언은 다소 와전됐다고 보는 사람도 있는데, 설령 빌 게이츠가 그런 얘기를 했다고 하더라도 은행원이 줄어드는 쪽으로 바뀌는 것이지 은행업 자체가 문을 닫지는 않는다. 2015~2017년 개인과 개인 간(P2P) 대출 붐이 일 당시에는 '개인과 개인이 직거래하면 제로 수수료로 은행업을 할 수 있다. 이제 은행은 필요 없다. 무덤으로 돌아가라'고 했으나 이는 사실 불가능한 것이었음이 확인되고 있다. 직거래한다는 것은 원시시대로 돌아가자는 것과 똑같다. 은행이 왜 생겨났겠는가? 결국 중심지가 되어 개인과 개인을 연결해줄 플랫폼이 필요해 은행이 등장했던 것이다. 기술의 발전으로 은행원 숫자가 좀(어쩌면 아주 많이) 줄어들 수는 있겠으나 은행업 자체가 없어지기는 불가능하다. 은행은 고배당주로 영원히 우리 곁에 있을 것이다.

기관투자자보다 반 발짝 앞서나가라

기관투자자는 거인이다. 거인은 힘이 세지만 느리다. 개인은 마음에 드는 주식이 생기면 바로 매수할 수 있지만, 기관은 운용 규정에 맞춰 매매해야 하기 때문에 상황에 따라서는 오를 것이 빤히 보여도 사지 못할 때가 있다. 반대로 지금 팔면 바보라는 것을 알면서 팔 때도 있다. 로스컷(손절매) 규정이 있기 때문이다. 누군가의 투매로 주가가 급락하면 기관의 연쇄 매도로 낙폭이 과해질 때가 많다. 팔기 싫어도 팔지 말아야 하는 사유서를 작성해 본부장에게 승인받는 것이 귀찮아(혹시나 안 팔았다가 주가가 더 급락했다간 갈굼이 2배가 된다) 규정에 맞춰 팔아버리는 것이 대부분의 펀드매니저다. 기관이 거인이기 때문에 일어나는 현상이므로 우리는 이를 이용해야 한다.

펀드는 크게 액티브 펀드와 패시브(인덱스) 펀드가 있다. 액티브란 펀드매니저가 재량껏 매매하는 것을 말한다. 이 종목이 마음에 들면 사고, 왠지 불안하다 싶으면 팔곤 한다. 물론 운용 규제가 없는 것은 아니지만, 그래도 펀드매니저 개인의 역량이 발휘되는 분야다. 반면 패시브 펀드는 코스피200이나 코스닥150과 같은 대표 지수를 단순 추종한다. 쉽게 얘기해 코스피200과 같은 대표 지수를 그대로 복제해 지수가 오르면 같이 오르고, 내리면 같이 내리게끔 단순하게 따라가는 것이다. 펀드매니저가 별로 할 일이 없는 펀드다. 이 때문에 보수는 액티브 펀드보다 훨씬 싸다.

공교롭게도(안타깝게도) 최근 수년간, 최소한 2008년 글로벌 금융위기 이후 액티브 펀드가 계속 패시브 펀드에 지고 있다. 여기에는 2가지 이유가 있다.

첫째, 기업의 체질이 바뀌었다. 모바일 시장이 큰 폭으로 커지면서 먹는 놈이 계속 먹는 시장이 되고 있다. 이를 대표하는 기업이 미국의 FAANG(페이스북, 애플, 아마존, 넷플릭스, 구글)이다. 한국의 네이버나 카카오도 마찬가지다. 미국에서도 2010년대 초에는 '자산도 없는 저런 스타트업 같은 기업이 10조, 100조 원의 가치가 있는 것이 맞는 건가?'라는 논란이 일었다. 그 과정에서 수많은 액티브 펀드 매니저가 '과열이다'라고 하면서 주식을 팔았다. 하지만 최소한 2020년 초 현재 돌아보면 그들의 판단이 틀린 것 같다. 최근에는 설립과 동시에 흑자를 내는 일이 많아졌다. SNS를 타고 무명기업이었다가 하루아침에 전국구 기업이 되는 일이 많아졌다. 물론 정반대의 사례도 많다. 좋은 기업을 발굴하고 앞날을 예측하는 것이 어려워졌다.

둘째 이유는 수수료다. 장기 투자로 가면 갈수록 수수료가 펀드 수익률에 미치는 영향력이 높아진다. 1% 정도라고 해서 막상 가입할 때는 무시할 때가 많지만 10년 누적 수익률로 보면 수수료 비중이 적지 않다는 것을 알게 된다. 매해 1%씩 떼면 그해에는 1%지만 누적으로 10년간 보면 약 20%의 영향력을 발휘한다.

이런 이유 때문에 패시브 펀드로 자금이 몰리고 있다. 금융연구원이 2019년 10월 29일에 발간한 보고서에 따르면, 2008년부터 2017년까지 세계 금융 시장에서 패시브 투자 펀드로 8,150억 달러가 유입됐다. 이는 액티브 펀드 유입액(1,150억 달러)의 7배에 달하는 규모다. 하나금융투자가 추산한 자료를 보면, 선진국 펀드 시장의 경우 액티브 펀드가 패시브 펀드의 13%가량에 불과하다고 한다. 우리나라만 따져도 사정은 똑같아서 2018년 10월쯤부터 누적투자액이 역전됐다. 당시 〈매일경제신문〉 보도에 따르면, 2018년 10월 15일 기준 국내 주식에 투자하는 353개 패시브 펀드의 설정액은 25조 1,034억 원으로 액티브 펀드 전체 설정액(24조 5,240억 원)을 역전했다. 2019년 들어서는 그 폭이 점점 커지고 있다. 2019년 초, 액티브 펀드 수익률이 잘 나올 때는 조금 따라가는가 싶었는데 2019년 하반기부터 삼성전자가 큰 폭으로 오르면서 2019년에도 역시나 패시브 펀드가 이겼다. 삼성전자는 2019년 내내 51%가량 상승했다. 같은 기간 코스피지수는 7% 남짓 오르는 데 그쳤으니만약 삼성전자를 편입하지 않은 펀드매니저라면 손가락만 빨았을 것이 틀림없다.

기계적인 매매를 하는 패시브 펀드, 우리가 이길 수 있다

여기서 명심해야 할 점이 있다. 인덱스 펀드가 단순 추종하는 것이 코스피지수와 코스닥지수가 아니라 코스피200과 코스닥150이라는 점이다. 코스피200은 유가증권시장 대표 종목 200개 기업을 꼽는 것이고, 코스닥150은 코스닥에서 가장 덩치가 크고 우량한 150개 기업을 꼽는 것이다. 당연히 여기에 선택되느냐, 안 되느냐에 따라서 엄청난 자금이 왔다 갔다 한다. 코스피200과 코스닥150을 단순 추종하는 패시브 펀드의 자금은 조 단위다. 코스피200은 추종 자금이 40조~60조 원으로 추정되며 코스닥150은 약 2조5,000억 원 추종되는 것으로 알려졌다.

코스닥에 상장돼 있던 종목 중에 제이콘텐트리가 있었다. 이 기업은 〈중앙일보〉 계열로 드라마, 영화 제작과 영화 배급업 등을 하는 회사다. 그런데 이 기업이 2019년 10월에 유가증권시장으로 이전을 결정했다. 좀 더 큰 시장에서 거래되기를 원했던 것이다. 제이콘텐트리는 원래 코스닥150 소속 종목이었다. 유가증권시장으로 옮기면서 패시브 펀드에서 약 170억 원이 빠져나갔다. 이 때문에 제이콘텐트리는 이전과 동시에 주가가 급전직하했다.

여기서 제이콘텐트리의 슬픔은 누군가에게는 기쁨이 된다는 것에 주목해야 한다. 제이콘텐트리가 빠져나갔으니 이득을 볼 누군가가 있어야 한다. 삼성증권 전균 애널리스트는 2019년 10월 11일에 제이콘텐트리를 대신해 바이오솔루션이 코스닥150에 포함될 것이라고 예고했다. 이 리포트가 나오면서 바이오솔루션은 10월 10일

2만 8,850원이었던 주가가 10월 16일에 4만 1,500원까지 상승했다. 코스닥150에 포함되면 곧바로 유입되는 자금이 있을 것이란 기대 덕분이었다. 경험상 신규 편입 종목을 가장 잘 맞히는 애널리스트가 삼성증권 전균, 진종현, 김동연 애널리스트다. 이들은 코스피200이나 코스닥150, 또는 MSCI 편입 종목을 발굴하는 데 능하다. 항상 즐겨찾기를 해놓고 이들의 리포트를 참고하면 좋을 것이다.

다만 아쉬운 점은 아직 배당주와 관련해서는 코스피200이나 코스닥150처럼 힘 있는 대표 지수가 없다는 점이다. 에프앤가이드 고배당지수, 한국거래소 고배당지수 등이 자주 거론되기는 하지만 이 지수를 단순 복제하는 패시브 펀드는 거의 없는 것으로 파악된다. 이 때문에 지수 편입은 코스피200과 코스닥150 위주로 살펴봐야 한다. 좋아하는 배당주가 코스피200이나 코스닥150, 혹은 MSCI EM(신흥국) 지수 등에 포함되지 않는지 수시로 점검하도록 하자.

그래도 미국 주식을 봐야 하는 이유

이번 책은 국내 배당주에 초점이 맞춰져 있어 미국 주식에 대한 이야기는 최소화했지만, 그래도 자산의 일정 부분 이상은 반드시 미국 주식으로 채워야 한다. 개인적으로 전체 자산의 20~30%는 미국으로 채워야 한다고 본다.

금융 정보 회사인 톰슨 로이터에 따르면, 2019년 9월 기준 전 세계 증시의 시가총액 비중에서 한국 증시는 1.5%에 불과하다. 반면 미국은 40.7%, 중국은 15.1%, 일본은 7.1%다. 9월 이후 미국 증시는 계속 고공행진하고 있기 때문에 2020년 2월 기준으로 보면 한국 비중은 아마도 더 떨어졌을 것이다. 어차피 다 같은 지구촌인데 고작 1%의 시장에서 치고받고 싸울 이유는 없다. 자고로 옛 현인들은 무얼 하든 큰물에서 해야 한다고 말씀하시곤 했다.

미국이 좋은 점 4가지

첫 번째, 미국 증시는 매우 다양하다. 우리나라는 대표 종목이라고 해봐야 글로벌 종목은 삼성전자뿐이다. 삼성전자뿐 아니라 다른 대기업들도 대부분 먹이사슬의 맨 아래 위치한 기업들이다. 삼성전자의 D램은 우리나라를 먹여 살리는 산업이기는 하지만 선도 기업 업종이라고 하기에는 무리수가 있다. 좋게 얘기하면 산업의 '쌀'이지만 쌀이기 때문에 판매량에는 한계가 있다. 돈을 많이 번다고, 부자라고 해서 하루에 밥을 10끼씩 먹는 사람은 없는 것과 마찬가지라고나 할까?

반면 미국은 IT 기술주와 헬스케어, 금융 등 다양한 산업이 포진해 있다. 스타벅스 같은 소비재만 하더라도 한국과 달리 전 세계를 향해 뻗어 나가고 있기 때문에 아직도 성장 여력이 충분하다. 이것이 바로 미국 증시의 두 번째 장점이다. 한국보다 훨씬 더 큰 나라인데 성장 매력마저 있다는 것! 미국이라는 나라는 2020년 GDP 성장률이 2%를 밑돌 것으로 전망되지만 그것은 나라 사정이지 기업 사정은 다르다. 기업들은 꾸준히 계속해서 성장하고 있다.

세 번째, 미국은 한국보다 훨씬 더 젊은 나라이기도 하다. 미국은 합계 출산율이 1.77명으로 한국(1.05명)은 물론이고 전체 OECD 평균(1.70명)보다도 높다. 전 세계에서 양질의 우수한 젊은 인력이 쏟아져 들어오고 있기도 하다. 한국도 서울만 보면 전국에서 우량한 인재들이 몰리지만 나라 전체적으로 보면 활기가 없다. 하지만 미국은 다르다. 아메리칸 드림을 꿈꾸며 수많은 사람이 미국행을 시도하거나 꿈을 꾼다. OECD에 따르면, 미국은 2050년까지 인구가 20% 증가할 것으로 예측되고 있다. 한국에 있었다면 최소한 대기업에 다녔을 고급 인재가 미국에서는 세탁소나 슈퍼마켓을 운영하면서 아이는 고학력자로 키운다. 양질의 인재들이 시골 구석구석에까지 포진해 있는 나라가 바로 미국이다. 이주민으로 이뤄진 국가이기에 갖는 장점도 많다. 일단 다양성을 존중하는 편이고(인종차별이 없다고는 할 수 없지만) 규제도 비교적 덜해 새로운 시도를 할 수 있는 여력이 있다.

네 번째, 영어를 사용하는 나라라는 점은 초연결 사회에 커다란 장점이다. 필자는 언론사에 소속된 관계로 한때 〈뉴욕타임스〉나 〈워싱턴포스트〉를 벤치마킹하려고 공부한 적이 있다. 하지만 이내 검토를 끝내야 했다. 미국 땅에서 영어로 발행되는 매체를 따라하려고 해봐야 할 수 없었던 것이다. 세계 어느 나라에 있든 영어를 사용할 줄 알면 〈뉴욕타임스〉의 고객이 될 수 있다. 하지만 우리나라 한글은 쓰는 사람이 제한적이다. 애초 환경 자체가 너무나 다른 셈이다. 전 세계 공용어가 영어라는 것은 우리에게 있어 아무리 노력해도 뛰어넘을 수 없는 벽과 다르지 않다.

4차 산업혁명을 타고 세상은 촘촘히 연결되고 있다. 미국 페이스북이나 트위터, 우버 등이 전 세계에서 이용되듯이 미국에서 성공한 기업은 어디까지 뻗어 오를지 본인조차 모를 정도로 성장하는 사례가 빗발치듯 이어지고 있다. 더구나 미국은 의료 기술 선진국이며 고령화를 타고 더 많은 기회를 누릴 가능성이 높다. 4차 산업혁명과 고령화 등 글로벌 경쟁력의 핵심과 다름없는 키워드들이 마치 미국을 위해 존재하는 것만 같다.

브랜드는 어떠한가? 최근 필자의 아이가 다니는 초등학교 미술교실에 갔다가 깜짝 놀랐다. 아이들이 그린 그림의 30%는 캡틴 아메리카나 아이언맨, 스파이더맨, 헐크 등 마블코믹스의 히어로들이었다. 여자아이들은 디즈니의 〈겨울왕국〉에 환호한다. 2019년 7월 초, 우리나라 박스오피스 1~4위를 모두 디즈니 영화가 차지하는 일마저 벌어졌다. 〈토이 스토리 4〉, 〈알라딘〉, 〈스파이더맨〉, 〈라이온 킹〉 등이 바로 그 영화들이었다.

미국은 세계를 제패하고 있다. 아침에 일어나 스타벅스 커피를 마시면서 잠을 깨고 밤에는 애플 아이폰으로 넷플릭스를 보면서 버드와이저를 마시며 잠이 든다.

미국 주식만의 장점도 있다. 미국 주식 자문을 전문으로 하는 로제타투자자문의 박대용 대표이사에 따르면, 미국 대표 지수인 S&P500지수는 지난 60년 동안 2년 연속으로 마이너스 수익률을 기록한 것이 단 2차례에 불과했다고 한다. 위험도 자체도 한국보다는 훨씬 나았던 셈이다.

수익률은 어떨까? 수익률을 비교하면 한국 증시의 초라함은 훨씬 더 극명하게 드러난다. 1988년부터 2018년까지 30년을 비교하면 S&P500은 803% 상승했고, 국내 코스피지수는 125% 상승했다. 최근 10년을 비교하면(2008~2018년) 미국 증시는 125%, 한국 증시는 21% 상승했다. 최근 5년(2013~2018년)으로 하면 미국은

36%, 한국은 1.5% 올랐다. 2019년만 봐도 9월 20일까지 기준으로 미국은 19.4% 상승했고, 한국은 고작 1% 상승했다.

이런데도 한국에서 태어났다는 이유만으로 한국 주식만 살 것인 가? 처음 하는 것이라 어색해서 그렇지, 미국 주식은 반드시 시작해야만 한다.

배당주도 천조국은 확실히 다르다

미국은 다양한 종류의 기업과 리츠, 우선주, 상장지수펀드(ETF), 채권 등이 상장해 있다. 이 때문에 추천주를 꼽으라고 하면 너무 방대해서 제대로 골라낼 수 있을지 부담이 느껴질 정도다.

일단 미국은 기업 대부분이 배당주라고 할 수 있다. 2019년 9월 기준 전체 S&P500 기업의 시가 배당률이 2.4%로 높은 축에 들고 기업들의 배당 성향도 38.4%에 달한다. 배당 성향이 38.4%라는 말은 순이익의 38.4%를 배당하는 데 쓴다는 의미다. 미국 기업은 배당 재원이 모자라면 빚이라도 내 배당을 할 정도로 배당 친화적이다.

하지만 배당에 대한 접근법이 한국 기업들과 조금 다르다는 점은 유념할 필요가 있다. 이건규 르네상스자산운용 대표이사는 자신의 블로그에 다음과 같은 글을 올린 적이 있다.

'미국 기업은 배당 성향이 높아 때로는 부채까지 일으켜 고배당을 실시하지만, 그러다가 어느 순간 배당을 확 줄이곤 한다. 우리나라는 배당을 끊으면 주주들과의 약속을 저버리는 것이라는 인식이 있어서 한 번 배당을 실시하면 어지간하면 지속하지만, 미국은 끊

을 땐 또 확 끊는다. 미국 경기가 둔화국면으로 접어든다면 배당주 투자 또한 위험할 수 있다.'

즉, 미국 기업은 벌 때는 나누고, 벌지 못할 때는 고통 분담도 함께 한다고 인식하는 것이다. 우선주 같은 것만 봐도 이런 인식이 확연히 느껴진다. 우리나라였으면 회사에 항의 전화를 계속할 것 같은 일도 미국 기업들에서는 흔하게 일어난다. 채권형 상품만 하더라도 미국의 신종자본증권(하이브리드 채권)의 경우 이자를 지급하지 않아도 되는 조건이 어찌나 많은지…. 순이익이 나지 않으면 이자를 지급하지 않겠다는 무서운 얘기를 서슴없이 하는 곳이 미국이다. 그리고 투자자들도 이를 받아들이는 것이 깔끔해 보이면서도 신기하다. 그런 의미에서 2019년 한국에서 꽤 인기를 끌었던 미국 금융 우선주에 대한 얘기를 해보려고 한다.

JP모건이 발행한 우선주 JPM/G를 예로 들어보겠다. 이 우선주는 2019년 11월 11일 기준으로 가격이 25.63달러다. 연 배당금이 1.525달러로 정해져 있기 때문에 이 가격 기준으로 보면 연 배당률은 5.95%다. 여기까지 들으면 "우와, 미국 기업이 6% 가까이 배당하다니…. 완전히 좋은데? 집 팔아서 사야겠다"라고 할지도 모르겠다. 하지만 미국 배당주는 주의해야 할 것이 두 가지 정도 있다.

제일 중요한 주의사항은 재매입권리(Redeemable)다. 미국 우선주는 대부분 기업에 재매입권리가 있다. 우선주를 발행한 뒤 사들일 수 있는 콜옵션이 붙어 있다고 할 수 있다. 앞에서 언급한 JP모건의 우선주 JPM/G를 보자. 이 우선주는 2020년 9월 1일 이후 회사

측이 불과 25달러의 가격에 재매입할 수 있다. 더구나 재매입 가격이 25달러로 고정돼 있다. 투자자가 28달러에 샀든, 30달러에 샀든 2020년 9월 1일에 회사가 요구하면 25달러에 팔아야만 한다. 연배당이 1.5달러 수준이기 때문에 시점에 따라서는 배당 차익이 1달러도 안 될 수 있다. 거래도 충분하지 않은데 배당 욕심에 비싼 가격에 샀다가 오히려 손해 보고 빠져나올지도 모른다.

그래서 미국 우선주를 사려면 매입 행사 가능일(Call Date)을 꼭 확인해야 한다. 함동민 한국투자증권 애널리스트는 2019년 10월 14일에 발간한 보고서에서 미국 우선주 추천주로 모건스탠리가 발행한 MS/K, 스테이트스트리트의 STT/G, 페더럴리얼티의 FRT/C를 추천했다. 모두 배당 수익률이 6% 안팎이면서 매입 행사 가능일이 꽤 남아 있는 종목들이다. 다시 한 번 이야기하지만, 미국 배당주는 아무래도 영어로 쓰여 있기 때문에 자칫 잘못해 어설프게 번역하고 배당 수익률만 참고해 주식을 샀다가는 낭패를 볼 수 있다. 반드시 전문가 상담을 거쳐 결정하기를 권한다.

미국 우선주는 이 때문에 금리 하락기에 유리하지만(금리가 내려가는 것이 배당주에 유리한 이유는 뒤에서 다시 설명하겠다) 그러면서도 저금리 환경이 되면 '콜 리스크(회사가 재매입할 가능성이 높아지는 위험성)'가 높아진다는 특징이 있다는 점을 인지할 필요가 있다. 저금리가 되면 아무래도 기업은 기존 우선주를 재매입하고 다시 발행하는 것이 유리하다. 마치 대출자들이 금리가 내리면 대출 갈아타기를 하듯이 말이다. 이 때문에 금리가 가파르게 내리는 국면이라고 하면 회사가 콜옵션을 행사할 가능성이 높다고 미리 인지하고 있는 것이 마음 편하다.

또 하나 인지해야 하는 주의사항은 앞에서 말한 것처럼 미국은 순이익이 나지 않으면 배당을 하지 않을 수 있다는 점이다. 미국 우선주도 순손실 발생 시 배당을 하지 않는다고 명시돼 있다. 하기야 미국은 채권도 적자라면 이자를 지급하지 않고, 심지어 적자가 되면 예금 이자를 지급하지 않게 되어 있는 은행도 있다(이런 조건부 채권이나 우선주는 자본으로 인정받을 수 있다. 자본과 부채의 가장 큰 차이는 특이상황 발생 시 갚지 않아도 되느냐, 안 되느냐의 차이다). 그만큼 미국은 자율성(?)을 존중하는 나라인 셈이다.

함동진 애널리스트는 이 때문에 우선주 ETF에 투자하라고 권한다. 그리고 아이쉐어스(iShares)의 PFF를 추천했다. PFF는 'iShares Preferred and Income Securities ETF'의 줄임말인데 미국 내 441개의 우선주에 선별적으로 투자한다. 금융 업종이 전체의 53.8%를 차지하고 있다고 하는데 전문가가 0.5%의 보수를 받고 종목 편출입을 결정하니 믿고 맡기기에 나쁘지 않다. 참고로 미국 배당 ETF에 대해서는 뒤에서 다시 소개하겠다.

22% 양도세는 유념

미국 주식에 투자할 때 고려해야 할 것이 있다. 바로 '세금'이다. 사실 많은 미국 주식 투자자가 "세금이 복잡해서 못 해 먹겠다"라고 말하곤 한다. 사실 미국 과세체계 자체는 어려울 것이 없는데 우리나라 투자자를 대상으로 한 과세체계가 조금 복잡하다.

일단 미국 주식은 매매 차익이 250만 원을 초과하면 바로 22%의 양도소득세를 물린다. 1년 치를 계산해 이듬해 5월까지 직접 신고하고 납부해야 한다. 또 배당의 경우에는 15%를 원천 징수한다.

그 외에도 생각할 것이 많다. 손실 난 종목이 있을 때에는 수익과 손실을 합산해 계산한다. 이렇게 수익과 손실을 계산할 때는 당시 적용된 환율을 반영해야 한다. 합리적이지만 개인이 직접 계산한 뒤 세금을 내야 하기 때문에 다소 귀찮은 것이 사실이다.

특히 절세를 제대로 하려면 고려할 것이 많다. 양도 차익이 250만 원이 넘지 않도록 관리하는 것이 특히 그렇다. 필자의 한 지인은 수익이 200만 원을 넘으면 일단 팔고 다시 매입한다고 한다. 계산해서 신고하는 것이 귀찮기 때문에 이런 번거로운 작업을 거치는 것이다. 물론 증권사에서 대행 서비스를 제공하고 있어 증권사에 맡기기만 하면 된다. 단, 이 경우에는 한 개 증권사만 이용해야 한다.

금융소득 종합과세 리스크도 살펴야 한다. 미국 주식은 무조건 분리과세(분류과세)라고 생각하는 사람이 많은데 미국 주식도 금융소득 종합과세 대상 리스크가 없는 것은 아니다. 배당소득만은 금융소득 종합과세 대상으로 분류되기 때문에 계산을 잘 해둬야 한다.

미국인이 미국 주식에 투자할 때는 어떨까? 이때는 꽤 간편하다. 미국 또한 양도소득세체제인데 소득이 상위 25%인 사람은 15%의 양도세를 내고, 소득이 하위 15%라면 5%만 내면 된다. 그리고 주식을 1년 미만으로 보유하면 10~37%의 일반소득세를 물린다. 손해 보고 팔았어도 무조건 거래세를 내야 하는 한국에 비해 상당히 합리적이라는 생각이 든다.

그리고 또 하나, 미국 ETF와 달리 해외펀드를 사면 해외펀드는 수익금 자체가 금융소득 종합과세 대상이 된다. 그러므로 해외펀드를 할 바에는 미국 ETF를 하는 것이 낫다. 최근 펀드 인기가 점점 떨어지는 것은 이처럼 형평성이 어긋나는 데도 그 이유가 있다.

주식 전망보다 중요한 환율 전망

배당은 통상 연 5~7%를 목표로 한다. 상대적으로 적은 이익을 목표로 하고 있기 때문에 환율로 인한 변동성을 반드시 고려해야 한다. 예를 들어 페이스북이나 애플, 아마존 주식을 매수하면서 5%를 목표로 하는 투자자는 없다. 보통 20~30% 이상의 수익을 원하기 때문에 기껏해야 5% 안팎일 환율로 인한 변동성을 크게 신경 쓰는 투자자는 많지 않다.

배당주는 다르다. 배당주는 먹는 것이 빤하기 때문에 5%를 먹더라도 환율로 5%가 깨지면 손해다. 이 때문에 배당주에 투자할 경우 환율 전망이 그 어느 때보다 중요하다. 여기서 2020년도 환율 전망을 그럴듯하게 늘어놓으면 좋겠지만 아쉽게도 환율 전망은 어제가 다르고 오늘이 다르다. 배당주 투자자 입장에서는 환율이 오르는 것이 좋다. 그래야 환전했을 때 한국 돈으로는 더 많은 이익이 생기니까 그렇다. 1달러가 1,000원일 때는 1달러어치 주식을 팔아서 1,000원만 손에 넣지만, 1달러에 1,500원이라면 1달러어치 주식을 팔았을 때 1,500원이 생긴다.

환율이 오를 수 있는 요인으로 금리 인하가 있다. 금리를 인하한 다는 건 그만큼 돈이 헐값이 된다는 의미이고, 원화값은 약해진다 (환율이 오른다). 2019년 하반기에는 원·달러 환율이 한때 1,200 원 위에서 1,150원대까지 급락했다. 사실 미국과 중국의 무역 분쟁 영향으로 급변한 것이다. 2020년 환율 전망과 관련해 가장 중요한 것 또한 무역 분쟁이다(이 책을 쓰고 있는 2020년 초 대형 악재로 떠오 른 코로나19가 잠잠해질 것을 가정하고 하는 얘기다). 만약 미국이 중국 과 갈등을 봉합하면 아마 원화는 강해질 가능성이 있다. 미국이 환 율조작국으로까지 지정하면서 중국을 들들 볶은 것이 바로 중국에 대한 수출 적자 때문인데 갈등 보합 이후에는 아마도 중국 위안화 의 강세를 유도할 가능성이 높다. 그래야 미국 기업들의 수출 환경 이 좋아지기 때문이다(미국 달러 가치가 떨어져야 해외에서 번 돈이 자 국 내에서 더 큰 수익으로 이어진다). 한국은 중국에 대한 경제 의존이 나날이 심해지고 있어서 원화 또한 위안화와 연동된 흐름을 보이고 있다. 미국과 중국의 사이가 개선되면 아마도 미국 배당주 투자에 는 불리한 환경이 조성될 수 있다. 물론 이는 기존 미국 주식 보유 자들에게 그렇다는 얘기이고 신규 진입할 투자자들에게는 유리한 환경이 조성될 수 있을 법하다.

2020년 전망과 관련한 또 하나의 리스크 요인은 미국의 금리 기 조다. 2019년 8월만 해도 미국이 금리를 가파르게 내려야 할 것처 럼 이야기됐지만 2019년 말에는 더 이상 금리 인하는 필요 없다는 기류가 우세하다(트럼프 대통령이 그렇게 윽박질렀음에도 불구하고). 미국이 금리를 인하하면 할수록 당연히 원화에는 강세 요인이 된다.

환율과 관련해 표현하는 용어가 환율 상승, 원화 절상, 원화값 상승 등 복잡하기 때문에 언뜻 읽으면 이해가 안 될 수도 있겠으나 한번, 두 번, 여러 번 읽으면 이해할 수 있을 것이다. 투자자라면 환율이 움직이는 메커니즘을 이해해야 한다. 아이가 초등학생이나 중학생인 독자라면 서울 남대문에 있는 한국은행 화폐박물관도 한번 방문해보시기를 추천한다. 아이는 물론이고 어른도 환율에 대한 개념을 다시 한 번 잡을 수 있을 것이다.

Chapter 5

배당주 투자에 필요한 경제 지식

손과 발이 빠르기만 해서는 훌륭한 야구 수비수가 될 수 없다. 공이 어느 쪽으로 향할지 예측할 수 있어야 한다. 배당주 투자 또한 마찬가지다. 종목이나 업종 분석을 잘한다고 할지라도 경제 전체에 대한 분석을 빠뜨려서는 곤란하다. 경제 공부라는 것이 끝이 없긴 하지만 필자가 주식 투자에 있어 강조하고 싶은 경제 분석에 필요한 지식을 이번 장에 담아보고자 한다.

마이너스 금리의 시대

한국은행이 거의 매달 금융통화위원회를 열고 금리를 바꿀지 말지 결정하는 이유는 무엇일까? 금리가 대체 뭐길래 거의 한 달에 한 번꼴로 전문가라는 사람들이 모여 논의하고 힘겨운 논의 과정을 거쳐 금리를 결정하는 것일까? 참고로 금통위는 원래 매달 열렸었는데 이주열 총재가 한은 수장으로 취임한 뒤 매달 여는 것은 너무 낭비라고 해서 2017년부터 매해 8번 개최로 바뀌었다.

금리 조정의 첫 번째 이유는 경제학적으로 물가 대응이다. 경기 대응도 있겠지만 처음에는 물가 때문에 조정되기 시작했다고 보는 것이 맞다. 일례로 물가가 10% 올랐고 금리는 0%라고 해보자. 그러면 모든 사람이 쌀이나 곡식, 기름 등 썩지 않는 온갖 현물을 집에 쌓아두려고 할 것이다. 돈을 가지고 있는 것보다 물건으로 보유하는 것이 남는 장사이기 때문이다. 그렇게 되면 물가 상승은 더욱 가속화될 것이고 돈은 헐값이 될 것이다. 물건의 가치가 돈의 가치를 저만치 앞지르는 셈이다.

정반대 경우도 가정해보자. 2020년 초 현재는 "저금리를 끝내야 한다. 2008년 글로벌 금융위기 이후 저금리를 유지했더니 부동산 등 자산 가격만 폭등하는 부작용이 나타났다. 금리를 올려야 한다" 라는 목소리가 높다. 자, 이 의견이 맞는다고 치고 내일부터 당장 금리를 10%로 올려보자. 물가는 0%라고 가정해본다. 이렇게 하면 어떤 현상이 나타날까? 앞에서 말한 상황과 반대로 모든 물건을 사려고 들지 않을 것이다. 오로지 은행에 예금하는 것이 남는 장사다. 이 경우에는 반대로 소비가 위축되고 자본의 이동이 나타나지 않을 것이다.

물가와 금리는 같이 움직여야 한다. 동떨어져 움직이면 여러 부작용이 나타난다. 이런 부작용을 막기 위해 각국 중앙은행은 예상 물가 상승률을 감안하여 금리를 결정한다.

그런데 '물가＝금리'라는 이야기는 경제학 책에서나 존재하는 설명이다. 현실적으로 2020년 현재 우리나라에서는 고리타분한 이야기에 가깝다. 베네수엘라 같은 나라가 아닌 이상 지독한 인플레이션으로 신음하는 나라는 없다고 봐야 한다. 특히 우리나라 정도만 해도 어느새 선진국(혹은 선진국 문턱)에 진입했기 때문에 물가 상승을 억누르고자 금리를 올리는 경우는 없다고 해야 한다. 언젠가는 될지 모르겠지만 최소한 한동안은 어렵다.

미국은 글로벌 금융위기 이후 낮추기만 하던 금리를 2015년쯤부터 올리기 시작했다. 하지만 당시 미국은 경기 과열이나 물가 상승 때문에 금리를 올린 것이 아니었다. '미래에 대한 빚을 지지 말자'라는 차원에 불과했다.

2018년 한진그룹에 대해 경영권 참여를 선언해 유명세를 떨친 강성부 KCGI 대표는 그 전에 크레디트 애널리스트였던 시절 기자와 만나 다음과 같이 말한 적이 있다.

"정치인 입장에서야 금리를 계속 내리는 게 좋겠지요. 과열이 되든 말든 경기는 부양되니까요. 하지만 금리를 마냥 내린다는 것은 미래 아이들이 먹어야 할 곳간에서 미리 빼먹는 것입니다. 우리가 금리를 잔뜩 내려놓으면 후대에는 경기 대응책으로 금리를 조정할 수 있는 여력이 없잖아요? 미국도 여력이 좀 되면 금리를 다시 되돌려놔야 합니다."

강 대표의 말처럼 미국은 2015년부터 낑낑대며 금리를 올리기 시작했다. 하지만 물가란 놈이 도통 살아나지 않아서 2015~2016년에 고작 2번 올리는 데 그쳤다. 앞에서 물가와 금리는 같이 가야 한다고 했다. 물가가 오르지 않는데 금리만 올린다면 앞에서 설명한 대로 소비자들은 최대한 물건을 사지 않으려고 할 것이다. 휴지 하나를 사더라도 최대한 임박해서 사는 것이 금전상 이득이기 때문이다. 이것은 불황을 부르고 돈의 순환을 더 어렵게 한다.

미국은 미래의 아이들이 먹을 것이 있는 곳간에서 빼먹는 행동을 최대한 덜 하기 위해 2017년쯤부터는 막대한 경기 부양책을 실시하기 시작했다. 도널드 트럼프 대통령 취임 전후로 있었던 대규모 인프라 투자는 정부 돈을 퍼부어 경기를 살림으로써 금리 인상의 명분을 쌓는 것이 목적이었다. 그렇게 미국의 금리 인상은 아름답게 마무리되는가 싶었다. 트럼프 대통령이 '뭐야? 오바마는 저금리를 실컷 즐겨놓고 나한테는 이런 뒷감당을 하라고? 내가 왜 그래야 하는데?'라고 생각하기 전까지는 말이다.

금리를 올리기 쉽지 않아졌다

2019년 7월 말, 독일 국채금리와 연동된 파생결합증권(DLS) 손실 사태가 큰 논란이 됐다. 사모펀드에 담겨 1조 원 넘게 팔린 이 상품은 독일 국채금리가 -0.2% 밑으로 내려가지만 않으면 연 4~5%의 금리를 주는 상품이다. 만기는 4~6개월 정도였다.

이 상품이 처음 인기를 끌 당시만 해도 트럼프 정부 초반으로 금리는 계속 올라가던 상황이었다. 이 때문에 금리가 -0.2%가 되리라고는 전혀 생각하지 못했다. 글로벌 금융위기와 유럽 돼지들[유럽국가 중 심각한 재정 적자를 겪은 포르투갈, 이탈리아, 그리스, 스페인을 묶어 '돼지들(PIGS)'이라고 불렀다] 재정 위기 사태로 마이너스 금리 시대가 펼쳐질 당시에도 -0.2%를 기록한 적은 한 번도 없었다.

은행은 '전망'보다 '기록'을 본다(반대로 증권사는 기록을 보기보다는 전망을 본다). 은행 입장에서는 한 번도 기록하지 않은 금리 -0.2%를 4~6개월 안에 기록할 가능성은 거의 0%라고 생각했던 것 같다. 이 때문에 독일 국채금리 연동의 DLS가 은행에서 상당한 규모로 팔렸고 결국 그로 인해 수많은 사람이 손해를 봤다.

그렇다면 이렇게 급격하게 금리 전망이 바뀐 이유는 무엇일까? 첫째가 바로 트럼프다. 〈뉴욕타임스〉는 상당히 진지하게 트럼프 대통령이 금리를 낮추고 싶어서 미·중 무역 분쟁을 일으켰다고 의심한다. 금리를 낮추면 경기 부양이 되고 대출을 받아 연명하는 한계 기업들의 목숨줄이 길어진다(이는 결국 고용과도 관계가 있다). 트럼프 대통령의 전공분야인 부동산 기업들은 특히 좋아진다. 대부분 레버리지를 일으켜 건물을 매수한 뒤 운용하는데 이자 부담이 감소하기 때문이다. 그래서 미국의 일부 정치 미디어는 트럼프 대통령이 자기의 부동산 사업 때문에 금리 인하를 유도하고 있다는 분석을 내놓기도 했다. 그래도 설마 일국(특히 세계 최강국인 미국인데)의 대통령이 그렇게까지 개인 이익을 위해 했을까 싶긴 한데 실제로 트럼프 대통령 때문에 미국 경제지표는 악화했고 그로 인해 미국은 2019년에 3차례나 금리를 내렸다.

미국의 급격한 방향 전환으로 인해 유로존, 호주, 일본 등이 다시 금리 인하 기조로 돌아섰고 우리나라를 비롯한 중국, 베트남 등 신흥국마저 금리 인하에 동참하고 있다. 우리나라 정부의 경우 부동산 과열 가능성 때문에 상대적으로 금리 인하를 강하게 원하지는 않는 편인데 나머지 국가들은 내심 금리 인하 기조를 반가워할 수밖에 없는 상황이다. 특히 살림이 여유롭지 못한 신흥국일수록 미국의 금리 인하가 반갑다. 미국이 금리를 올리면 가뜩이나 재무구조도 취약한 신흥국들은 더 많은 금리를 줘야 투자자들을 붙잡을 수 있다. 미국 국채가 4%를 지급한다면 브라질이나 멕시코는 당연히 훨씬 높은 이자를 지급해야 투자자들이 눈길이라도 돌리지 않겠는가? 이렇게 신흥국들은 자금 유출 우려감이 높았기 때문에 트럼프 대통령의 연준 의장에 대한 저금리 요구를 실제로는 반가운 심정으로 바라보고 있다. 우리나라만 해도 2018년까지는 미국의 기준금리가 더 높아지면서 외화 자본이 급격히 유출될 것이라는 전망이 나오곤 했다.

그렇다면 금리와 배당주의 관계는?

기본적으로 금리가 내려가는 것이 배당주에 유리하다. 금리가 5%인 시절에는 1만 원인 주식이 500원을 배당해봐야 큰 매력이 없지만(기준금리와 같은 수준의 배당) 금리가 1%대까지 떨어지면 5%의 배당 수익률은 어마어마한 수익을 안겨주는 배당주로 취급된다.

그 외에도 금리 인하가 유리한 이유는 여러 가지가 있다. 일단 기업 또한 대부분 대출이 있기 때문에 대출 이자 부담이 감소한다. 이리츠코크렙과 같은 리츠는 전체 자산 중 대출 비중이 절반 가까이로 높기 때문에 금리가 낮아지면 대출 이자 지급 부담이 줄어들어 배당 수익률이 뛸 수 있다.

금리가 내려가면 소비자들의 씀씀이가 좋아진다는 것도 상장 기업 입장에서는 긍정적이다. 앞에서 잠깐 언급했듯이 금리가 내려가면 현물의 가치가 상대적으로 오르는 것이기 때문에 구입 여력이 커진다고 볼 수 있다. 금리가 0%라면 남는 돈을 예금으로 맡기지 않고 소비에 쓰는 경향이 나타나는 것이다.

하지만 금융주는 입장이 조금 다르다. 특히 은행이나 생명보험사 등은 저금리 상황이 되면 운용 여력이 점점 더 감소한다. 기존에 보유한 채권의 가치는 높아지기 때문에 일견 실적은 좋게 보이지만 (금리 인하=채권 가격 상승) 중장기적으로는 저금리 환경이 고착화되는 것이라 사업하기가 쉽지 않아진다. 생보사는 기존 보험 가입자들에게 고정금리 이자를 주기로 약속한 계약이 많은 탓에 부담이 2배로 커진다. 저금리 환경에서 돈을 굴려 수십 년 전 계약한 고객에게도 고정금리 이자를 지급해줘야 하기 때문이다. 일부 생보사는 연 10% 안팎의 고금리로 계약한 보험 상품 때문에 아직도 골머리를 앓고 있다.

증권사는 입장이 조금 다르다. 단기 위주로 영업하는 성향이 있다 보니 금리가 내려가면 채권 가격 상승의 수혜를 입는다. 여기서 잠깐, 금리가 내려가면 채권 가격이 오른다는 게 무슨 의미일까? 무슨 의미인지 이해 못 한 독자가 있을 수 있어 설명을 한번 하고 넘어가도록 하겠다.

기존에 내가 가진 채권은 1만 원에 발행됐고 5%의 이자를 지급한다고 하자. 그런데 기준금리가 내려 내일부터 발행되는 채권의 경우 1만 원에 발행하고 4%의 이자만 지급한다고 하자. 이렇게 되면 내가 갖고 있는 채권은 신규 발행되는 채권에 비해 매력도가 높다. 내 채권은 5%를 주기로 되어 있는데 내일부터 나오는 채권은 고작 4%만 주기 때문이다. 그러면 자연스레 투자자들은 '에이, 내일부터는 4%밖에 안 준다고? 그러면 어제 나온 채권을 사자. 웃돈을 줘서라도 사자'라고 생각한다. 그렇기 때문에 1만 2,000원대까지는 오르게 된다. (비슷한 수익률까지 오른다고 가정 시) 이런 과정을 거치므로 채권 보유량이 많으면 금리 인하 국면에서 수익성이 좋아진다.

증권사 또한 채권 보유량이 많기 때문에 금리가 내려가면 채권 가격 상승의 수혜를 입는다. 다시 말하지만 은행이나 보험사도 채권 가격 상승 때문에 겉으로는 지표가 좋아진다. 앞으로 영업 환경이 나빠진다는 점이 우려 요인일 뿐이다. 그에 반해 증권업종은 금리가 내려가면 투자자들이 주식 시장으로 몰려오게 마련이라 금리 인하의 수혜주라고 생각하면 될 것이다. 즉, 금리 인하 수혜 배당주는 리츠와 증권주, 그 외 제조업 등이고, 금리 인상 수혜 배당주는 은행과 보험 등으로 이분해서 생각하면 된다.

끝으로 보험사라고 모두 다 금리 인하 시 타격을 입는 것은 아니다. 손해보험사는 생명보험사와 사정이 조금 다르다. 생보와 달리 자금 운용 사정보다는 영업 환경이 중요하고(자동차보험 손해율 등) 고금리를 지급하기로 약속한 상품이 적기 때문에 금리를 인하한다고 타격을 입는다고 단정 지을 수는 없다.

GDP와 증시의 상관관계

박근혜 정부 때 당시 최경환 의원이 경제부총리를 했는데 최 부총리를 아주 싫어하는 한 인사가 모 증권사 사장이 됐다. 이 인사는 취임하자마자 리서치센터장을 불러 "최 부총리의 경제 정책인 초이노믹스가 한국 GDP에 악영향을 미친다는 리포트를 한번 써봐"라고 했다. 그러자 리서치센터장은 다음과 같이 답했다.

"저희는 GDP를 취급하지 않는데요? 한국 경제와 증시가 무슨 상관이 있습니까?"

이 리서치센터장은 그 자리에서 엄청나게 깨졌다고 했다. 하지만 사실은 사실이라고 항변했다. 글로벌 경제 시대에 한 나라의 총생산량이 왜 중요하냐는 것이 리서치센터장의 얘기였다. "기업은 다른 나라에서도 생산을 하고 소비를 합니다. 이것들은 모두 주가에 반영됩니다. 반면 GDP는 우리나라 사람이 해외여행을 하면서 쓰는 돈까지 모두 포함되죠. 착시가 있을 수밖에 없습니다"라고도 했다.

그래도 배당주만 놓고 보면 GDP, 즉 국내 경기를 어느 정도는 참고할 수 있을 법하다. 일단 배당주는 금융(은행)과 유통, 식음료, 리츠 등 내수주 비중이 높은 편이다. 글로벌 각국을 넘나드는 기업들은 대체로 성장주이고 이곳저곳 투자할 분야가 많아서 배당 성향이 높지 않다. 반면 우리가 관심을 두고 지켜보는 배당주들은 성장보다는 안정을 중시하는 기업들이고 상대적으로 내수 중심이다 보니 GDP와 어느 정도는 연동된 흐름을 보인다. 즉, 2020년 한국 경제가 실제로 큰 위기를 맞는다고 해도 증시는 큰 폭으로 오를 수 있다는 말이다. 하지만 이런 경우 배당주는 상대적으로 부진한 흐름이 나타날 가능성이 높다. 군이 따지면 GDP와 배당주가 엇비슷하게 움직인다고 할까? 그런데 이보다 더 중요하게 지켜봐야 하는 지표가 있다. 바로 GDP 갭(Gap)이다.

GDP 갭이 커지면 주식을 사라

'GDP 무용론'조차 요즘은 잘 나오지 않을 정도로 GDP에 대한 관심이 많이 사그라들긴 했지만, 그래도 말 나온 김에 스터디를 좀 해보자.

GDP는 크게 실질 GDP와 잠재 GDP, 이렇게 2개로 나뉜다. 실질 GDP는 실제로 한 나라가 생산한 국내총생산 결과치를 말한다. 우리가 흔히 쓰는 GDP가 바로 이 GDP다. 반면 잠재 GDP는 물가 상승을 유발하지 않는 범위 내에서 한 나라가 노동과 자본 등 생산 요소를 정상적으로 투입했다고 가정할 경우 달성할 수 있는 최대 생산치다. 아마도 경제학 전공자라면 학생 때 수업을 받으면서 들은 적이 있을 것이다.

실질 GDP와 잠재 GDP 간의 차이를 계산하는 'GDP 갭'이 있다. GDP 갭이 플러스라면 실질 GDP가 잠재 GDP보다 높다는 의미로, 인플레이션 갭 상태라고 한다. 잠재 GDP는 물가 상승을 유발하지 않는 범위 내에서 노동과 자본을 정상 투입한 것이기 때문에 이보다 실질 GDP가 높게 나왔다는 것은 어느 정도 인플레이션(물가 상승 혹은 과열)이 나타나고 있다는 의미다. 반대로 GDP 갭이 마이너스라면 실질 GDP가 잠재 GDP를 밑돌고 있다는 얘기로 노동이나 자본이 제대로 활용되지 않고 있다는 해석이 가능하다. 그러므로 정부는 인플레이션 갭 상태(GDP 갭이 플러스)에서는 수요를 억제하는 긴축 정책(금리 인상 등)을, 반대로 디플레이션 갭(GDP 갭이 마이너스)일 때는 총수요를 늘리는 확대 정책을 펴는 것이 바람직하다. 확대 정책에는 정부 스스로 돈을 푸는 재정 정책이 있을 것이고, 금리 인하도 있을 것이다.

자, 한국 GDP와 코스피지수를 비교한 다음 그림을 보자(출처는 키움증권 투자전략팀장을 맡았다가 2019년에 독립한 홍춘욱 EAR리서치 대표이사의 블로그다). 이 그래프의 검은 선은 코스피지수 상승률인데 축이 거꾸로 뒤집혀 있다. 즉, 위로 갈수록 부진한 것이다. 또 다른 선은 한국의 GDP 갭인데 잠재 성장률과 실제 성장률의 차이를 측정한 것이다.

한국 GDP 갭과 코스피 상승률

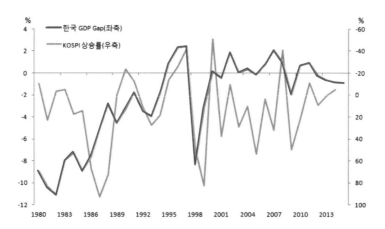

이 그래프를 보면 두 선이 완벽히 겹친다고 말하기는 조금 어려울지 모르나 어느 정도는 동행하는 듯한 모습이 나타나고 있다. 풀어 설명하면 경제가 마이너스 GDP 갭 상태일 때는 주식 시장 또한 바닥이니 진입하는 것이 좋고, 경제가 플러스 GDP 갭일 때는 주식을 파는 것이 낫다는 의미를 나타낸다. 경제가 나쁠 때는 정부가 금리를 인하하고 돈을 풀면서 경기 띄우기에 나설 것이고 이러다 보면 증시 또한 오른다는 얘기다.

필자는 수차례에 걸쳐 위기론이 나올 때는 주식이든 부동산이든 사는 것이 좋다고 얘기하고 있다. 언론이 경제가 안 좋다면서 나라 망할 것처럼 떠들 때가 투자의 최적기다. 반도체가 어렵다고 할 때 반도체를 사는 것이 좋고 디스플레이가 안 좋다고 할 때 디스플레이를 사는 것이 좋았다. 부동산도 붕괴론이 나올 때가 투자하기에는 제일 좋았던 시기였다.

우리나라는 특히 이런 성향이 강하다. 이유가 무엇일까? 제조업 중심으로 중진국과 선진국 경계에 걸쳐 있는 특수성이 있어서 더욱 그렇다. 현대자동차를 예로 들어 설명하면, 세계 경제가 나빠 소비가 줄고 신흥국 화폐 가치가 떨어지면 현대차 입장에서는 수출 환경이 좋아진다. 경기가 나쁠 때는 소비가 줄고 신흥국 투자도 줄이기 때문에 우리나라를 비롯한 비안전 자산 국가의 화폐는 가치가 떨어진다. 그런데 가치가 떨어지다 보니 현대차는 앉은 자리에서 수출을 할 때마다 환차익을 얻는 것이다. 반대로 글로벌 경기가 좋을 때는 신흥국 화폐 가치 또한 좋아지니 현대차의 수출 상황이 악화한다. 이때는 비록 수출 환경은 나쁘지만 세계 경제 자체는 좋기 때문에 현대차 입장에서도 버틸 여력이 생긴다. 마치 시소에 탄 것처럼 이런 악재가 있을 때는 이런 호재가 있고, 이런 호재가 있을 때는 저런 호재가 발생하는 독특함이 있다. 그것이 우리나라 경제 구조의 장점이다.

일본은 정반대다. 일본은 세계 경제가 나빠지면 안전 자산인 엔화 가치는 오히려 강해진다. 일본 자동차회사 입장에서는 경기가 나쁠 때 환차손도 커지는 상황을 맞이한다. 물론 좋을 때는 더 좋겠지만 나쁠 때 한없이 나빠진다는 단점이 있다. 토요타자동차나 일본항공 등이 아주 잘 나가다가 한순간에 위기를 맞는 것은 이런 특성 때문이다. 우리는 그렇지 않다. 중진국도 나름의 장점이 있는 셈이다. 여기저기서 나쁘다고 떠들어댈 때 까짓거 한번 베팅해본다는 마음으로 공격적으로 나서는 것이 요즘 같은 시절에도 돈 버는 방법이다.

건물주도 꽤 힘듭니다

사람들 대부분은 건물주라고 하면 영원히 걱정 없이 살 것이라고 생각하지만 실제로는 전혀 그렇지 않다. 건물주도 대부분 대출을 일으켜 건물을 매입한다. 100억 원짜리 건물이라고 하면 아무리 적어도 40억 원은 대출이며 거의 대부분 대출 비중이 더 크다. 임대료를 받아 대출 이자를 상환해야 하는데 생각보다 이 작업이 어렵다.

한 임대사업자는 임차인과 계약을 맺을 때 절대 임차인의 눈을 쳐다보지 않는다고 했다.

"눈을 보는 것이 싫어요. 그 눈에 담겨 있는 '희망'이 보기 싫습니다."

자영업자 대부분은 희망 속에 공간을 임차하고 사업에 나선다. 하지만 대부분 실패한다. 필자는 주로 여의도에서 일하는데 1년도 안되는 사이 상가 간판이 2~3번 바뀌는 점포를 흔하게 접한다. 그 임대사업자 또한 너무나 많은 실패를 봤기 때문에 희망 섞인 시선에 맞부딪히는 상황이 공포스러웠을 것이다.

이런 이야기를 하면 "그래도 망하는 사람보다는 임대인이 낫지 않아요? 망하는 사람은 말 그대로 빈털터리가 되지만 임대인은 건물이 남으니까요"라고 말할 것이다. 물론 맞는 얘기다. 당연히 둘의 입장을 단순히 비교하면 임대인 입장이 낫다. 하지만 그런 얘기가 아니라 임대인 또한 많은 리스크에 노출돼 있다는 얘기를 하고 싶을 뿐이다.

세입자가 잘되지 않은 채 떠나고 나면 새로 인테리어를 하고 적지 않은 복비를 물고 다시 세입자를 찾아야 한다. 그런데 자영업 경기가 나빠지면서 세입자 찾는 것이 큰일이 되었다. 주 52시간제나 최저 임금 인상, 김영란법 등 많은 정책이 좋은 의도로 만들어졌지만 이로 인해 자영업자의 숨 쉴 틈이 좁아진 것은 분명한 사실이다. 2019년에는 상가 임대차보호법도 영향을 줬다. 2018년 10월에 개정된 상가 임대차보호법은 건물주가 임대 10년까지 세입자의 계약을 갱신하도록 권리를 보장해주고 '월세+보증금'을 5% 넘게 못 올리게 하는 내용이 골자다. 이러다 보니 건물주는 개정법 이전에 계약했던 세입자들을 만기가 되자마자 속속 내보내고 있다. 아예 임대료를 확 올려 새로운 세입자를 받으려고 하는 것이다. 하지만 생각보다 높은 임대료로는 계약이 되지 않으면서 이도 저도 안 되는 상황이 닥쳐버렸다.

2019년 10월에 산업연구원이 국토교통부 자료를 토대로 분석한 상권별 중대형 주요 상가 공실률에 따르면, 광화문 일대 공실률은

2019년 1분기 10%에서 2분기 12.6%로 높아졌다. 같은 기간 청담 동은 16.1%에서 17.6%로, 영등포는 8%에서 9.4%로, 대학가 인근 으로 술집과 상점이 밀집된 홍대·합정 역시 4.6%에서 7.6%로 주 요 상가 공실률이 급등했다. 비싼 임대료 탓에 세입자가 짐을 싼 지 오래된 이태원의 공실률은 24.3%에서 26.5%로 높아졌다. 대형 상 가뿐 아니라 소규모 상가도 위기다. 한국감정원에 따르면, 전국 소 규모 상가 공실률은 2017년 1분기 3.9%에서 2019년 2분기 5.5% 로 상승했다.

앞으로 벌면서 뒤로 빠지는 것도 건물주 입장에서는 상당한 리스 크 요인이다. 새로운 건물이 계속 생겨나는 상황에다 특히 요즘은 점점 더 신축 선호 현상이 짙어지고 있기 때문에 늦지 않은 시점에 꾸준히 인테리어나 리모델링을 해줘야 한다. 이에 대한 비용도 미 리 계산해놓지 않으면 매달 꾸준히 월세 수입이 들어오는 것 같았 는데도 어느 순간 유동성 위기에 직면할 수 있다. 건물주도 꽤 피곤 한 것이다.

건물주도 쉽지 않다고 이야기할 때 필자가 흔히 거론하는 사례가 리츠다. 여의도 등에 있는 건물로 임대 사업을 하고 있는 케이탑리 츠를 예로 들어보자. 케이탑리츠는 2017년 1월 한때 2,819원이었 던 주가가 2020년 1월 현재는 900원대로 내려앉았다.

어떤가? 건물 관리가 쉽지 않다는 것을 이해했는지 모르겠다. 다 시 얘기하지만, '건물주가 세입자보다 힘들다'는 터무니없는 얘기를 하려는 것이 아니다. 건물주 또한 힘들다는 얘기를 하고 있을 뿐이다. 건물보다 배당주나 (투자한 자산이 좋은) 리츠가 낫다는 얘기다.

NH리츠, 주유소 리츠 등 건물보다 편안한 리츠들

필자가 제일 좋아하는 리츠인 이리츠코크렙은 앞에서 장황하게 설명했고 부동산 얘기로 넘어왔으니 다음에 출시될 재미있는 리츠를 하나 소개해볼까 한다. 이른바 주유소 리츠다.

필자는 일본을 비롯한 주요 국가의 인기 소설을 통해 한국 사회의 미래를 예상하는 것을 즐긴다. 일본 소설가 오쿠다 히데오 등이 쓴 지방 인구 소멸에 관심이 많다. 우리나라 또한 빠르든 느리든 일본이 간 길을 걸을 것이기 때문에 이런 장면이 나오면 필자는 꼼꼼히 읽는다. 그리고 오쿠다 히데오 등이 쓴 지방 관련 소설에 빠짐없이 등장하는 장면이 사라진 주유소다. 실제로 인구가 소멸 중인 일본의 지방에는 버려진 채 방치된 주유소가 많다. 기름을 넣기 위해 집에 따로 휘발유를 구비해놓거나 때로는 60킬로미터 이상 주행해 기름을 넣는 장면이 나오곤 한다.

우리나라 또한 주유소 소멸의 길을 걷고 있다. 그런 과정 속에서 주유소 리츠가 등장한 것이다. 이리츠코크렙을 운영하고 있기도 한 코람코자산신탁은 최근에 전국 193개 주유소에 투자하는 리츠의 영업인가를 국토교통부에 신청했다. 이 주유소는 2019년 10월에 코람코자산신탁과 현대오일뱅크 컨소시엄이 SK네트웍스로부터 인수한 물건이다. 해당 컨소시엄은 SK네트웍스로부터 직영주유소 203개와 임대주유소 111개 등 총 314개의 주유소를 약 1조 3,000

억 원에 일괄 인수했다. 이 중 임대주유소 111개는 현대오일뱅크가 임대차를 승계해 계속 주유소로 운용하고 나머지 주유소 203개 중 10개는 디벨로퍼(부동산 개발사)에 넘겨 오피스텔이나 상업시설 등으로 개발하며 남은 193개는 코람코자산신탁이 리츠를 만들어 투자자금을 모아 운용할 계획이다.

이번에 코람코자산신탁과 현대오일뱅크가 인수한 주유소들의 경우 절반 이상이 수도권과 서울에 있으며 목이 좋은 편이다. 주유소는 기본적으로 차량 통행량이 많은 곳에 자리 잡게 되어 있어 목이 좋을 수밖에 없다. 확실히 땅의 가치가 있기 때문에 리츠가 나오면 성공하리라고 본다. 주유소 리츠[코람코에너지플러스리츠(가칭)]는 시가총액이 약 4,000억 원, 자산 규모는 약 1조 800억 원으로 예상된다. 코람코자산신탁은 "193개 주유소는 현대오일뱅크와 평균 10년 이상의 장기 임대차 계약을 통해 안정적인 배당 수익을 기대할 수 있다"라고 설명했다. 배당 수익률은 6% 초·중반대로 예상되며 일부 부지는 개발을 염두에 두고 있다고 덧붙였다.

주유소 리츠는 2020년 하반기 중 상장할 계획이라서 글을 쓰고 있는 이 시점에서는 아직 정보가 많지 않다. 하지만 선진국에는 이미 유사한 상품이 많이 있다. 대표적인 것이 미국 게티리얼티다. 게티리얼티는 주유소와 편의점 900곳을 편입한 시가총액 13억 6,000만 달러 규모의 리츠다. 2020년 예상 배당 수익률은 4.5%로 안정적 고배당이 장점이다. 우리나라 또한 주유소뿐 아니라 온갖 다양한 리츠들이 속속 상장할 계획이니 전문가 의견을 참고하면서 청약이나 주식 매수를 검토하면 될 것이다.

　2019년 12월에 상장한 NH프라임리츠도 조금 독특하다. 편입 자산이 서울스퀘어, 강남N타워, 삼성물산 서초사옥, 삼성SDS타워 등 핫한 건물이기는 한데 직접 보유가 아니라 해당 건물을 편입한 리츠나 펀드의 지분을 인수하는 식의 재간접 리츠이기 때문이다. 재간접 리츠인 관계로 수수료는 이중으로 나간다. 이 때문에 배당 수익률은 연 5% 선으로 아주 높지는 않다. 그러나 투자 포인트가 없는 것은 아니다. 건물들이 모두 대한민국 최고 요지의 땅에 있기 때문이다. 서울스퀘어, 강남N타워, 삼성물산 서초사옥, 삼성SDS타워는 모두 '프라임 오피스'로 분류된다. 프라임 오피스란 서울 핵심권역에 위치한 연면적 약 3만 제곱미터(9,000평) 이상 빌딩을 말한다. 서울에 이런 프라임 오피스는 46개에 불과한데 이 가운데 4개를 편입하고 있는 것이다. 삼성물산 서초사옥이나 삼성SDS타워에 입주해 있는 삼성화재와 삼성SDS는 아마 임대 기간이 끝나면 이사 나갈 가능성이 적지 않다. 이 때문에 공실 관리 리스크가 존재한다. 하지만 역으로 생각해보면, 건물 임대가 잘되는 동시에 오피스 가격이 떨어지지 않을 것이라고 볼 수 있어 건물에 직접 투자하는 것과 마찬가지의 효과를 낼 수 있으므로 아주 매력적이다. 2020년 오피스 전망 관련해서는 좀 더 상황을 볼 필요가 있으나 2020년 초 이 책이 출간될 시점에 주가가 공모가(5,000원) 인근에 있다면 투자해도 괜찮을 것이다. 개인적으로 6,000원이 넘는 가격은 조금 비싸지 않나 싶다.

리츠의 장점은 세입자 관리를 직접 하지 않아도 된다는 점이다. 확신이 들어 매입한 뒤부터는 가끔 동향 파악만 하면 된다. 그리고 리츠에 분리과세 혜택이 부여될 예정이다. 꾸준하게 소액으로 매입해둔다면 노후에는 안정적으로 또박또박 이자를 지급하는 효자 노릇을 톡톡히 할 것이다. 부동산보다 훨씬 낫다. 부동산은 임대사업자 등록제도부터 시작해 온갖 규제가 예고되기 때문이다. 증시에 상장해 있는 부동산에도 관심을 가져보자고 제안한다.

부동산은 증시의 적인가?

지금 이 책을 쓰고 있는 2020년 초에는 부동산 과열에 대한 문제의식이 차고 넘친다. 그런데 사실 이는 어느 정도 정부 정책의 실패 영향이다. 양도세도 올리고 보유세도 올리면 대부분 소유자는 버티는 쪽으로 돌아선다. 보유세를 많이 걷으면 걷을수록 버티지 못하는 사람이야 팔겠지만 투자자 대부분은 소비를 줄이면서까지 버틴다는 것은 오랜 경제 역사에서 이미 입증됐다. 사람은 찍어 누르면 저항하는 법이다. 모든 정책은 채찍과 당근이 동시에 시행되어야 한다. 부동산 보유자들은 너나 할 것 없이 일단 버텨보겠다는 태세다. 실제 필자 주변에도 먹을 것 아껴가며 세금을 내겠다는 사람이 많다. 이들이 매물을 내놓지 않으니 거래가 부족해지면서 거래 하나하나에 민감하게 반응하며 집값이 과열 양상을 보이는 것이다.

디플레이션 중에 제일 나쁜 것이 '부채 디플레이션'이라는 말을 한다. 부채 디플레이션은 물가가 실질금리 대비 하락해 있는 상황에서 부동산 등 자산 소유자들이 빚 부담에다 자산 가격 하락에 따른 공포감을 이기지 못하고 자산을 더 싸게 던져 물가가 추가로 하락하는 현상을 말한다. 일본에서 나타났던 잃어버린 10년과 조금 비슷하다고 할 수 있는 이 현상은 우리나라에서 2020년 이후 재현될 수 있다. 개인적으로는 양도세 인하를 순차적으로 제공하면서 (예를 들어 60대 이상에 한해 세대당 추가로 한 채씩 양도세를 면제해주는 식) 조금씩 매물을 나오게 하는 식으로 부동산 연착륙을 시도했으면 하는데 이에 대한 이야기를 정부 당국자에 했더니 한숨을 내쉬며 말했다.

"에휴, 정부는 지지자들로부터 '자산가들이 불로소득을 취하게 정부가 도와줬다'라는 얘기를 들을까 봐 노심초사합니다. 아마 세금은 양쪽으로 다 강화될 거예요."

물론 2020년 2월 현재처럼 억제책만 퍼더라도 언젠가는 부동산 거품이 빠질 것이다. 하지만 억제책만으로는 승리해봐야 실물 경기가 그 이상으로 위축되는 후유증이 남을 듯하다. 가뜩이나 소비가 계속 줄고 있는 상황이라 그 여파가 어디까지 치달을지 알 수 없다. 차라리 양도세는 어마어마하게 때리고 그 대신 보유세를 낮춰주든지 하면 양도 차익이 거의 남지 않는다는 것을 알기 때문에 다주택자들이 추가로 주택 매입은 하지 않을 것 같은데 정부는 양쪽으로 때리고만 있으니 모두 버티기만 하고 있다.

끝으로 한마디 굳이 더 첨언하자면, 주식 투자와 부동산 투자는 근본적으로 같아서 한 시장이 망하면 그 여파가 다른 쪽에도 큰 영향을 미칠 것이다. 근거는 빈약하지만 한 투자자문사는 2010년대 이후 코스닥 시장에 유입된 개인투자자들의 투자자금이 부동산에서 흘러들어왔을 것이란 견해를 내놓았다. 증명할 수는 없을지라도 어차피 돈은 돌고 도는 것이라는 걸 우리는 모두 안다. 부동산이 망해야만 증시가 산다거나 부동산을 해야지 주식을 했다가는 패가망신이라는 이분법적 시각에서 탈피할 필요가 있다.

마이너스 통장 잘 활용하기

필자는 '주식 투자를 할 때는 마이너스 통장을 절대로 쓰면 안 된다'라는 부류의 주장에 동의하지 않는다. 부동산을 살 때는 대출받는 것을 당연하게 생각하면서 주식은 왜 그렇게 하면 안 된다는 것일까? 만약 필자가 대출을 한 푼도 받지 않고 집을 사겠다고 하면 상대방은 어쩌면 다소 한심하다는 듯이 바라볼 수 있을 것이다. 그렇다면 주식은 왜 그렇게 하지 말라는 걸까?

물론 필자도 답을 알고 있다. 위험하기 때문이다. 아니, 정확히 말하면 위험하다는 인식이 있기 때문이다. 믿기 어렵겠지만 장기적으로 보면 주식이 부동산보다 수익률이 높다. 금융투자협회가 조사한 바에 따르면, 1983년부터 2012년까지 주식은 전체 2,793.2%의 상승률을 기록했고 부동산은 419.9%를 기록하는 데 그쳤다. 주식이 부동산보다 나았던 셈이다. 물론 1983년은 아직 우리나라 경제가 자리를 잡기 전이었고 이때부터 계산하는 것은 2019년 현재 돌아보기에 무리가 있다. 앞으로는 이 같은 고성장이 가능할 리 없기 때문에 무의미한 과거 자료이기도 하다. 하지만 그렇게 따지면, 경제 성장률이 둔화하고 있으니 주식 시장은 끝났다고 한다면, 이는 부동산 또한 마찬가지다. 부동산이나 주식이나 어차피 경제 성장률이라는 틀 안에서 움직인다. 지금은 단순히 '아, 주식도 오래 투자하면 최소한 현재까지는 꽤 괜찮았구나'라는 정도로만 이해하고 넘어가도록 하자.

주식은 위험하기 때문에 대출을 받아서 하면 안 된다는 말은 분명히 편견이다. 하지만 이런 편견이 생길 수밖에 없는 환경이었던 것은 사실이다. 주식과 부동산은 크게 3가지 차이점이 있다. 이 3가지 차이점이 '주식=인생 망한다'라는 이미지를 만들어버렸다. 부동산과 비교한 주식의 특징 3가지는 다음과 같다.

첫째는 시세 확인이 너무 쉽다는 것(그렇기 때문에 주가가 조금만 하락해도 동요하기 쉽다), 둘째는 거래세가 거의 들지 않는다는 것(부동산의 경우 양도세는 물론이고 복비 또한 만만치 않기 때문에 단기 투자를 하기가 쉽지 않다. 반면 주식은 즉흥적으로라도 팔기 쉽다), 마지막으로 부동산은 절대 망하지 않을 것이란 믿음이 확고하다는 것이다. 그런데 이 믿음은 언론 매체가 만든 허상이라고 생각해도 된다. 앞에서 언급한 것처럼 장기적으로 보면 부동산이나 주식이나 큰 차이가 없지만 부동산은 아무래도 '집'이라는 특성이 있다 보니 언론에서 더욱 예민하게 기사를 싣는데 때로는 과장해서 신화를 만들어내곤 한다. '강남 불패' 또한 허상이다. 2015~2019년 움직임을 보면 분명히 강남보다 강북인 마포구, 성동구, 용산구의 상승률이 더 높았다. "강남의 집을 사두면 절대로 손해 보지 않는다"는 결국 거짓말이다.

이 3가지 특징 때문에 부동산은 설령 매수하자마자 하락하더라도 어지간히 별일이 있지 않은 이상 버티기에 나선다. 그리고 엉덩이를 꽉 눌러 앉히고 버티다 보면 언젠가는 상승 전환한다. 반면 주식은 이 3가지 특징 때문에 금세 팔았다가 나중에 주가가 회복하면 뼈저리게 후회한다. 이것이 바로 주식과 부동산의 운명이 확연히 엇갈리게 된 이유다.

하지만 좋은 주식은 얼마든지 있으며 대출을 받아 매수해도 되는 주식도 얼마든지 있다는 점을 강조하고 싶다. 우리는 좋은 종목을 좋은 타이밍에 잘 잡으면 될 뿐이다. 물론 이 타이밍이라는 것이 정말 어렵다. 앞에서도 말했지만 좋은 종목을 찾는 것은 어렵지 않다. 타이밍을 잡는 것이 힘들 뿐이다. 이 때문에 바로 마이너스 통장이 필요하다. 분할 매수로 꾸준히 매수했는데도 계속 내린다면 (그래도 그 종목이 좋은 종목이라는 확신이 여전하다면) 그때가 바로 마이너스 통장이라는 '용병'을 투입할 때다.

당일 갚더라도 하루치 이자는 내야 한다

마이너스 통장을 투입하는 시기에 대한 이야기는 앞에서도 짧게 언급했고 이번에는 마이너스 통장(이하 '마통')에 대해 얘기해보려고 한다. 마통은 적지 않은 월급쟁이들이 수시로 쓰고 있지만 그 정체는 잘 모르는 사람이 태반이다. 참고로 마통 규모(잔액 기준)는 2019년 6월 말 기준으로 50조 1,000억 원(407만 계좌)에 달한다고 한다.

마통 사용에 있어 반드시 알아야 할 점이 있다. 바로 당일에 대출해서 당일에 갚아도 하루치 이자를 내야 한다는 점이다. 2시에 빌렸다가 10분 뒤에 상환한다고 해도 '대출금×1÷365'의 이자를 내야 한다. 만약 2시에 10만 원을 빌렸다가 3시에 1,000만 원을 입금하면 어떻게 될까? 이럴 때도 10만 원에 대한 하루치 대출 이자는 내야 한다. 영업 종료 시점(자정)까지 1,000만 원의 잔액이 유지된다면 1÷365의 예금 이자가 따로 계산된다.

마통 이자를 계산할 때는 '하루 중 대출이 가장 많았던 순간'을 기준으로 하루치 이자가 발생한다고 생각하면 이해가 쉽다. 금융 관련 블로그를 보면 온갖 복잡한 표현이 많이 나오는데 '가장 대출이 많았던 순간'만 기억하면 된다. 100만 원을 빌렸다가 바로 50만 원을 갚고, 다시 200만 원을 빌렸다가 바로 모든 대출을 갚는다고 했을 때 그날 영업 종료 시점까지는 대출금이 없다고 해도 그날 기록했던 최대 대출액인 250만 원에 대해서는 하루치 이자를 내야 한다.

환불금 들어와도 다음 날 바로 쓸 거라면 차라리 CMA에 넣어라

여기서 또 하나 유념할 것이 있다. 오늘 대출을 상환했다가 내일 다시 빌릴 거라면 차라리 갚지 않는 것이 낫다. 그 자금을 차라리

CMA 같은 데 넣어서 하루치 CMA 이자를 받는 것이 남는 장사다. 물론 이체 수수료가 발생하지 않았을 때의 이야기다.

앞에서 말했듯이 대출 이자는 하루 중 대출금이 가장 많았던 때를 기준으로 계산된다. 월요일에 5,000만 원을 갚았다가 화요일에 다시 빌린다면 월요일은 대출이 집행됐던 시점을 기준으로 대출 이자가 발생하고, 화요일에도 똑같이 대출이 발생한 이후 시점으로 대출 이자가 발생한다. 돈을 갚았다가 하루 만에 찾아봐야 계속 대출 중인 상태와 똑같은 셈이다. 이를 은행원들은 '양편 넣기'라고 한다. 부동산 대출 등 대부분의 일반 대출은 이럴 경우 하루치 이자만 떼는 '한편 넣기'를 하지만, 마통만큼은 양편 넣기로 양쪽에서 이자를 뗀다. 그러므로 다시 빌릴 것이라면 그냥 CMA에 넣어놓는 것이 낫다. 이자는 기껏해야 0.003% 정도밖에 되지 않겠지만 말이다.

이쯤에서 조금 재미있던 현상을 하나 소개하려고 한다. 2019년 11월에 있었던 한 코스닥 새내기주 공모 청약 건이다.

바이오 기업 라파스는 2019년 11월 1~4일에 공모 청약을 실시했다. 그런데 기관투자자들의 반응이 별로 좋지 않았다. 원래 2만 4,000~2만 9,000원의 공모가를 받으려고 했는데 기관이 별로 입질하지 않아 고작 2만 원에 상장이 결정됐다. 일단 이 회사는 실적이 별로 좋지 않았다. 2018년 매출은 97억 원이었고, 29억 원의 영업적자를 냈다. 2019년 상반기에는 매출이 92억 원을 기록했고, 영업 이익은 5억 5,900만 원 선이었다. 이렇다 보니 시가총액이 1,600억 원대로 잡힌 것은 너무 과했다는 것이 기관투자자들의 반응이었다.

그런데 공모 청약 경쟁률은 813대 1을 기록했다. 필자는 앞 2장의 '노는 돈 어떻게 할까? 나의 공모주 투자법'에서 '경쟁률이 400대 1을 넘으면 안심하고 청약해도 된다'고 했다. 이 기준치를 2배 이상으로 뛰어넘은 것이다. 그렇다면 이렇게까지 투자 열풍이 분 이유는 무엇이었을까?

여기에 바로 마통의 비밀이 있다. 라파스 상장 직전에 아이티엠반도체라는 나름 2차 전지업계의 유망주가 공모 청약을 받았다. 이 종목이 청약금 잔액 환불을 11월 4일에 집행했다. 아이티엠반도체는 321대 1의 경쟁률을 기록했다. 즉, 1억 원을 청약했다면 약 9,940만 원을 이날 고스란히 돌려받았다는 뜻이다(60만 원어치 주식만 취득).

라파스의 청약이 끝나면 다음 날에 바로 유가증권시장에 상장하는 방산업체이자 한화그룹 승계의 중요한 열쇠를 쥔 한화시스템이 공모 청약을 실시하게 됐다. 2019년 11월 초 분위기로는 한화시스템에 반드시 청약하는 것이 당연한 상황이었다.

라파스는 4일 받았던 환불금을 5일 돌려주기로 했다. 투자자들이 5일에 한화시스템에 청약하도록 배려한 셈이랄까? 사실 배려라기보다는 5일 환불해주지 않으면 그 어느 투자자도 라파스에 청약하지 않을 것이었기 때문에 현실적인 결단을 내린 가능성이 높다. 이 결정으로 인해 투자자들은 아이티엠반도체 청약 환불금으로 한화시스템에 청약하기에 앞서 라파스에 청약했던 것이다.

앞에서 말했듯이 이자는 하루 중 대출 최대액을 기준으로 계산하니 월요일에 환불받은 뒤 바로 갚아봐야 다음 날 다시 출금할 것이라면 똑같이 하루치 이자가 발생한다. 투자자들은 대출금으로 라파스에 청약해도 추가로 대출 이자가 발생하지 않았던 상황이다. 투자자들은 '노는 돈이니 한번 굴려볼까?' 하는 마음가짐으로 라파스에 청약했고 이 자금이 쌓이고 쌓이면서 무려 800대 1이 넘는 청약 경쟁률을 기록하게 했다. 마통이 만들어낸 하나의 소소한 사건이라고 할 수 있다. 그렇다면 라파스 청약 투자자들은 수익을 냈을까? 앞에서 잠깐 언급한 대로 손해를 보고 넘어가야 했다. 공모가가 2만 원이었는데 상장 첫날 장 초반부터 공모가를 하회해 그날 한때 1만 7,000원을 기록했고 이후 지속적으로 하락하면서 12월 초에는 1만 2,000원대까지 떨어졌다.

끝으로 마통 이자 계산과 관련해서 하나만 더 언급하고 넘어갈까 한다. 마통을 복잡하게 쓰는 경우 어떻게 이자를 계산하는지까지 알아보고 넘어가자.

그날 아침에 마이너스 1,000만 원이었고, 하루 중 최고 대출액이 2,000만 원, 마감 시 마감 잔액이 마이너스 500만 원이라고 해보자. 어제까지 1,000만 원을 빼놓고 있다가 그날 중 1,000만 원을 더 찾고 마감 시에 1,500만 원을 갚아 마감 잔액은 마이너스 500만 원이 된 상황이다. 이럴 때는 이자 계산 대상금액이 마이너스 1,500만 원이 된다. 왜 그럴까? 이는 하루 중 최고 잔액이 개시 및 마감 잔액보다 클 때는 개시 잔액과 마감 잔액 중 큰 금액을 최고 잔액에서 차감하고, 그 차액을 마감 잔액에 가산한 금액으로 하기 때문이다.

글로 쓰자니 좀 복잡한데 마감 시까지 조금 갚는다면 이를 반영해 주는 구조라고 생각하면 된다.

방치된 퇴직연금을 깨워라

이 책에서 가장 강조하고 싶은 것 중 하나는 '노후 대비'다. 너무 흔하게 듣다 보니 오히려 위기의식을 갖지 못하는 사람이 많은데 노후 대비는 그 무엇보다 필요하다. 나이 들어서는 돈이 있어야 한다. 돈이 없으면 내가 나답게 살 수 없다.

젊을 때는 모른다. 그럭저럭 무슨 일을 해도 수입이 발생하고 돈 쓸 곳도 많지 않으니까 말이다. 하지만 50대에 진입하고 인생 2막을 절절하게 고민하게 될 때쯤 깨닫게 된다. 내가 지금 낭떠러지에 서 있는 것과 다르지 않은 상황이라는 것을.

우리는 나이 들어 품위를 잃는 사람을 자주 접한다. 물론 젊어서도 품위 없는 사람이 많지만 항상 인기 있던 직장 선배가 변절(?)하는 모습을 보는 것처럼 슬플 때가 없다. 그들은 왜 변절할까? 어쩔 수 없어서다. 나이 들면 들수록 몸값은 뛰고 생산력은 그만큼 후배

들보다 떨어지기 때문에 생존 차원에서 위에다가는 손을 비벼대는 사람이 많아지는 것이다. 모두가 훌륭한 관리직이 되면 좋겠지만 그 자리는 얼마 없기 때문에 그만큼 더 치열하다. 그리고 살아남아야 하기 때문에 온종일 윗사람 생각을 하기 바쁘다.

중장년층 선배들을 모욕하고자 꺼낸 얘기는 아니다. 현실적으로 이런 사례가 많다는 점을 말하고 싶을 뿐이다. 돈이 있어야 부당한 요구를 하는 상사에게 대들 수가 있다. 그렇다고 한번 들이받고 퇴사하라는 얘기는 절대 아니다. 퇴로가 있어야 나답게 살 수 있다고 말할 뿐이다. 돈은 그래서 중요하다.

퇴직연금을 키우자

배당주 투자와 직접적 관련은 없지만 꼭 하나 짚고 넘어가고 싶은 것이 퇴직연금이다. 현재 직장에 소속돼 있는 독자라면 퇴직연금에 대한 관심을 키우라고 하고 싶다.

퇴직연금이 언론에 소개될 때 기사 대부분은 '1%대 퇴직연금', '쥐꼬리 퇴직연금' 같은 제목이 달린다.

퇴직연금 수익률이 낮은 것은 사실이다. 거의 매해 1~2% 안팎에 그친다. 그런데 이는 운용 실수라기보다 대부분 무관심 때문이다. 퇴직연금을 적극적으로 굴리는 한 금융회사가 기록하는 전체 수익률이 1년에 10%를 넘기도 한다. 하지만 무관심하게 버려두면 당연히 은행 이자만도 못한 수준으로 추락한다. 예를 들어, 퇴직연금에다 예금만 담아놨다면 수익률은 2%를 넘기기도 힘들다. 은행

이자 수익률 자체가 얼마 없는 데다 여기에 퇴직연금 운용 사업자가 수수료를 떼어가기 때문이다. 즉, 퇴직연금 수익률이 낮은 것은 무관심 때문이다. 정부도 이걸 알기 때문에 언젠가부터 직장 내에서 퇴직연금 의무교육을 실시하고 있다. 하지만 온라인 교육을 받는 사람은 대부분 켜놓고만 있는 것처럼 오프라인 교육을 한다고 해도 대부분 딴짓을 하고 있다. 설령 강의를 들으면서 "아, 맞다, 퇴직연금. 내일부터 신경 써야지"라고 생각한다고 해도 대부분 잠깐 생각만 했다가 잊어버리곤 한다.

하지만 잊지 마시라. 월 20만 원씩 30년을 투자한다고 했을 때 만약 매해 5%의 수익을 낸다면(복리 기준) 세전으로 1억 6,714만 원을 모은다. 하지만 월 20만 원씩 30년간, 매해 1%의 수익을 낸다면 8,300만 원에 불과하다. 8,000만 원의 돈이 왔다 갔다 하는 셈이다. 실현 불가능한 터무니없는 고수익이라고? 절대 아니다. 드물지만 성공 사례도 있다. 필자의 지인인 모 자산운용의 한 전무는 퇴직연금에서만 원금 납입액의 2~3배에 달하는 수익률을 기록하고 있다. 펀드 편입으로만 이 같은 성적을 내고 있다. 잘 굴리면 얼마든지 좋은 성적을 낼 수 있다는 것을, 그 지인이 몸소 입증했다. 한평생 굴리고 노후에 보장받는 것이기 때문에 퇴직연금은 그만큼 아주 중요하다.

DB형과 DC형, 퇴직연금 전략 어떻게 가져갈까?

우선 본인의 퇴직연금이 확정급여형(DB형)인지, 확정기여형(DC

형)인지 알아야 한다. DB형이라면 일단 이번 단락은 통째로 건너뛰어도 된다. DB형은 퇴직연금 운용에 따른 이익과 손실이 모두 회사에 귀속된다. 근로자 개인이 운용하는 것이 아니기 때문에 넘어간다. 단, DB형 투자자라면 잊지 말아야 할 것이 하나 있다. 본인의 임금이 슬슬 정체된다 싶다면 회사 측에 DC형으로 전환을 요구하는 것이다. DB형은 임금이 계속 상승하는 국면일 때는 근로자에게 유리하다. 하지만 정체 혹은 삭감이 예상된다면 DC형으로 갈아타고 직접 퇴직연금을 운용하는 것이 낫다. DB형이라면 이 점만 인지하고 넘어가도 되겠다.

DC형이라면 일단 본인의 퇴직연금이 어떻게 구성돼 있는지를 살펴보라. 아마도 대부분은 처음 가입 때 예금이나 일부 펀드를 담아놓고 잊어버리고 있었을 것이다. 그런데 이 펀드가 어떤지, 최소한 은행이나 증권사 PB를 방문해 상담을 받아보라. 내 노후자금인데 방치해놓고 있어서는 안 된다.

개인적으로 DC형에 추천하고 싶은 것이 있다면 이번에도 배당주다. DC형에서 직접 주식을 편입할 수는 없다. DC형에서는 펀드나 ETF 등을 사야 하는데 필자는 미래에셋자산운용이 내놓은 타이거(TIGER) 부동산인프라고배당 ETF를 추천한다. 이 ETF는 리츠와 고배당주를 편입한다. 리츠는 최소한 2020년까지는 인기를 끌 것으로 보이기 때문에 이 책을 읽고 있을 독자라면 편입할만하다. 또 하나는 맥쿼리인프라다. 맥쿼리인프라는 2010년대 이후 꾸준히 올라 2019년 말 현재는 꼭대기까지 다 오른 것 아니냐는 얘기를 듣기는 한다. 그래도 구관이 명관이다. 1만 원 밑에서는 편입해도 어느 정도 승산이 있다고 본다.

그리고 또 하나, 2019년 말에 고용노동부와 국토교통부는 리츠에 한해 DC형이나 뒤에서 다시 소개할 개인형퇴직연금제도(IRP)에서 편입할 수 있도록 근로자 퇴직연금법 시행령을 개정했다. 2019년 말 기준으로는 아직 미래에셋대우 한 증권사에서만 가능한데 2020년 상반기 안으로 최소한 주요 증권사는 모두 DC나 IRP에서 리츠를 매입할 수 있도록 시스템을 정비할 계획이다. 이렇게 되면 DC형 투자자도 퇴직연금 안에서 리츠를 편입할 수 있게 된다. 이 리츠코크렙, 롯데리츠, NH프라임리츠, 그리고 2020년 초에 상장할 것으로 예상되는 이지스자산운용의 리츠나 2020년 말에 상장 예정인 코람코자산신탁의 주유소 리츠[코람코에너지플러스리츠(가칭)] 등은 현재 주가를 고려해도 최소 4%에서 최대 9%의 배당을 지급할 것이다. 이렇게만 운용해도 쥐꼬리 퇴직연금이라는 비아냥은 받지 않을 수 있을 것이다.

IRP도 있다

앞에서 잠깐 언급한 IRP는 개인이 직접 계좌를 개설하는 퇴직연금이다. 당연히 DC형처럼 직접 운용해야 한다.

IRP는 왜 만들어야 할까? 소득 공제 혜택이 적지 않다. IRP는 최대 700만 원까지 소득 공제 혜택을 받는데, 연봉이 5,500만 원 이하라면 16.5%의 세액 공제를 받는다. 700만 원을 넣으면 115만

5,000원을 돌려받는 것이다. 연봉이 5,500만 원 이상이라면 13.2% 를 돌려받는다. 5,500만 원 이하일 때보다 적지만 그래도 꽤 쏠쏠한 수준이라고 볼 수 있다.

단점은 한 번 계좌에 돈을 넣으면 뺄 수 없다는 점이다. 5년 이상 납입해야 하고 55세 이후 퇴직금 형태로만 수령할 수 있다. 이 때문에 유동성 흐름이 좋지 않으면 넣지 않는 것이 안전하다. 상황을 꼼 꼼히 따져보면서 편입 여부를 결정해야 한다.

만약 30대 중반 이상의 직장인이라면 하나 확인할 것이 있다. 700만 원 한도를 꽉 채울 필요가 없을 수 있어서다. IRP는 근퇴법이 제정된 2012년 이후 본격화됐다. 그리고 2015년부터 700만 원 소 득 공제 혜택이 생겼다. 그전에는 400만 원 한도로만 소득 공제 혜 택이 있었는데 400만 원 한도를 유지하자 IRP 가입자가 도통 늘지 않아 700만 원으로까지 확대했다. 그래서 아마 연령대가 30대 중 반 이상인 독자라면 400만 원 한도로 연금저축 같은 것을 소득 공 제 목적으로 들어놨을 수 있다. 본인은 기억하지 못할지라도 사회 초년병일 때 가족 중 누군가가 했을 수도 있다. 아마 은행이나 보험 사 명의로 매달 자동 이체되고 있다면 적지 않은 확률로 연금저축 에 가입해 있을 가능성이 있다. 이 경우에는 IRP 혜택도 400만 원 감소해 300만 원까지만 소득 공제 혜택을 받을 수 있다. 그렇다면 딱 300만 원만, 매해 300만 원씩만 IRP계좌에 넣어 운용하면 된다. 참고로 2019년 11월에 정부는 고령화 대책의 일환으로 만 50세 이 상은 연금저축의 세액 공제 한도를 400만 원에서 600만 원으로 늘렸다. 여기에 IRP의 300만 원을 포함하면 세액 공제 한도는 900만 원으로 늘어난다. 혹시나 싶어 첨언하면 IRP로만 900만 원을 채워서는 안 된다. 연금저축 세액 공제 한도가 늘어난 것이기 때문에 이 경우에는 연금저축 600만 원, IRP 300만 원으로만 구성해야 한다. 반대로 50대 미만 직장인은 700만 원 한도로 IRP만 들어도 되고, 연금저축 400만 원에 IRP 300만 원으로만 해도 된다.

귀찮다 싶어도 지금 다니는 직장에 평생 다닐 것이 아니라면 IRP 계좌는 하나 만들어놓는 것이 좋다. 회사를 옮길 때도 IRP가 필요하기 때문이다. 법이 바뀌어 과거처럼 회사를 그만둔다고 퇴직금을 받을 수 있는 것이 아니다. 이제는 퇴직연금이 일단 IRP계좌로 옮겨지고 이때 IRP를 해지해야 퇴직금을 수령할 수 있다. 그래도 되도록 IRP에 고이 모셔두기를 권고한다. 어차피 노후 대비는 해야 하는데 IRP로 이체한 뒤 해지하면 수수료를 꽤 많이 떼기 때문이다. 또 퇴직소득세로 16.5%(기타소득세)가 징수된다.

IRP계좌는 증권사에서 만드는 것을 추천한다. 증권사에서 만들어야 직접 ETF와 같은 상품을 편입할 수 있어서다. 게다가 은행보다 증권사가 수수료를 더 적게 받는다. 필자 주변에는 IRP에 저축은행 예금을 넣을 것이기 때문에 은행에서 가입하고 싶다는 사람도 있었는데 증권사에서 만들어도 저축은행 예금을 넣을 수 있다. 그리고 되도록 예금보다는 투자 상품에 투자하길 권한다. 필자는 DC형과 마찬가지로 IRP에서도 맥쿼리인프라와 타이거 부동산인프라고배당 ETF 등을 추천한다. 또는 리츠를 직접 편입해도 된다. 아니면 미국 주식이다. 미국은 아직도 성장형 국가이기 때문에 연금과 같은 장기 투자 관련해서는 나스닥100 ETF나 S&P500 상품을 담아도 포트폴리오 구축 측면에서 괜찮을 것이다. 또한 연금 계좌에서 매수하면 해외 상품임에도 과세가 이연되는 장점이 있다.

엄마가 든 개인연금저축으로도 ETF를 살 수 있다

대부분 은행에서 가입하는 개인연금저축보험도 증권사로 이전해 ETF를 매입하는 데 쓸 수 있다. 증권사 개인연금에서는 인버스나 레버리지 등을 제외한 상당수 ETF 매매를 지원한다. 물론 모든 증권사가 되는 것은 아니니 미리 확인한 뒤 옮겨야 한다. 필자는 미래에셋대우와 한국투자증권에서 매입해본 경험이 있다.

'엄마가 든 개인연금저축'이라는 표현을 쓴 이유는 우리나라 금융 상품은 대부분 보험설계사를 통해 판매되기 때문이다. 엄마의 인맥은 대부분 주변에서 설계사로 일하는 아주머니일 때가 많다. 그렇기 때문에 필자는 독자들의 개인연금 상품의 공시 이율과 최저 보증 이율을 확인해보라고 하고 싶다. 이율이 2~3%에 그치고 있다면, 증권사 개인연금 계좌로 옮긴 뒤 앞에서 소개한 타이거 부동산 인프라고배당 ETF를 편입하는 것이 낫다. 이 ETF는 2020년 1월 현재 주가 5,100원을 기준으로 약 4%대 중반의 배당 수익을 낼 것으로 예상되기 때문이다. 수익률 차이가 1~2%p에 불과하다고 할 수 있지만 장기적으로 보면 무시할 수는 없다.

하나 더 고려해야 하는 것이 있는데 바로 환급금이다. 개인연금

이전은 세제와는 무관하다. 연금 이전으로 인해 그동안 받았던 세액 공제 혜택을 토해낸다거나 하는 일은 일어나지 않는다. 하지만 가입 기간이 짧다면 환급액이 적을 수 있다.

보통 가입 7년이 지나야 원금 혹은 그 이상의 자금을 돌려받는다고 하는데 개인마다 상황이 다를 수 있으니 콜센터 상담을 통해 결정하자. 하나 더 첨언하자면 연금은 이전 시 수수료가 5,000~1만 원 정도 발생한다.

ISA로 이사하라

과거 김석동 금융위원장은 "알파벳 3개로 이루어진 금융 상품은 조심하라"는 말을 남긴 적이 있다. 당시는 주가연계증권(ELS) 대규모 녹인(손실구간 진입) 사태가 발생했던 시점이었을 것이다. 하지만 필자는 무조건 피해야 한다는 속내라기보다 알파벳 3개의 의미를 정확히 파악하고 투자해야 한다는 의미라고 이해하고 싶다. 바로 앞에서 IRP에 대해 설명했는데 이번에는 ISA에 대해서도 짤막하게 언급하고 넘어가도록 하겠다.

ISA는 개인 종합 자산관리계좌의 줄임말로, 2016년에 세 혜택을 부여하기 위해 만든 상품이다. 계좌를 만들면 5년간 유지해야 하고 1년에 2,000만 원씩 불입이 가능하다. 즉, 5년 전체로 보면 1억 원까지 들 수 있다. 혜택은 연 200만 원까지 비과세이고 200만 원 초과분에 대해서는 9.9%의 세금만 부과한다는 점이다. 절세 혜택이 있는 상품이다. 특히 총급여 5,000만 원 이하의 급여소득자는 250만 원까지 혜택을 받을 수 있어 세 혜택 폭 관련해 38만 5,000원 이득이다. 5,000만 원 이하 급여소득자는 의무 가입 기간도 3년으로 짧다.

ISA 내에서 ELS, 펀드, 리츠, ETF 등을 살 수 있다. 금융당국은 이 상품에 '만능통장'이라는 닉네임을 붙였다. 비과세 혜택을 누리면서 모든 금융 상품 투자를 할 수 있기 때문이다. 하지만 투자자나 언론은 'ISA는 극단주의 무장세력 IS(이슬람국가)의 어카운트(계좌)'라고 불렀다. 2016년 당시에는 IS에 대한 공포감이 높았던 시절이었는데 그 시대 상황과 연결해 부른 것 같다. 금융당국의 생각과 투자 현장의 생각 간의 간극이 컸다고 할 수 있다.

ISA 인기가 별로였던 이유는 무엇일까? 일단 기대와 달리 비과세 혜택이 200만 원에 그쳤다. 200만 원까지만 15.4%의 소득세가 면제되는 것이기 때문에 실제로 200만 원 수익이 발생해도 혜택이 30만 원에 그치는 셈이다. 여기에다 계좌 관리비가 든다, ISA용 금융 상품이 따로 있는데 대부분 시원찮다 등의 이유로 "30만 원 때문에 계좌를 옮길 필요는 없다"라는 목소리가 높았다. 그리고 금융소득이 연 2,000만 원을 넘으면 아예 가입도 할 수 없다. 기본적으로 금융 상품에 관심 있는 자산가들이 금융소득 종합과세를 내고 있다 보니 저변이 확대되기는 어려운 구조였다. 2019년 12월 기준으로 가입 계좌가 약 200만 개에 불과하고 1인당 평균 가입금액이 200만 원대를 벗어나지 못하고 있다.

그럼에도 본인도 모르는 사이에 가입한 독자가 적지 않을 것이다. 2016년 3월 출시 당시에 각 은행권이 엄청난 프로모션으로 가입자를 끌어모았기 때문이다. 1만 원만 납입해도 되기 때문에 1만 원만 들어있는 ISA계좌가 많았다. 이때 가입한 계좌를 본인도 모르는 새 아직 유지하고 있는 독자가 많을 것이다.

해외 ETF 매수 용도로 쓸 수 있는 ISA계좌

그러나 단언하건대 ISA는 장점이 많다. 특히 해외 ETF를 매수할 때 그렇다.

미국 주식을 해외 직구하지 않는다는 전제하에 국내 증시에 상장된 해외 ETF를 매매하면 매매 차익이 과세 대상이 된다. 얼마의 수익을 남기든 수익의 15.4%는 매매 차익 과세가 되고 배당(분배금)을 받아도 여기서 15.4%를 추가로 뗀다. 특히 ETF 매매 차익이 금융소득 종합과세 대상에까지 포함된다는 점이 치명적이다. 앞에서 해외 직구족이 이런 이유들 때문에 해외 시장에서 직접 ETF를 매매한다고 설명한 바 있다. 해외에서 ETF를 직구하면 양도소득세를 22%까지 떼기는 하지만 일단 250만 원까지는 공제된다. 이 때문에 투자자 대부분은 차익이 200만 원을 넘어가면 일단 팔았다가 재매수하는 전략을 취한다. 대체로 해외 직구가 훨씬 유리한 것이다.

여기서 등장할 수 있는 것이 바로 ISA다. ISA의 경우 매매 차익이 200~250만 원까지는 비과세되고, 그 이후는 9.9% 분리과세가 된다. 해외 ETF 상품을 장기로 투자하고 싶다면 ISA계좌를 만들어 편입하면 된다. 과거에는 해외 펀드 비과세 상품이 간헐적으로 나왔는데 2018년 이후로는 눈에 띄지 않고 있어 아예 ISA계좌를 만들어 해외 상품 전용으로 써도 괜찮다. 실제로 이 같은 수요 때문에 증권사에서 개설하는 직접 매매형(신탁형) ISA형은 의외로 인기가 꽤 높다. 반대로 증권사나 은행에 운용까지 맡기는 ISA 상품은 일임형 ISA라고 한다. 일임형 ISA라고 해서 무조건 나쁜 것은 아니다. 필자는 은행원 친구 때문에 억지로(?) 일임형 ISA에 가입했는데 수익률은 나쁘지 않다. 다만 가입 시점과 좋은 금융회사를 잘 골라야 할 것이다.

박근혜 정부가 만들었던 ISA는 원래 2018년 말에 일몰로 사라질 예정이었으나 다시 한 번 키워보자는 의도 아래 세법 개정이 이뤄져 신규 가입시한이 2021년 12월 31일로 3년 연장됐다. 지금 이책을 읽고 있는 독자들도 금융소득 종합과세 납세자가 아니라면 아직 계좌 개설이 가능하다. 만기가 되면 원하는 가입자에 한해 개인연금으로 전환해주기로 했다. "5년 만기로 펀드를 들었는데 손실이나면 손실 난 채로 환매해야 하느냐?"라는 지적이 잇따르면서 개인연금 전환 조건을 붙여줬다.

개인연금 전환 허용은 상당한 인센티브다. 무엇보다 여기서도최대 300만 원 한도로 10%의 가입금을 세액 공제해주기로 했다. 3,000만 원을 채워놓고 있다면 300만 원을 돌려받을 수 있기 때문에 충분히 매력적이다. 물론 연금 이전으로 인해 추후 연금소득 발생 시 연금소득세를 내야 한다는 점은 유념할 필요가 있다.

지식 싸움? 아니, 멘탈 관리

　주식은 정말 어렵다. 주식을 조금이라도 해본 독자라면 필자의 말에 당연히 동의할 것이다.

　주식은 지식이 많다고 잘하는 것도 아니다. 초등학생도 아는 위대한 과학자인 뉴턴이나 아인슈타인도 주식으로는 크게 실패했다. 뉴턴은 프랑스 미시시피 투기, 네덜란드 튤립 투기와 함께 '세계 3대 버블'로 꼽히는 사우스시 투기 건으로 큰 실패를 맛보았고, 아인슈타인은 노벨상 상금을 비롯한 자신의 자산을 주식 시장에 투자했다가 대공황 때 큰 손실을 봤다. 영국의 저명한 경제학자 존 메이너드 케인스의 경우 일부에서는 주식 투자 성공 사례로 소개되고 워런 버핏이 그의 전략을 따라 했다는 기사가 나오고 있지만 그 또한 사실 오랜 기간 주식 투자로 마음고생을 많이 했다. 그가 주식 투자로 크게 성공했는지조차도 미심쩍다는 사람이 많다.

주식은 절대로 분석의 영역이 아니다. 100% 대응이다. 주식 투자자는 항상 전혀 예상하지 못했던 이슈와 싸워야 한다. 여건이 된다면 지금 네이버 금융이나 한경 컨센서스에 들어가 2017년 말에 나왔던 2018년 증시 전망과 2018년에 나온 2019년 증시 전망을 한번 찾아보기 바란다. 2018~2019년에 가장 들끓었던 미·중 무역 분쟁이나 미국 경기 긴축 우려감에 관한 리포트는 찾아볼 수 없다. 2019년 말에 가장 큰 리스크로 꼽히는 홍콩의 시위대 또한 전혀 예상치 못했다. 2020년에도 몇 개월밖에 지나지 않았지만 이란 모 장군 피살, 코로나19 등 예상치 못했던 이슈가 들끓고 있다. 실제로 터지기 전까지는 아무도 예상하지 못한다. 주식 시장을 둘러싼 이슈라는 것이 항상 그렇다. 좋은 기업인 줄 알았는데 횡령 사건이 터지기도 하고 회계 감사에서 감사 의견 거절을 받고 상장폐지가 되기도 한다.

캘리포니아대학교 버클리캠퍼스에서 심리학과 정치학을 가르치는 필립 테틀록 교수는 1987년부터 2005년까지 무려 18년간이나 다양한 분야의 전문가들을 대상으로 향후 일어날 대형 사건과 절대로 일어나지 않을 대형 사건을 설문 조사방식을 통해 분석했다. 조사를 한 이유에 대해 "아무도 소련의 붕괴를 예측하지 못했던 것을 보고, 과연 전문가 집단이 미래를 어느 정도로 예측할 수 있는지 궁금했다"라고 설명했다. 2005년 그가 발표한 〈전문가의 정치적 판단〉 보고서를 보면, 절대로 일어나지 않을 것으로 확신했던 일의 15%가 실제로 일어났다고 나온다. 또한 아무리 해당 분야에 대해 전문적인 지식이 있더라도 동전 던지기만도 못한 예측력을 보였다고 강조했다. 그만큼 우리는 앞날을 예상할 수 없다. 주식 시장으로 시선을 돌리면 더더욱 그럴 것이다. 우리는 결코 예상할 수 없다. 우리는 미래를 예측할 때 2~3개의 근거를 갖고 분석하는데 실제로는 변수가 100개 이상이다. 어디서 튀어나올지 모르는 변수 때문에 예측은 해봐야 아무 소용이 없을 정도다.

물론 분석하지 말라는 얘기는 아니다. 분석하는 훈련이 돼 있어야 하나의 변수가 추가됐을 때 계산이 가능하다. 예측과 관련해 가장 중요한 2~3개의 근거에 대해 숙지하고 있는데 1~2개의 변수가 추가되는 바람에 처음 예측 자체가 무용지물이 되는 경우가 많지만 그래도 기존의 근거에 대해 잘 알고 있어야 태도를 바꿀 수 있다. 예측하기 어렵다는 이유만으로 전혀 예측하지 않고 있다면 새로 변수가 추가될 때마다 혼란스럽기만 할 것이다. 상대방과 싸울 때, 상대방이 때릴지도 모른다고 인식하고 있어야만 설령 주먹이 날아와도 대응할 수 있다. 아무 생각 없이 넋 놓고 있다가는 한 대 맞고 아예 기절해 버릴지도 모른다. 항상 예측하고 대비하는 자세를 갖추고 있어야 한다. 설령 매일 틀릴지라도 말이다.

멘탈 관리가 제일 중요

A 기업에 대해 아주 잘 알고 있으며 A 기업의 실적은 내년까지 지속적으로 개선되는 상황이라고 가정해보자. 그리고 여기에 변수를 2개 정도 추가해보자. 일단 전체적인 증시 전망이 좋지 않다. 특

히 외국인이 중국 주식을 사려고 한국 주식을 한창 파는 와중이다. 그리고 또 하나의 변수로는 A 기업의 실적이 계속 좋아질 것이라는 점을 모든 기관투자자가 알고 있다는 것이다. 그래서 A 기업 주식을 미리 사둔 기관투자자들이 A 기업이 실적을 발표하면 이내 주식을 팔아버리는 상황이라고 가정한다. 이를 증권 용어로는 선반영, 선취매, 또는 재료 노출이라고 말한다. 다시 정리해 말하자면, 나쁜 기관투자자들이 내부 정보를 미리 파악하고 있다가 A 기업이 실적을 내는 즉시 파는 상황이라고 할 수 있다. 자, 이런 상황일 때 당신은 주식을 사겠는가, 사지 않겠는가? 어떤 태도를 취할 것 같은가?

대부분은 사지 않는다고 말한다. 왜냐하면 외국인이 떠나는 상황이고 기관이 단타를 칠 것이기 때문이다. 개인투자자들은 모두 완벽함을 꿈꾼다. 내가 사자마자 오르기를 원하고 정보는 나 혼자만 알고 있는 상황을 꿈꾼다. 완벽한 타이밍이어야만 손이 적극적으로 움직인다.

하지만 대부분의 경우 정보는 모두가 갖고 있고 악재는 차고 넘친다. A 기업 같은 경우에는 대체로 사는 것이 좋다. 기업이 좋아지고 있는 국면이라면 어떤 악재가 있든 언젠가는 주가에 반영된다. 사자마자 외국인이 팔아대서 주가가 빠지거나 실적이 노출됐다는 이유만으로 기관이 주식을 판다고 했을 때 해당 기업이 괜찮다는 확신만 있다면 더 사도 되는 것이다. 이때 중요한 것이 '멘탈 관리'다. 확신을 갖고 있다면 그 어떤 상황이 닥치더라도 흔들리지 않는 주식 투자 정신이 필요하다. 그래야만 돈을 벌 수 있다. 애널리스트들이 쓰는 수많은 보고서, 리포트를 참고로 좋은 종목을 발굴하기만 한다면 언젠가는 돈을 번다. 경험에서 나오는 이야기다. 지식보다 중요한 것이 바로 멘탈 관리다.

'나는 항상 팔지 말아야 할 때 팔고, 사지 말아야 할 때 산다'라는 생각이 든다면, 내가 어떤 상황에서 사고 어떤 상황에서 팔았는지를 꼼꼼히 기록하고 나만의 나쁜 투자 버릇을 리스트업해 보자. 그리고 잘못된 투자법을 프린트해 노트북 앞에 붙여두자. 그런 식으로 버릇을 고쳐나가다 보면 뇌동매매를 끊을 수 있다. 필자 또한 너무나 많은 실수를 하지만 그렇게 버릇을 고쳐야만 다음번에는 승리할 수 있다. 매번 전쟁에서 패하고 있는데 똑같은 전술로 전쟁에 임할 수는 없지 않은가?

내 취약한 멘탈을 붙들어두는 방법으로는 기계적인 기록과 암기밖에 없다. 필자의 말을 거짓말이라고 의심하지 말고 진짜 매매일지를 한번 써보면서 자신의 투자 버릇을 고쳐보도록 하자. 나쁜 투자 버릇이 매번 반복되고 있다는 사실을 깨닫고 깜짝 놀랄 것이다.

Chapter 6

추천! 고배당주와 고배당 ETF

이번 장에서는 주요 증권사 애널리스트가 꼽은 2020년 유망 배당주 중에서 필자가 다시 선별한 종목들을 소개하고자 한다. 최소한 복수의 애널리스트가 추천한 종목만 담고자 했다. 일부 종목은 우선주로 추천했다. 유동성이 풍부하고 본주(보통주) 대비 경쟁력이 있다고 판단된 우선주라고 보면 된다. 그리고 고배당 및 배당 성장 ETF, 미국 고배당 ETF도 추천하고자 한다.

미국 개별 종목은 필자가 미국 경기 전망까지 펼칠 자신이 없어서 생략한다. 앞에서 말한 대로 미국 주식을 종목별로 다양하게 매입하면 나중에 팔 때 세금 계산이 까다롭고 지리적이나 언어상으로 매일 이슈를 체크하기 어렵다는 단점 등의 이유로 미국 개별주 추천은 제외하고자 한다. 바다 건너 미국 기업의 현 상황을 한국에서 빠삭하게 파악하기란 사실 불가능하다.

하나의 사례를 소개하면, 2019년 11월에 브라질 헤알화 환율이 2~3일 만에 역대 최저 수준까지 급락하는 일이 있었다. 환율 때문에 브라질 채권의 1년 치 이자가 아예 날아갔다. 필자는 이때 애널리스트와 증권사 PB에게 헤알화 환율이 왜 떨어지는지를 문의했다. 하지만 뾰족한 이유를 아는 사람이 없었다. 나중에 보니, 루이스 이나시우 룰라 다 시우바 전 대통령의 석방 이슈가 있었다(우리나라에서는 룰라 전 대통령으로 알려졌다). 룰라 전 대통령은 포퓰리즘에 최적화된 좌파 인사로 아직도 국민의 70% 이상이 대통령으로 지지하는 인물이다. 룰라 전 대통령이 석방되어 다음 대선에 나오면 또다시 포퓰리즘 정책이 펼쳐지고 그만큼 브라질 재정 상태가 취약해지는 상황이 될 수 있어 환율이 급락한 것이었다. 설령 룰라 전 대통령이 다시 대통령 선거에 나오지는 않더라도 룰라 전 대통령의 존재 때문에 현 정부의 포퓰리즘 성향이 강해질 가능성 또한 얼마든지 있었다. 이런 상황을 개인투자자는 물론, 이국의 전문가들도 곧바로 알지는 못한다. 브라질 언론에서 소개되지 않는 이상 외부에서는 한계가 있는 것이다. 이처럼 해외 사정을 속속들이 알기는 어렵기 때문에 이번 장에서는 미국 개별주 추천은 제외하고자 한다.

삼성전자 우선주

긍정 포인트

2019년 초만 해도 반도체 업황은 완전히 끝난 것처럼 묘사됐다. 하지만 반등론이 스멀스멀 나오더니 삼성전자 주가 또한 오르기 시작해 2019년 말 기준으로는 저점 대비 50% 넘게 상승했다. 이 책이 1년만 일찍 나왔다면 더 좋았겠지만 사실 상관없다. 좋은 종목이라는 점을 다시 한 번 확인한 것으로 충분하다.

반도체 사이클이 과거에는 5년 안팎이었는데, 공급 사슬 또한 초연결화가 되면서 업황 변동이 점점 짧아지고 있다. 업황 사이클이 짧아진다는 것은 삼성전자 같은 기업에는 긍정적이다. 잠깐 좋지 않아도 금세 다시 회복할 것이라고 믿을 수 있으니까 말이다. 그런 측면에서 보면 삼성전자는 배당주로도 우수하다.

특히 우선주, 즉 삼성전자 우선주(삼성전자우)를 추천한다. 삼성전자 우선주는 총 4분기에 걸쳐 주당 354원씩 배당하는데 1년으로 따지면 1,416원이다. 삼성전자 우선주 주가가 2019년 12월 현재 4만 5,000원 선이니 배당 수익률은 3.15% 정도 된다. 아주 높은 것은 아니지만 반도체 업황이 정말로 좋아지면 반도체 업황 개선에 따른 수혜를 누릴 수 있다는 점이 장점이다. 안 되면 계속 사서 배당을 받으며 살아날 때까지 기다리면 그만이다.

또 하나 포인트는, 외국인이 삼성전자 우선주 지분을 약 92%나 들고 있다는 점이다. 외국인 입장에서도 우선주가 매력적이라는 얘기다. 자산가들 사이에서도 양도세 절세나 이런저런 목적으로 인해 삼성전자 본주에서 우선주로 갈아타는 움직임이 감지되고 있다.

리스크 요인

반도체 업황이 살아나지 않는 경우다. 2019년 반도체 업황이 살아날 것이라는 기대감에 연기금 등이 주가를 50% 넘게 끌어올렸다. 여기서 업황이 나아지지 않는다면 쇼크 매물이 나올 수 있다. 이 때문에 당장 매수하기보다는 2020년 1분기 중으로 반도체 업황이 확실히 돌아서는지 여부를 확인하면서 움직이도록 하자.

이리츠코크렙

🎈 긍정 포인트

필자의 '최애' 종목이다. 앞에서 자세히 설명했기 때문에 여기서는 간단히 언급만 하고 넘어가도록 하겠다.

이랜드리테일의 5개 점포를 편입하고 있는 이리츠코크렙은 점포의 위치가 대부분 역세권이라는 큰 장점을 갖고 있다. 설령 이랜드리테일 영업이 잘되지 않아서 부지를 팔더라도 투자 원금 이상은 충분히 뽑아낼 수 있는 구조다.

배당률은 2019년 12월 주가 6,800원을 기준으로 5.15% 정도다. 2019년에는 반기, 연말 기준으로 350원을 배당했는데 이 배당금은 지속해서 늘어날 예정이다. 참고로 삼성증권 이경자 애널리스트는 이리츠코크렙의 배당액이 2021년부터 늘기 시작해 2023년이면 188원(반기 기준)에 이를 것으로 보고 있다. 1년에 376원 배당이면 수익률은 5.5%대가 넘는다(주가 6,800원 가정 시).

이리츠코크렙은 상장 준비를 할 당시 이랜드그룹의 재무가 불안하다는 점 때문에 장기 차입금리가 비교적 높았는데 투자자 입장에서는 또 하나의 장점이 될 수 있다. 9개 금융기관에서 2,850억 원을 차입했다. 금리는 4%이며 2021년 8월 16일이 만기다. 경쟁사인 롯데리츠의 차입금리가 2.09% 선인데 이 정도까지는 안 되더라도 최소 연 3%까지만 낮춰도 배당은 20% 늘릴 수 있다. 임대료가 꾸준히 상승하고 있고 부가가치도 오르고 있기 때문에 필자는 최소 8,000원대 중반까지는 지속해서 보유하라고 말하고 싶다.

리스크 요인

이랜드리테일이 이리츠코크렙 지분 약 75%를 들고 있다. 거래량 부족 때문에 주식을 좀 팔라는 압력이 나타날 수도 있다. 그런데 이랜드리테일은 '이 좋은 주식을 왜 팔아?' 모드다. 혹시 이랜드리테일 지분이 대폭 줄어들면 리츠로 들어가는 이익을 빼돌리고 싶어서 꼼수를 부리지 않을지 우려되기는 한다(이랜드 입장에서는 당연히 들 수 있는 생각이다). 롯데리츠 등에 비해 비교적 저평가받는 것은 이런 우려도 반영된 영향이라고 본다.

맥쿼리인프라

말이 필요 없는 필자의 선호 종목이다. 전작인《강원도 산골 출신 30대 월급쟁이의 아크로리버파크 구입기》와 이번 책에서 여러 번에 걸쳐 설명했기 때문에 또 다른 자세한 설명은 생략한다.

맥쿼리인프라에 있어 가장 중요한 투자 포인트는 운용사인 맥쿼리자산운용이 수수료를 추가 인하할 수 있다는 점이다. 맥쿼리인프라는 2019년 1월, 맥쿼리자산운용에 매년 지급하는 기본 보수 요율을 기존 시가총액의 1.10~1.25%에서 0.85%로 낮췄다. 수수료 인하는 글로벌 트렌드이기 때문에 앞으로도 계속 진행될 가능성이 있다. 이 경우 배당률은 더 올라간다. 2042년 청산 시점까지 맥쿼리인프라는 연평균 약 4.6~5.4%의 배당을 지급할 것으로 추정된다 (주가 1만 2,000원 가정 시).

리스크 요인

2042년 청산이 예정된 시점이 다가올수록 투자자의 우려감은 높아질 수 있다. 또 하나, 2019년 현재 배당 수익률을 끌어올리기 위해 여러 신사업에 나서고 있는데 여태까지는 실력을 입증했지만 하나의 사업에서라도 실수할 경우 배당 수익률은 훼손될 수도 있다.

타이거 부동산인프라고배당 ETF

높은 배당률이 장점이다. 2019년 말 현재 개인연금이나 대부분의 퇴직연금 DC형, IRP 등에서는 개별 종목을 매수할 수 없다. 그런 계좌들에는 타이거(TIGER) 부동산인프라고배당 ETF가 훌륭한 대안이 될 수 있다. 5,400~5,500원 정도에서 매수해도 연 4%대 초중반의 배당 수익률은 가능할 것으로 전망된다. 한 자산운용사가 분석한 바에 따르면, 이 ETF의 변동성은 10% 정도에 그치고 있다. 퇴직연금처럼 원금 손실이 없어야 하는 계좌에 특히 최적화된 상품이라고 할 수 있다.

미래에셋자산운용은 공식적으로 ETF 분배율이 어느 정도인지 확답하지 않고 있다. 하지만 취재 결과, 대략 220~225원으로 예상된다. 2020년 1월 현재 가격이 5,100원 선이니 연 4.3~4.4%쯤 나오는 셈이다. 개인연금보험 상품 이율이 대략 연 2%대이니 두 배 이상 낮다.

2019년 12월 16일 기준으로 포트폴리오 정기 변경이 실시되어 롯데리츠를 15~17% 비중으로 편입했다. 리츠가 추가 편입될 때마다 예상 분배금은 늘어나는 구조다. 2019년 12월 현재 맥쿼리인프라, 맵스리얼티1, 이리츠코크렙, 신한알파리츠, 롯데리츠 등 리츠 인프라 주식이 60% 비중으로 담겨 있다(나머지 40%는 고배당주다). 2020년 예정대로 코람코자산신탁의 주유소 리츠인 코람코에너지플러스리츠(가칭) 등이 상장하면 리츠 비중은 80~100%로 확대될 전망이다.

리츠가 상장할 때마다 조금씩 리츠 편입 비중을 올리겠다는 것이 미래에셋자산운용 측 설명이다. 참고로 포트폴리오 정기 변경은 매해 6월, 12월 두 차례에 걸쳐 진행된다. 2019년 12월에 상장한 NH프라임리츠는 상당히 인기 있는 리츠였지만 재간접 리츠이기 때문에 타이거 부동산인프라고배당 ETF에는 편입되지 않았다.

리스크 요인

수수료가 0.75%로 높은 축에 든다. 네이버 금융에서 검색해보면 보수 수수료가 0.29%라고 쓰여 있지만, 여기에 재간접 비용 0.46%가 추가된다. 출시 초기에는 고배당주 편입 여부 결정에 따른 수수료 부담을 인정할 수 있지만 나중에 이 ETF는 리츠와 맥쿼리인프라, 맵스리얼티1만 편입하면 아무 부담 없이 운용될 것이 뻔하기 때문에(이른바 눠두기만 해도 알아서 돌아가는 ETF가 될 것이기 때문에) 수수료를 조금 더 인하해줄 가능성이 있다.

또 하나, 미래에셋자산운용은 타이거 부동산인프라채권 ETF를 새로 내놓을 계획이고 경쟁사들도 다른 리츠 ETF나 상장지수채권(ETN)을 내놓을 계획이다. 2020년 2월 현재는 아직 다른 상품이 나오지 않아 타이거 부동산인프라고배당 ETF를 추천했지만 신상품이 나올 경우 필자 또한 다른 상품으로 갈아탈 가능성이 있다.

이 상품은 공식적으로 혼합자산 ETF라는 것도 단점이다. 추후 나올 상품은 특별자산 ETF로 구성될 예정이기 때문에 앞서 설명한 공모 부동산 펀드 세 혜택을 부여받는다. 하지만 타이거 부동산인프라고배당 ETF는 주식 등이 포함된 혼합자산이기 때문에 세 혜택을 받을 수 없고 세 혜택을 받으려면 수익자총회를 열고 펀드 종류를 바꿔야 한다는 단점이 있다.

필자는 개인연금, IRP계좌를 통해 이 ETF를 보유 중이다. 개인연금, IRP에서 매매하는 모든 펀드는 과세 이연되기 때문에 분리과세 혜택을 받지 않아도 딱히 손해 볼 것이 없기 때문이다. 개인연금이나 IRP를 통해서만 이 상품을 편입하기를 권한다.

신한지주, KB금융, 하나금융지주, BNK금융지주, 기업은행

긍정 포인트

우리나라 은행주는 주가자산비율(PBR)이 0.4배 정도에 그치고 있다. 은행의 자산은 자동차회사나 전기·전자회사와 달리 대부분 금융 상품이다. 금융위기가 터지지 않는 이상 금융 상품은 본전 이상으로 돌려받을 것이다. 즉, 은행주의 저평가 현상은 1,000만 원어치 통장을 가지고 있는 계좌의 가치가 400만 원밖에 인정받지 못하고 있다는 얘기와 다름없다.

신한지주의 신한은행과 KB금융(지주)의 국민은행의 경우 이율이 0.1%에 불과한 보통예금(저원가성예금)의 잔액이 많다는 장점이 있고, 하나은행(하나금융지주)이나 부산은행(BNK금융지주) 등은 대표 은행주에 비해 저평가받고 있다는 장점이 있다. 기업은행은 국책은행이라는 특수성 때문에 항상 저평가받는 편이다.

단, 우리나라 금융업 성격상 은행 간 뚜렷한 차이가 있지 않다. 개인 호불호에 맞게 적당한 은행주를 편입하라고 권하고 싶다.

 리스크 요인

아무래도 부동산 시장 불황이나 경기 후퇴 등이 발생하면 은행주는 영업하기 부담스러운 상황이 된다. 2020년 2월 현재에는 아직 다운사이클(업황 부진)이라고 보는 쪽이 우세하다. 그래도 기준금리 인하가 끝나가는 국면이라는 점은 은행 입장에서는 다행스럽다.

필자는 개인적으로 2020년 경제는 2019년 대비 나쁘지 않을 것으로 보고 있다. 2020년 중 기준금리가 한 차례 더 인하될 수는 있겠으나 은행 맷집은 아직 충분하다고 판단된다.

한국금융지주우, 미래에셋대우2우B

은행과는 정반대 이유로 일정 부분 편입을 권한다. 한국금융지주와 미래에셋대우는 우리나라에 몇 남지 않은 기업가 정신이 살아 있는 금융회사다(참고로 한국금융지주의 경우 '한국금융지주'로 상장되었고 기업명은 '한국투자금융지주'이다. 여기서는 편의상 '한국금융지주'라고 하겠다).

우리나라 금융회사는 대부분 주식이 분산된 은행 지주 형태인데, 두 회사는 다른 금융회사들과 달리 개인이 최대 주주로 있다. 그러다 보니 경제 발전을 위한 기업의 M&A 등에 적극적으로 도전하는 경영 스타일을 갖추고 있다. (한국금융지주의 자회사인) 한국투자증권을 보라. 웅진그룹의 코웨이 인수 거래에 1조 원이 넘는 돈을 쏟아부었다.

두 회사는 2019년 11월 아시아나항공 인수전에서도 만났다. 한국금융지주는 자회사 한국투자증권으로 애경그룹과 미래에셋대우는 HDC현대산업개발과 손잡고 인수전에 뛰어들었다. 아시아나항공 인수전에만 각각 5,000억 원을 인수금융으로 댔다(결과적으로 HDC현대산업개발과 미래에셋대우 컨소시엄이 인수했으니 인수에 실패한 한국투자증권의 경우 '대려고 했다'가 맞는 표현이겠다).

두 회사는 앞으로도 열심히 그 방향으로 갈 것 같다. 마침 정부도 금융업 발전을 위해 증권사를 더 키우는 쪽에 힘을 실어줄 것 같다. 이런 상황에 맞춰 기업가 정신이 살아 있는 기업(금융사 포함)에도 관심을 두는 것이 좋은데 이 두 회사도 관심 대상으로 두면 좋다.

두 회사를 투자의 관점에서 본다면 각각 우선주로 추천한다. 2019년에 우선주는 본주에 비해 상승률이 좋았다. 한국금융지주는 2019년 1월 3일 기록했던 저가와 비교했을 때 11월 29일 기록한 주가가 29.19% 높았다. 그런데 한국금융지주 우선주인 한국금융지주우는 1월 4일에 기록한 저가 대비 상승률이 36.45%를 기록했다.

미래에셋대우도 2019년 1월 4일에 기록한 최저가가 6,280원이었고 11월 29일에 기록한 주가가 7,230원으로 15.13% 올랐다. 그러나 미래에셋대우2우B는 1월 11일에 기록한 최저가가 3,395원이었던 데 반해 11월 29일 주가는 4,265원으로 25.63% 올랐다. 미래에셋대우2우B가 10%p 넘게 아웃퍼폼(초과 수익)했던 것이다.

두 회사 모두 우선주 거래량이 아주 적지는 않고, 배당은 그만큼 더 많이 주므로 긍정적이다.

 **리스크 요인**

당연히 기업가 정신이 살아 있는 회사이다 보니 손실이 날 때는
또 왕창 난다. 은행과 달리 실적 예측이 잘되지 않는 단점도 있다.

메리츠종금증권, 메리츠화재

정말 일 잘하는 회사다. 어떻게 이렇게 계속 경쟁사 대비 좋은 성적을 꾸준히 내는지 궁금할 정도다.

(메리츠종금증권 등의) 메리츠금융그룹은 한진그룹에서 독립한 회사로 범(凡)한진그룹이라고 할 수 있다. 대한항공을 이끌었던 고 조양호 한진그룹 회장의 막냇동생인 조정호 회장의 회사다.

2005년 한진그룹이 지독한 형제의 난 과정에서 분할됐을 때(어찌나 심하게 싸웠는가 하면 다른 형제들은 2019년 현재까지도 대한항공을 전혀 타지 않는다는 말이 있을 정도다) 막내인 조정호 회장이 가져간 회사는 동양화재(현 메리츠화재)와 한진투자증권(현 메리츠증권), 메리츠종금에 불과했다. 당시 자산은 3조 원으로 형들의 회사에 비하면 회사라고 하기도 어려웠다.

그랬던 메리츠금융그룹은 2019년 6월 현재 자산이 58조 4,300억 원으로 외부 수혈 없이도 참 많이 커졌다. 2020년 초 현재는 다시 벌어졌지만, 2019년만 해도 메리츠금융그룹의 주력 계열사인 메리츠화재 시가총액이 2조 원대 중반을 넘어서면서 한진그룹 대표 계열사 대한항공 시가총액을 거의 따라잡기도 했다. 메리츠금융그룹에는 메리츠종금증권도 있으니 넷째가 장남의 회사를 따라잡았다고 봐도 되는 셈이다. 다른 형제들은 상황이 나쁘다. 둘째 형인 조남호 회장이 가져간 한진중공업은 숱한 재무 위기 속에 소유권이 산업은행으로 넘어갔다. 셋째 형인 조수호 회장이 가져간 한진해운도 마찬가지였다. 조수호 회장이 사망하고 부인인 최은영 회장이 경영했지만 재무 위기를 겪다가 첫째 형인 조양호 회장에게 넘겼다. 하지만 조양호 회장도 경영에 어려움을 겪었고 결국 한진해운은 파산했다.

메리츠종금증권은 업계 순위가 15~20위 수준이었고, 주가는 2012년 말만 해도 600~700원 선이었다. 그러다가 고속 성장을 해 2015년 한때는 주가가 6,862원까지 상승했다. 업계 순위는 5위권까지 올라갔다. 2019년 말 기준으로 주가가 3,700원대인데 주당 200원만 배당한다고 해도 배당 수익률이 5.5% 수준이다. 참고로 메리츠종금증권은 2016년 이후 주당 200원씩 배당 중이다. 메리츠화재도 업계 순위가 중위권이었으나 언젠가부터 보장성 보험 시장에서는 삼성화재와 1위를 놓고 매달 엎치락뒤치락 중이다.

메리츠금융그룹은 조정호 회장이 이끌지 않고 전문경영인인 김용범 부회장과 최희문 부회장이 맡고 있다. 경영 능력은 인정받고 있는데 다소 칼 같다는 평가를 받는다. 김 부회장은 과거에 크리스마스 전날 임원 대부분을 자르는 인사 발표를 한 바 있다. 당시 언론에서는 '크리스마스의 대학살'이라고 기사 제목을 붙였다. 독자들도 아시다시피 이 같은 성과주의는 때로는 잘 통하지만, 때로는 조직 분위기를 망가뜨리기도 한다.

하지만 지표상으로 메리츠금융그룹의 두 계열사는 아주 양호하다. 버는 것 대비 저평가받고 있다. 기자 경험상 이렇게 고속 성장하는 회사는 한번쯤 위기를 맞곤 하는데 아직 탈 날 조짐은 없다. 뭔가 불안하다는 느낌도 있으나 기분 탓으로 추천을 안 할 수는 없는 좋은 기업이다.

또 하나 우려 요인은 2019년 말 금융당국이 부동산 PF 억제 정책을 내놓았다는 점이다. 자기 자본의 100%까지만 보증할 수 있도록 제한한 조치가 그것인데, 한 기사에 따르면 사실상 메리츠금융그룹을 염두에 두고 한 조치라는 말까지 있었다고 한다. 그동안 업계에서 가장 공격적으로 부동산 PF 사업을 늘려왔고 부동산 채무 보증 규모가 자기 자본의 190%가 넘기 때문에 그런 말이 나왔다고 보는 것이다. 이 때문에 2019년 12월 6일 하루에만 주가가 약 12% 떨어졌다. 부동산 PF 등의 채무 보증을 통해 거둬들인 수수료 수익이 적지 않은데 이 수익이 줄어들 것이라는 예상 등의 영향으로 보인다.

당시 투자자들 반응은 좀 과한 편이었지만 2020년에는 부동산 사업을 확대하기가 좀 어려운 상황이다. 그래도 메리츠종금증권은 그 이후 드라마틱하게 반등, 심리적 지지선인 4,000원 선을 되찾기도 했다.

NH프라임리츠

NH프라임리츠의 투자처는 '핫'한 건물들이다. 서울스퀘어, 강남 N타워, 삼성물산 서초사옥, 삼성SDS타워 등인데 모두 프라임 오피스로 분류된다. 프라임 오피스란 서울 핵심권역에 위치한 연면적 약 3만 제곱미터(9,000평) 이상 빌딩을 말한다. 서울에 이런 프라임 오피스는 46개에 불과한데, 이 가운데 4개를 편입하고 있는 것이다. 단, 건물을 직접 보유하고 있는 형태는 아니고 각 건물을 보유한 펀드나 리츠의 투자자일 뿐이다. 지분율은 모두 10%씩이다(이를 재간접 리츠라고 한다).

일단 핵심권역에 있는 건물들이고 모두 매각 차익을 기대해볼 수 있다는 점 때문에 배당 수익률뿐 아니다 시세 차익을 기대할 수 있다는 장점이 있다. 배당 수익률은 공모가(5,000원) 기준으로 연 5%

정도에 불과하다. 주가가 6,000원이면 4.17% 정도다. 이 때문에 매각 차익이 발생하지 않는 이상 배당률만으로는 매력적이지 못하다. 그래도 강남은 강남이다. 강남권에 직접 투자하는 첫 리츠이다 보니 관심 두는 투자자가 많다.

리스크 요인

우선, 공실률이다. 특히 서울스퀘어와 강남N타워는 공실률이 각각 4.7%, 1.4%다(투자설명서 제출일 기준). 공실이 많아지면 자연스레 수익률이 떨어질 수밖에 없다. 서울스퀘어에 입주해 있는 대표 기업은 11번가, 위워크 등인데 인지도 높은 기업이지만 일부가 적자 상태라는 점이 우려 요인이다.

NH프라임리츠에서 서울스퀘어와 강남N타워가 차지하는 비중은 각각 46%, 22%다. NH프라임리츠는 리츠를 상장하면서 '삼성그룹 본사를 갖고 있는 리츠'라고 홍보했지만, 삼성물산 서초사옥(입주 기업은 삼성화재)과 삼성SDS타워는 비중이 각각 15%, 17%에 불과하다. 결국 서울스퀘어를 얼마나 잘 관리하느냐가 중요한 셈이다. 서울스퀘어는 서울역 앞에 있는 건물인데 입지가 훌륭하지만 임대료가 너무 비싸다는 점이 염려 요인이다. 서울스퀘어 임대료는 평(3.3제곱미터)당 월평균 12만 9,000원으로 강남역 인근이나 여의도, 시청 인근보다 비싸다. 부동산 임대정보업체 JLL에 따르면 서울의 평균 임대료는 3.3제곱미터당 8만 4,000원으로, 서울스퀘어 임대료가 평균보다 54%나 비싸다.

또한, 삼성물산 서초사옥과 삼성SDS타워에는 현재 삼성 계열사들이 입주해 있는데 조만간 나갈 가능성이 있다는 점도 리스크 요인이 될 수 있다. 특히 삼성물산 서초사옥에 입주해 있는 삼성화재는 2021년 말이나 2022년 초에는 나갈 것으로 추정된다. 그나마 신규로 입주하려는 기업이 적지 않다는 점이 다행스럽다. 삼성그룹은 삼성물산 서초사옥을 팔았는데도 '삼성물산 서초사옥'이라는 건물명을 그대로 쓰도록 허용한 것으로 알려졌다. 명함에 '삼성물산 서초사옥'이 주소명으로 찍히길 원하는 기업 대표이사가 그토록 많다나 뭐라나…. 공실 자체는 크게 염려하지 않아도 된다고 한다.

재간접 리츠이다 보니 수수료가 이중으로 든다는 점, 오피스 경기가 꺾여 인수한 가격보다 저렴하게 빌딩을 팔 경우 리츠 투자자에게는 어마어마한 손실로 돌아온다는 점 등도 변수다.

서울 한복판 핫한 건물은 절대로 가격이 빠지지 않을 것이라는 믿음이 있는 독자들만 장기 투자하시기를 권한다. 포트폴리오의 일부로 그래도 강남 부동산을 갖고 있어야지 생각한다면 강추한다.

코람코에너지플러스리츠

🔵 **긍정 포인트** ▶

코람코에너지플러스리츠(가칭)는 앞의 '건물주도 꽤 힘듭니다'에서 언급했던 그 코람코자산신탁의 주유소 리츠를 말한다. 주유소로 장기 임대되어 안정적인 배당 수익을 기대할 수 있는데 이외에도 또 하나의 긍정 포인트가 있다. 바로 부동산 개발이다.

SK네트웍스의 입지가 좋은 주유소도 이 리츠에 담기는데 차후에 건물 등 부동산 개발이 될 수 있어 또 다른 수익을 기대할 수 있다. 아직 사업보고서나 투자설명서 같은 것이 나오지 않아 정보가 제한적이지만 코람코자산신탁 측에 확인해보니 대부분 부지가 좋다고 한다. 여의도, 삼성역 등에 있는 SK네트웍스의 직영 주유소도 이 리츠로 넘어간다. 주유소 리츠가 갖게 되는 부지는 대부분 건물 하나 올릴 정도의 면적은 된다. 땅값을 고려하면 상당히 좋은 투자처가 될 것이다.

⚡ 리스크 요인

서울 시내에 땅을 매입한다고 해서 마구 건물을 올릴 수 없다. 구청과 서울시 승인을 얻으려면 어느 정도의 정치력은 필수다. 코람코자산신탁은 과거 금융당국 출신 공무원들이 설립한 회사다. 로비 능력이라고 하면 상당한 편이긴 한데 현재는 주인이 LF(전 LG패션)로 바뀌었다. 정치력이 얼마나 살아 있느냐가 변수가 될 전망이다.

또 하나, 주유소 부지는 용도 변경을 할 경우 토지환경평가를 받아야 한다. 기름을 취급한 땅이니 오염되어 있을 수 있다고 보고 평가를 받아야 하는 것이다. 오염이 됐다고 판단되면 잘은 모르지만 아마 원상 회복 명령 같은 것을 받지 않을까 싶다. 이런 경우가 되면 투자자 입장에서는 최악이다. 개발 이익은커녕 복원 비용이 발생할 것이기 때문이다.

배당 수익률은 연 4% 선이라고 한다. NH프라임리츠처럼 배당 수익률만 보면 만족할 수 없는 수준이다. 이 때문에 개발이 어느 정도로 가능할지를 확인하고 편입해야 할 것이다.

삼성물산

삼성물산은 따로 설명이 필요 없을 것이다. 삼성그룹 지배구조 개편의 키를 쥐고 있는 기업이다. 삼성물산은 삼성전자 지분 5%를 들고 있어 사실상 최대 주주다. 삼성생명이 삼성전자 지분 8% 이상을 들고 있어 실제 최대 주주지만 삼성생명은 금융회사라 삼성전자 지분은 언젠가 매각해야 한다. 이 때문에 삼성물산은 기업 가치 극대화와 함께 삼성전자 지분을 더 많이 매수해야 하는 과제를 안고 있다. 삼성물산 최대 주주는 이재용 삼성 부회장으로 17.23%를 보유하고 있다. 그리고 이부진 호텔신라 사장과 이서현 사장도 5.51%씩 들고 있다.

삼성물산은 기업 가치가 저평가되고 있다는 특징이 있고 배당도 어느 정도는 하고 있다. 삼성물산은 주당 2,000원씩 배당한다. 주가가 10만 원이라고 가정했을 때 배당 수익률은 2%로 아주 높지는 않으나 추후 확대 가능성이 있다. 오너 일가라면 무조건 부자라고 생각하기 쉽지만 의외로 주식을 빼면 현금이 없는 경우가 많다. 배당만이 답이다.

지배구조 개편 기대감도 있다. 2020년에는 아마 이재용 부회장의 국정농단 사건이 마무리될 가능성이 있다. 이 부회장에 대한 선고가 끝나면 지배구조 개편이 시작될 것이라고 본다. 2020년 5월이면 이건희 회장이 쓰러진 지 만 6년이 된다. 알게 모르게 직간접적으로 지배구조 개편 요구가 높아질 것이라고 본다.

⚡ 리스크 요인

현재 삼성물산은 과거 삼성물산과 제일모직이 합병한 회사다. 제일모직이 상장한 2014년 12월 이래로 수많은 투자자가 삼성그룹 지배구조 개편 기대감을 갖고 삼성물산을 매수했다가 눈물을 흘리며 쓰러졌다. 한때 21만 원까지 올랐던 주가는 현재 반토막 아래로 떨어져 있다. 과연 지배구조는 개편되기는 하는 것인가 하는 의구심이 든다.

삼성그룹 입장에서는 사실 상속세와 증여세 리스크를 감안한다면 지금처럼 계속 유지되는 것이 낫다. 하지만 와병 중인 아버지를 언제까지 존속시키기만 할 것이냐는 지적도 끊이지 않고 있다. 점점 예열단계에 들어설 것이라고 본다. 지배구조 개편만 된다면 기업을 쪼개기만 해도 바이오 사업의 가치, 저평가된 자산 가치가 부

각될 것으로 본다. 삼성물산은 주가자산비율(PBR)이 0.88배 정도
이다.

한국공항

한국공항이라는 사명만 보면 인천공항공사나 한국공항공사를 떠올리는 독자가 많을 것이다. 하지만 한국공항은 한진그룹 계열사로 항공기 급유 사업 등을 담당하고 있다. 2018년 1월에 보고서가 나온 이후 2년여간 한 번도 증권사 보고서가 나오지 않았을 정도로 소외주다.

기업 자체는 안정적이다. 2020년 1월 현재 시가총액은 1,200억 원 정도인데 현금성 자산만 1,000억 원 정도를 갖고 있다. 제주민속촌 부지 공시지가만 350억 원인데 시세는 이보다 훨씬 높을 것으로 추정된다. 사업분야도 꽤 괜찮으며 인천공항 제2터미널 개장으로 실적 모멘텀이 기대되고 있다. 항공기 급유 사업은 항공기 운항 편수에 비례해 성장하기 때문이다. 이외에도 항공기 유도와 견인, 전

원 공급, 시동 지원, 화물 및 수하물 상하역 수행 등을 담당하고 있다. 공항 내에 냉동창고도 운영하고 있는데 냉동식품 물류 증가에 따른 수혜도 기대되고 있다.

결정적으로 한진그룹(을 이끌 자녀들)은 2019년 조양호 회장이 사망하면서 승계를 위한 재원 마련이 절실하다. 이 때문에 한국공항이 배당을 늘릴 가능성이 높다. 한국공항은 2019년 3월, 전년 말 기준의 주주들에게 주당 1,000원(당시 배당 수익률 2.4%)을 배당했는데 전년 대비 2배로 늘어난 수준이었다. 한국공항이 배당을 하면 대한항공, 한진칼을 거쳐 현 경영진에 귀속된다.

또 하나 포인트가 있는데 한국공항은 2018년까지 임원만 20명이 있을 정도로 가분수 체제였다는 점이다(고 조양호 회장 연봉으로만 매해 20억 원 이상을 지급했음). 아무래도 아들이 경영권을 물려받으면서 구조조정에 따른 체질 개선 기대감이 나타날 수 있다. 한국공항이 재단에 지급하는 기부금만 해도 20억 원 이상이었다.

리스크 요인

문제는 한진그룹이 강성부 KCGI 대표와 경영권 분쟁 중이라는 점이다. 필자 또한 투자자 중 한 명으로 2019년 중에 한국공항을 편입하려고 했는데 경영권 분쟁에 따른 거품이 일부 끼어 있어 적정가치를 산출하기 힘들었다. 경영권 분쟁 종료 시 한진칼은 주가가 하락할 가능성이 높은데 그 와중에 한국공항도 덩달아 배당 수익률 이상으로 하락할 수 있다는 점이 염려스럽다. 물론 그때까지

편입하지 않은 투자자들에게는 저렴하게 살 수 있는 기회가 될 것
이다.

현대차2우B, 한화3우B, 쌍용양회, 롯데정밀화학, 효성

긍정 포인트

필자의 추천주가 삼성전자와 리츠, 금융주에 쏠려 있다 보니 다변화 차원에서 이번에 언급한 종목들도 일부 편입하거나 최소한 관심 두기를 권한다.

삼성전자는 참 좋은 주식이지만 반도체 사이클의 영향력이 크다는 단점이 있다. 예를 들어, 삼성전자 한 종목만 편입했다가 침체기에는 계속 손가락을 빨고 있어야 한다는 큰 리스크가 발생할 수 있다. 이 때문에 자동차업종의 우선주인 현대차2우B나 화학 및 방산, 보험업을 갖고 있는 한화의 우선주, 쌍용양회와 화학주인 롯데정밀화학, 효성 등에도 관심을 가져보라고 하고 싶다. 쌍용양회는 주인인 사모펀드가 고배당을 원하고 있고 롯데정밀화학과 효성은 지배구조 때문에라도 고배당을 실시해야 하는 기업이다.

리스크 요인

다 배당주지만 주가 변동성은 꽤 크다. 필자가 좋아하는 부류의 종목이 아닌 것은 사실이다.

또한 이번에 소개한 업종들이 반도체가 좋지 않을 때 완충제 역할을 해주면 좋겠으나 해당 업종들도 직간접적으로 반도체 산업 움직임에 연동될 수밖에 없다는 문제도 있다. 반도체가 추락하는데 화학이나 정유업종이 좋기는 힘들다고 본다. 업황이 개선되는 추세에 있는 종목 중심으로 조심스럽게 편입하는 것을 권한다. 다만 필자는 리츠와 금융주, 삼성전자 중심으로 포트폴리오를 구성하고 있다는 점을 다시 한 번 밝혀둔다.

SK텔레콤, KT, 강원랜드, 제일기획, KT&G, 동서

💡 긍정 포인트

이번에 소개한 종목들 또한 포트폴리오 다변화 차원에서 언급하고 넘어가고자 한다. 앞에서 소개한 종목들과 달리 이 업종 내 기업들은 꾸준하다는 장점을 갖고 있다. 통신사나 카지노를 하는 강원랜드는 말할 것도 없고 나머지 기업들도 상당히 안정적으로 운영된다. 주가만 봐도 다른 수출 및 화학주에 비하면 안정적인 흐름을 보이고 있다.

⚡ 리스크 요인

대표적인 소외 종목들이다. 이 종목들의 주가가 오르려면 한국 증시에 대한 밸류에이션 매력 자체가 높아져야 한다. '항상 꾸준하다'는 돌려 말하면 성장성은 낮다는 말이다. 성장성이 낮은 종목은 기본적으로 주식 시장에서 인기가 없기 마련이다. 그리고 인기가 없다 보니 매수 주문이 잘 붙지 않아 막상 팔려고 할 때는 골치 아프기 일쑤다.

그래도 통신주는 상대적으로 낫다고 확신한다. 금융주와 더불어 안정적인 배당 수익률을 창출하고 있으니 조금 더 관심 두고 지켜볼 것을 권한다.

하나로 고배당 ETF,
코덱스 배당가치 ETF

주식 투자를 많이 하는 독자들도 '하나로(HANARO)' 브랜드는 익숙지 않을 수 있다. ETF 중 유명한 것을 꼽아보라면 대부분 삼성자산운용의 코덱스(KODEX)와 미래에셋자산운용의 타이거(TIGER) 정도만 인지할 것이다. 그러나 2019년 들어 가장 큰 폭으로 성장하는 것이 NH-아문디자산운용의 '하나로' 시리즈다.

하나로 시리즈 중 고배당 ETF를 추천한다. 하나로의 장점은 코스닥 종목까지 편입하고 3년 전 대비 최근 12개월 배당이 줄지 않은 기업 중 배당 수익률이 높은 종목 40개를 선별한다는 것이다.

투자자들이 선호하는 고배당 ETF 중 코스닥 종목을 포함하는 ETF는 하나로를 제외하면 코덱스 배당가치 ETF 정도뿐이다. 대부분 고배당 ETF는 성장 가능성보다는 낮은 변동성에 초점을 둔다.

고배당을 추구하면서도 성장하는 기업을 사야 주가 수익률을 노릴 수 있을 것이다. 특히 필자는 추천주 리스트에서 코스닥은 의도적으로 담지 않았다. 아무래도 기업 흥망성쇠를 예측하기 어렵기 때문이다. 이 때문에 ETF만큼은 코스닥도 편입하는 ETF를 담는 것이 나쁘지 않으리라고 본다.

코덱스 배당가치 ETF도 같은 이유로 추천한다. 코스닥 종목을 포함하는 데다 가장 안정적이라고 하는 삼성자산운용의 상품이기 때문이다.

리스크 요인

하나로 시리즈는 2019년 들어 큰 인기를 끌었지만 사실 성적은 입증되지 않았다. 고배당 ETF만 해도 2019년 4월에 상장해 아직 성적을 입증하지 못했다고 봐야 한다. 1만 원으로 상장했다가 일본 수출 규제 사태로 인해 8월 말에 8,528원까지 떨어졌다가 연말쯤 다시 9,400원대를 회복했다.

코덱스 배당가치 ETF도 굳이 따지면 상장한 지 오래되지 않았기 때문에 성적이 입증되지 않았다. 코덱스 시리즈는 우리나라 1위 ETF이긴 하지만, 그동안 코덱스 고배당 ETF만 인기가 있었을 뿐 코덱스 배당가치 ETF는 별로 주목받지 못했다. 하지만 성적은 더 좋다. 2019년 5월 31일 상장과 동시에 1만 원이 깨졌지만 12월 초 한때 1만 650원까지 올라 배당주 ETF 중 가장 좋은 움직임을 보여줬다.

미국 우선주 JPM/J, ALL/I

이번에 소개하는 미국의 두 우선주는 한국투자증권의 함동진 애널리스트가 추천하는 상품이다. JPM/J는 미국 금융회사 JP모건의 우선주로 연간 1.1875달러를 배당한다. 2019년 12월 24일 주가는 25.75달러로 배당 수익률을 계산하면 연 4.61%가 나온다.

ALL/I는 미국 2위 보험지주회사인 올스테이트의 우선주로 연간 1.1875달러를 배당한다. 2019년 12월 24일 주가는 25.66달러로 배당 수익률은 연 4.63%다. 두 회사는 배당 지급 여력이 충분하고 과거에도 배당 중단이나 배당 지급 연기를 선언한 적이 없다. 이 때문에 안정적인 편으로 분류된다.

⚡리스크 요인

앞에서도 언급했듯이 미국은 우선주를 발행할 때 기업에 재매입 권리를 부여한다. 주가가 얼마이든 회사 측은 25달러에 되살 수 있는 것이다. 이 때문에 만약 30달러 안팎에 주식을 산다면 추후 재매입 권리 행사로 인해 주가 손실이 크게 발생할 수 있다. 그나마 두 우선주는 재매입 권리 행사 가능일이 2024년 12월 1일, 2025년 1월 25일로 비교적 늦다는 점이 다행이다. 2020년을 기준으로 4~5년은 배당을 받을 수 있으니 비교적 오랜 기간 배당을 받을 수 있다.

또 하나, 기업이 안정적으로 배당을 할 수 있는지 여부가 우려스러울 것이다. 이와 관련해 함동진 애널리스트는 '우선주 배당 성향 (우선주 배당 지급액÷당기순이익)' 지표를 살펴보고 투자하라고 조언한다. 예를 들어, 한 기업의 우선주 배당 성향이 10%라면 당기순이익의 90%가 감소해도 우선주 배당은 문제없이 지급할 여력이 된다는 뜻이다.

JP모건의 최근 10년간 우선주 배당 성향 평균은 5.1%로 안정적인 수준이다. 특히 2008~2009년 글로벌 금융위기 당시에도 우선주 배당 지급을 연기하거나 중단하지 않았다는 장점이 있다. 2008년, 2009년 JP모건의 우선주 배당 성향은 각각 12%, 10.5%였다. 자산 기준 미국 2위 보험지주회사인 올스테이트는 2013년부터 우선주 배당 지급을 시작했다. 2013년부터 2018년까지 올스테이트 우선주 배당 성향의 평균은 4.5%였다.

미국 배당 ETF

미국은 기본적으로 배당에 대한 관심이 낮다. 증시가 꾸준히 우상향하고 있으니 배당보다 주가 퍼포먼스에 대한 관심이 높은 편이다. 이 때문에 배당주의 경우 배당 성장형에 집중돼 있다. 주가 흐름도 2008년 글로벌 금융위기 이후 10년 넘게 배당 성장형이 고배당 ETF보다 낫다.

미국의 유명 배당 ETF는 VYM(Vanguard High Dividend Yield ETF)과 DVY(iShares Select Dividend ETF), SCHD(Schwab US Dividend Equity ETF) 등이다. NH투자증권에 따르면 2019년 9월 27일 기준으로 최근 1년 배당 수익률은 2.90~3.43% 정도다.

VYM은 가장 대표적인 배당 ETF인데 고르게 투자해놓고 있다는 점이, DVY는 유틸리티업종 비중이 높다는 점이 특징이다. SCHD는 고배당 ETF 중 드물게 유틸리티, 금융업종 비중이 작고 필수소비재와 산업재 비중이 높다.

　필자가 가장 좋아하는 리츠를 편입하는 고배당 ETF를 이번에도 빼놓을 수 없다. 리츠를 편입하는 고배당 ETF 중 유명한 것은 SPYD(SPDR Portfolio S&P 500 High Div ETF), DHS(WisdomTree US High Dividend ETF), JDIV(JPMorgan US Dividend ETF)다. 이 종목들은 리츠를 편입하고 있어서 배당 수익률이 3.7~4.7%로 높아진다.

　USRT(iShares Core US REIT ETF)도 빼놓을 수 없다. 이 종목은 159개 미국 상장 리츠에 투자하며 특수형과 주거용, 리테일, 헬스케어 등 전 섹터에 걸쳐 고르게 리츠를 편입하고 있다. 배당 수익률은 약 4.4%로 미국 리츠 ETF 가운데 높은 편이다.

　PFF도 빼놓을 수 없다. iShares의 PFF는 고정 배당, 고정+변동 배당을 지급하는 미국 내 441개의 우선주에 투자한다. 금융업종 비중이 PFF업종 구성의 53.8%를 차지하고 있을 정도로 높은데 아무래도 금융회사가 우선주를 많이 발행하니 어쩔 수 없는 것이 현실이다. 참고로 금융사가 우선주를 많이 발행하는 것은 특정 조건이 붙은 우선주의 경우 채권(부채)과 달리 자본으로 인정되기 때문이다. 2019년 11월 기준으로 PFF의 배당 수익률은 6.1%이고 배당은 월별로 지급된다.

리스크 요인

여러 번에 걸쳐 누차 강조하고 있는데 배당만을 목적으로 미국 주식을 편입한다면 분명 리스크가 발생한다. 환 리스크가 있으므로 스스로 판단하기에 미국 달러를 편입해도 괜찮은 시점이라고 생각될 때 매수하는 것이 좋다.

미국 배당주에 투자한다면 연 4~6%의 고금리를 받는 달러예금에 가입한 것과 비슷하다. 반대로 연 4~6%의 배당을 환 손실로 날릴 수 있으니 매수하기에 적정한 시점을 잘 찾아야 한다.

한국은 주식을 하면 안 되는 나라다

제목이 좀 자극적인데 사실 우리나라는 주식을 하기가 상당히 힘든 나라다. 최소한 일반적인 주식 투자는 하면 안 된다. 오로지 배당주 투자뿐이다.

2018~2019년, 외국인이 한국 주식을 계속 판다고 난리가 났다. 일단 외국인투자자가 많이 판 것은 사실이다. 유가증권시장을 기준으로 2018년에는 5조 7,226억 원어치 주식을 팔았고, 2019년에는 전체적으로 보면 많이 팔았다고 할 수 없지만 11월 7일부터 20거래일 동안만 5조 원을 매도했다. '한국 증시의 매력이 떨어졌다. 외국인이 계속 떠나고 있다' 같은 보도가 잇따랐다.

일단 이는 사실일까? 사실이지만, 완전한 사실은 아니다. 외국인이 한국 증시의 매력을 낮게 보는 것은 맞지만 매도 이유는 그보다 근본적인 이유 때문이다. 외국인 대부분은 한국 증시의 매력이 있는지 없는지도 잘 고민하지 않는다. 상당히 기계적으로 매매하고 있을 뿐이다. 한국 증시는 글로벌 증시에서 지분율이 1%대에 불과하다.

이 이야기를 하기에 앞서 대만 증시와 한국 증시를 비교하는 내용부터 말하겠다. 한국 증시는 모건스탠리캐피털인터내셔널(MSCI) 신흥 시장(EM) 지수 내 비중이 2019년 11월 말 기준으로 대만 증시에 역전됐다. 한국 증시는 중국 증시에 이어 오랜 기간 EM 지수 내 순위가 2등이었는데 밀려난 것이다. 한국 기업의 시가총액 비중은 10월 말 12.19%에서 11월 말 11.56%로 감소했다. 대만 기업의 시가총액 비중은 같은 기간 11.92%에서 11.72%로 소폭 줄었지만 한국 증시보다는 감소 폭이 작았다.

두 나라의 비중이 줄어든 몫은 중국 증시가 가져갔다. 중국 기업 비중은 같은 기간 31.85%에서 34.02%로 증가했다. 이는 MSCI 리밸런싱(재조정) 영향이었다. MSCI는 11월 26일 종가 기준으로 중국 A주(중국 본토)의 신흥 시장 지수 내 편입 비중을 5%에서 20%로 늘렸다. 중국 본토 주식 비중이 늘어나면서 한국과 대만 증시 비중이 조금씩 감소한 것이다. MSCI는 지속해서 이 비율을 100%까지 높일 예정이다. 아주 오랜 기간 중국 정부와 협상을 벌여왔고 증시에 충격을 주지 않기 위해 순차적으로 비중을 높이고 있는 상황이다.

그런데 왜 한국 증시보다 대만 증시가 덜 빠진 것일까? 외국인이 떠나는 것은 그렇다 치고 한국이 대만에마저 진 그 이유는 무엇일까?

바로 한국 증시는 원래부터 대만 등 다른 신흥국 증시에 비해 외국인 지분율이 높았다는 점이 이유 중 하나다. 한국 증시는 2019년 11월 말 기준으로 외국인 점유율이 38.14%에 달한다. 다른 나라들 대부분은 외국인 지분율이 높아 봐야 10~20%에 불과하다.

왜 한국 증시에서만 이렇게 높은 것일까? 그 이유도 바로 중국과 관련이 있다. 1990년대 이후 중국이 시장 경제체제를 사실상 받아들이면서 외국인투자자들은 중국 주식을 놓고 군침을 삼켰다. 인구는 10억 명 이상에다 아직 개발할 곳이 천지인 땅이니까 말이다. 하지만 중국은 정부가 주식 시장을 통제하다 보니 마음대로 살 수가 없었다. 그래서 한국 증시에 나온 주식을 대신 매입하는 경우가 많았다. 한국 경제는 어차피 중국 경제와 밀접한 관련이 있다고 본 것이다. 이러한 이유로 한국 증시의 원래 가치보다 더 많은 외국인 자금이 밀려 들어왔고 이 자금이 빠져나가자 다른 나라의 증시보다 유독 맥을 못 추는 것이다.

그렇다면 한국 증시가 유독 외국인 매도에 취약한 이유는 무엇일까? 한국 증시에서는 펀드도 인기가 없고 개인투자자들도 주식을 별로 좋아하지 않기 때문이다. 외국인이 팔면 받아줄 사람이 마땅치 않다. 아무도 받아주지 않으니 계속 떨어지고 외국인 입장에서는 예전에 사둔 주식이라서 어차피 차익은 남는 데다 환차익 같은 것이 더 중요하다 보니 환율을 중심으로 1,200원 밑에서는 팔고, 1,200원 위에서는 매입하는 상황이 벌어지는 것이다[그리고 아시다시피 환율은 미·중 무역 분쟁이 격화되거나 코로나19, 브렉시트(영국의 유로존 탈퇴) 등 이슈가 있을 때만 간헐적으로 튀고 대부분은 바닥을 기고 있다].

아무튼 한국 증시가 살아나려면 증시의 인기가 높아져야 한다. 외국인은 어차피 떠날 것이기 때문이다. 우리 싫어 떠난다는 놈의 바짓가랑이를 붙들어봐야 떠나겠다는 놈들의 마음만 강해질 뿐이다. 그런데 생각해보라. 우리나라는 주식 투자 관련한 세금체계가 자산가에게 상당히 불리한 구조다. 매도할 때마다 떼는 거래세는 그렇다 치고, 배당 수익이 2,000만 원을 넘으면 금융소득 종합과세 대상이 된다. 여기에다가 2019년 말 기준으로 주식 보유액이 할아버지, 할머니, 손자 등 직계존비속을 모두 합쳐 10억 원이 넘을 경우 이듬해 주식을 팔면 최대 30%를 양도세로 또 내야 한다(2020년 말에는 이 기준이 3억 원으로 또 내려간다). 매매 한 번에 자칫 잘못하면 금융소득종합과세와 양도세를 이중으로 얻어맞을 수 있는 구조다. 이러니 자산가들이 부동산으로 흘러갈 수밖에 없지 않을까? 부동산은 2주택자 이상일 경우 종합부동산세를 얻어맞고 양도세율도 높지만 그래도 '신화'가 있다. 둘 다 복잡하고 꼬여 있으니 그나마 믿음이 있는 부동산으로 흘러가는 것이다. 이런 판국인데도 정부는 부자 과세만을 계속 고민한다. 지금 이렇게 글을 쓰는 와중에도 자산가들은 해외 주식을 매매하려고 외국으로 향한다. 일단 증시를 살려놔야 국민연금부터 개인연금까지 회생을 노려볼 수 있을 것이다. 본문에서는 딱히 언급하지 않았지만 2019년에는 파생결합펀드(DLF) 부실 판매 논란, 라임자산운용 사태 등으로 인해 금융 상품분

야에서 막대한 손실이 발생했다. 투자자들을 공모펀드나 배당주와 같은 안전 영역으로 돌려야 한다. 부동산으로 쏠리는 자금을 막기 위해서라도 막대한 인센티브를 부여해야 한다. 세제상 혜택은 물론, 공모펀드 가입 시 연말정산 공제 혜택을 제공하는 등 파격적 대책이 필요한 시점이다.

하소연으로 긴 글을 끝마쳤다. 이래서 우리나라는 주식 비중을 늘려서는 (최소한 현재까지는) 안 되는 나라다. 이 때문에 배당주에 관심을 가져야 한다. 배당은 어떻든지 간에 주가가 아무리 빠져도 현금이 들어오니까, 은행 이자 이상의 배당금이 들어올 것이니까 조금은 흔들려도 안심할 수 있다.

좋은 배당주를 골라 놓으면 주가가 떨어져도 '어라? 더 싸졌네. 더 사야겠다'라고 마음먹을 수 있다. 필자처럼 공매도 세력에게 주식을 빌려주고 이중으로 배당금과 대여 이자를 챙기면서 웃을 수도 있다. 부디 독자들께서도 배당주만으로도 좋은 성적을 낼 수 있다는 점을 증명하셨으면 하는 바람을 남기면서 글을 마친다.

한 권으로 끝내는 배당주 투자

2020년 4월 1일 초판 1쇄 발행
2020년 10월 21일 초판 2쇄 발행

지은이 | 훈민아빠
펴낸이 | 이종춘
펴낸곳 | (주)첨단

주소 | 서울시 마포구 양화로 127 (서교동) 첨단빌딩 3층
전화 | 02-338-9151
팩스 | 02-338-9155
인터넷 홈페이지 | www.goldenowl.co.kr
출판등록 | 2000년 2월 15일 제2000-000035호

본부장 | 홍종훈
편집 | 전용준, 신정원
디자인 | agentcat
전략마케팅 | 구본철, 차정욱, 나진호, 이동후, 강호묵
제작 | 김유석
경영지원 | 윤정희, 이금선, 김미애, 정유호

ISBN 978-89-6030-548-9   13320

• BM 황금부엉이는 (주)첨단의 단행본 출판 브랜드입니다.

황금부엉이에서 출간하고 싶은 원고가 있으신가요? 생각해보신 책의 제목(가제), 내용에 대한 소개, 간단한 자기소개, 연락처를 book@goldenowl.co.kr 메일로 보내주세요. 집필하신 원고가 있다면 원고의 일부 또는 전체를 함께 보내주시면 더욱 좋습니다. 책의 집필이 아닌 기획안을 제안해주셔도 좋습니다. 보내주신 분이 저 자신이라는 마음으로 정성을 다해 검토하겠습니다.